rororo

rororo

Zu diesem Buch

Als TV-Unterhaltungsfachkraft und Familienvater ist Wigald Boning vor allem in den Nachtstunden freizeitfähig. Gut trifft es sich da, dass er zwei- bis dreimal in der Woche nachts erwacht und nicht wieder einschlafen kann. Eigentlich ganz praktisch, denn wann sonst sollte er zu seinen sportlichen Unternehmungen der Extraklasse aufbrechen? Ob Bergtouren mit Igluübernachtung, nächtliche Tretbootfahrten, 24-Stunden-Mountainbike-Rennen, frühmorgendliche Hoteltreppenläufe oder Alpenüberquerungen auf der Lineallinie – Wigald Boning outet sich hier als leidenschaftlicher (Nacht-)Sportler und erzählt mit Esprit und Witz von seinen Leibesertüchtigungen der etwas anderen Art.

Der Autor

Bevor Wigald Boning seine Fernsehkarriere als Comedian und Moderator startete, veröffentlichte er diverse Schallplatten. Er wurde mit vielen Preisen ausgezeichnet: dem Deutschen Fernsehpreis, dem Bayerischen Fernsehpreis, dem Goldenen Löwen, dem Grimme-Preis, dem Bambi und dem Echo. Für seine Musikveröffentlichungen hat er Platin und Gold erhalten. Wigald Boning ist passionierter Marathonläufer und Radfahrer sowie Namensgeber eines professionellen Mountainbike-Teams. Am liebsten trainiert er nachts.

WIGALD BONING

Bekenntnisse eines Nachtsportlers

Rowohlt Taschenbuch Verlag

Originalausgabe

Veröffentlicht im Rowohlt Taschenbuch Verlag,
Reinbek bei Hamburg, April 2007

Fotos Innenteil: privat
Umschlaggestaltung ZERO Werbeagentur, München
(Foto: Alfred Bremm)
Satz Lexikon No1 PostScript, InDesign, bei
Pinkuin Satz und Datentechnik, Berlin
Druck und Bindung Clausen & Bosse, Leck
Printed in Germany
ISBN 978 3 499 62192 5

Inhalt

Vorwort

Ich führe ein Doppelleben. Viele Menschen kennen mich als Fernsehunterhaltungs-Fachkraft. «clever!», «WIB-Schaukel», «RTL Samstag Nacht», so heißen einige der Sendungen, an denen ich maßgeblich mitgewirkt habe. Auch mit Musik («Die Doofen»), Kinofilmen, Büchern sowie allen sonstigen Kern- und Randbereichen der Zerstreuungsindustrie habe ich mich umfänglich und mitunter höchst erfolgreich beschäftigt. Auf einem Macadamianussholzregal in meinem Arbeitszimmer steht eine Armada glitzernder Fernsehpreise, vom «Bambi» bis zum «Goldenen Hammerschlumpf», und neulich wurde ich sogar vom «Kuratorium Gutes Sehen» zum «Brillenträger des Jahres» ernannt. Toll.

Dass ich zu jeder einigermaßen erstklassigen Promiparty eingeladen werde und zudem ein Landhaus in den Bergen, eine wunderschöne Frau und zwei aufgeweckte, gut erzogene Söhne habe, versteht sich vor diesem Hintergrund fast von selbst. So weit, so gut. In diesem Buch möchte ich Ihnen allerdings von einer Facette meines Daseins berichten, die ich bisher nicht mit meinem sonstigen Erscheinungsbild als schillerndem Fernsehstar in Einklang zu bringen vermochte. Wie soll ich diese Facette nennen? Ein Steckenpferd? Eine Marotte? Eine Obsession? «Das ist ja total verrückt», lautet der gängige Kommentar, wenn ich mir, was nicht gerade häufig ist, doch einmal erlaube, von meinem liebsten Zeitvertreib, dem exzessiven Nachtsporteln, zu berichten – wenn überhaupt etwas gesagt wird; oft blicke ich auch lediglich in mitleidige Gesichter. Manchmal habe ich dann ein schlechtes Gewissen und wünschte mir ein gewöhnliches Durchschnittshobby wie die Briefmarkensammelei oder die Chinchillazucht.Vorab bitte ich den geneigten Leser daher um Toleranz. Manche der in diesem Buch geschilderten Unternehmungen führen in Randbereiche dessen, was in unserer Zivilisation gemeinhin für «vernünftig» gehalten wird. Wer mir nacheifern möchte, sollte bedenken: Sozialer Status, alte Freundschaften und Familienbande können ernsthaft Schaden nehmen. Auch die Gesundheit wird eventuell einer harten Prüfung unterzogen.

Andererseits geben meine Erfahrungen als Nachtsportler Hinweise darauf, wie man faszinierende Abenteuer erleben kann, ohne hierfür extra in die Wüste Gobi oder in die Slums von Rio reisen zu müssen; minimalem Finanzeinsatz steht ein maximaler Erlebniswert gegenüber. Außerdem: Wer sich auf den in diesem Buch geschilderten Weg begibt, wird mit einer elefantösen Vergrößerung des Selbstbewusstseins rechnen können. Auf dass niemand, der sich durch dieses Buch inspiriert fühlt, vor Stolz platze! Ich jedenfalls lehne jede Verantwortung ab.

Vom Totalversager zum Superhelden

29. September 2000. Familienbesuch in Niedersachsen. Ich sitze im Wohnzimmer meiner Schwägerin, in einem Kuhkaff in der Nähe von Hannover. Mit glasigen Augen blicke ich in den Fernsehkasten. Olympische Spiele in Sydney. Heike Drechsler gewinnt Gold im Weitsprung. Aua, mein Kopf. Auf dem «Expo»-Gelände habe ich am Abend zuvor die «VIVA-Komet-Verleihung» besucht, mit anschließendem Hoch-die-Tassen in einem der obskuren Pavillons, mit lustigen Hiphop-Hallodris, stark geschminkten Starlets und 1000 Litern Bier. Jetzt brummt mein Schädel.

Im fernen Australien steht Heike Drechsler derweil gerührt auf dem Podest. Die Nationalhymne dudelt im Hintergrund. Mir ist ein bisschen schlecht. Durchs Fenster scheint die Spätsommersonne auf meinen Bauch, über dem sich mein pfefferminzfarbenes Polyesterhemd bedenklich spannt. Brummend landet eine kapitale Stubenfliege über meinem Nabel. Ich schaue taxierend an mir herunter. Nein, dick bin ich nicht. Ein Ralf-Möller-Modell jedoch auch nicht gerade. Ich bin ein verkaterter Durchschnittsmann Anfang dreißig, dessen körperliche Spannkraft seit seiner Jugend unauffällig, aber kontinuierlich nachgelassen hat. Sympathisch, aber mit ausgeprägtem Appetit und darum subtil verspeckt. Alles pupnormal also.

«Hm. Gold. Alle Achtung. Die Drechsler ist fast so alt wie ich», murmele ich vor mich hin und denke dabei an das frühe Ende meiner Karriere als Nachwuchs-Leichtathlet. Wie war das doch gleich, damals, 1982 ...

Rückblende. Ich bin 15, «zweites Jahr Schüler A», wie der Funktionär zu sagen pflegt, und trete an einem Sonntagmorgen bei den niedersächsischen Landesmeisterschaften im Diskuswurf an.

Oldenburg, Marschwegstadion. Ich trotte nervös auf und ab, krame in meiner roten «Adidas»-Sporttasche herum, kaue an den Nägeln.

«So, jetzt geht's los!» Peter Maurer, mein Trainer, reckt seinen Daumen empor und lächelt mir aufmunternd zu. Ich schlucke trocken und ergreife meinen Diskus. Dann betrete ich die maschendrahtumbaute Abwurfanlage. Zweimal schwinge ich die Ein-Kilo-Scheibe vor und zurück ... versinke ganz in Konzentration ... bringe das Rundstück hinter meinem Rücken bis zum äußersten erdehnbaren Punkt seitlich unterhalb des linken Schulterblatts ... atme kurz und entschlossen ein ... schwinge mit äußerster Beschleunigung gegen den Uhrzeigersinn ... drehe mich rrrrasant in die vordere Hälfte des Abwurfringes, recke das Kinn empor, bringe die rechte Schulter nach vorne und ... ssssschleudere das Sportgerät in den Luftraum.

Kein ganz schlechter Wurf. Knappe dreißig Meter, also immerhin fast die Qualifikationsweite. Leider landet das Flugobjekt ein My außerhalb der trichterförmigen Markierung, und somit ist mein erster Versuch dummerweise ungültig. Nun ja, kann passieren. Kein Drama.

«Das geht noch besser!», lächelt mir mein Trainer zu, den wir alle schlicht «Peter» nennen dürfen und der bei uns jugendlichen Nachwuchsleichtathleten im Süden Oldenburgs enormes Ansehen genießt. Peter ist kompetent, sympathisch, sieht verteufelt gut aus und stand wohl auch mal im Endlauf der Deutschen Meisterschaften über 110 m Hürden. Ich nicke meinem Mentor zu und gehe ein paar Schritte auf der damals noch nigelnagelneuen Tartanbahn auf und ab.

Ein wuchtiger Ostfriese ist dran. Er schnaubt kurz wie ein

Brauereipferd und pfeffert den Diskus fast bis zum Mittelkreis. Alle klatschen.

Dann kommt der Favorit, ein Musterathlet aus Osnabrück; ein olympionikischer 15-Jähriger im Körper eines Mittzwanzigers mit stupender Motorik.

Drehung-Abwurf-Flug. Holla-die-Waldfee, noch ein Stück weiter als der Friesen-Flieger; das ist die Führung.

Keine Ahnung, warum ich in diesem Sommer ausgerechnet den Diskus zum Dreh- und Angelpunkt meiner Nachmittage gemacht hatte. Wahrscheinlich weil es mir gefiel, dass man auf diese Weise als «Spezialist» galt, als originelle Type. Außerdem war ich zwar durchaus ein Bewegungstalent, aber keinesfalls körperlich hochbegabt. Somit landete ich bei den meisten Sportfesten im Mittelfeld, egal in welcher Disziplin, was einem aknegepeinigten Jüngling mit kruden Weltmeisterschafts-Phantasien naturgemäß nicht die ersehnte Bestätigung bereitet. Beim Diskuswurf jedoch gab (und gibt) es unter Schülern kaum Konkurrenz. Ist so ähnlich wie in der Musik: Wer unbedingt in einem Orchester mitspielen möchte, sollte Fagott lernen, da gibt es kaum Mitbewerber. Der Diskuswurf ist sozusagen das Fagottspiel unter den Leibesübungen.

Nun bin ich wieder an der Reihe. Also. Ruhig Blut. Ich zupfe mein rotes Leibchen mit dem schwarzen DSC-Adler zurecht, positioniere mich mittig im Ring, sauge bedächtig Luft in meine Lungen, schwinge vor, schwinge zurück, drehe mich, bringe den rechten Arm auf den Weg nach vorne, setze aber den rechten Fuß gleichzeitig etwas zu weit über die Achse, sodass sich meine Beine gleichsam überkreuzen, was wiederum zu einer, äh, Hyperverwringung der Körperlängsachse führt. Um nicht seitwärts umzukippen, verlangsame ich nun die Drehung, nehme die rechte Schulter bewusst nach oben, was mir für einen Moment das Aussehen einer Kreuzung aus «Glöckner von Notre Dame» und Rodin'schem «Denker» verleiht, konzentriere mich gleichzeitig darauf, die durch den ungelenken Bremsvorgang der Rumpfbewegung verlorengegangene Bewegungsenergie durch einen um so entschlosseneren Armkrafteinsatz auszugleichen und ... trete über.

Ähem. Zweiter Fehlversuch. Der Ostfriese grinst. Peter eilt herbei.

«Alles halb so wild. Ihr seid ja nur zu sechst. Um in den Endkampf zu kommen, brauchst du lediglich einen einzigen gültigen Versuch. Gleich machst du einfach einen Sicherheitswurf. Ganz entspannt, wie im Training. Im Finale sehen wir dann weiter.»

Der Ostfriesen-Hengst und der Ochse aus Osnabrück liefern sich einen spannenden Zweikampf. Die Zuschauer sind hingerissen. Ich nicht. Ich versuche, mich innerlich zu disziplinieren. Von Sterbenden behauptet man ja, ihr Leben ziehe kurz vor dem endgültigen Feierabend in geraffter Form an ihnen vorüber, und so ähnlich ergeht es nun auch mir: Ein brötchenblonder Junge vor einem Reihenhaus hinter der Umgehungsstraße. Kinderturnen, rote Schultüte, Klavierunterricht. Papa Bankkaufmann, Mama Hausfrau. Fußball auf Garagentore. Grünkohl und Pinkel. Playmobil. Judo. Gelbgurtprüfung. Ottoplatten, Angelschein. Erste Brille mit 11. Abba, Dalli-Dalli, Bonanzarad. Sonntags bei den Vettern in Wildeshausen. Omas gedeckter Apfelkuchen. Dann: Handball, Orientierungsstufe, Fischerhemd. Schulzentrum Kreyenbrück. Die Achselhaare sprießen. Ich trage «Stoppt Strauß!»-Sticker, desodoriere mich mit braunem Bac-Stift, fahre Hollandrad, am Müllwerk vorbei, zur Klingenbergstraße, an der sich die DSC-Sportanlage befindet. Querflöte. Schulausflug. Am Lagerfeuer läuft «Police» und «Deine blauen Augen machen mich so sentimental». Noch kein Geknutsche, aber fast. Dafür Training, dreimal die Woche. Auf der Nase wachsen Pickel.

So, es ist wieder so weit. Hüstel, hüstel. Schwung vor, Schwung zurück, nochmal, eindrehen, Konzentration, Arm nach hinten, Drehung, Abwurf, und ... kracks. Ungültig. Scheiße.

Die Drehung war zu kurz. Der Diskus verlässt daher gar nicht erst den Abwurfbereich, sondern trudelt einen Moment lang wie eine besoffene Turteltaube durch die Sommerluft, um kurz darauf krachend in jenem Maschendraht zu landen, der seit- und rückwärts die geneigten Zuschauer vor Totalversagern schützen soll. Vor Totalversagern wie mir. Mist. Der Ostfriese lacht, der Ochse schüttelt den Kopf. Ich schleiche auf wackeligen Beinen zu meinem Trainer und ringe nach Erklärungen.

«Die anderen sind mir nun aber auch so was von überlegen, allein schon vom Körperbau her, gegen die kann ich ja keine Chance haben!»

Peter nickt mitleidig. Man sieht, wie er nach einer Formulierung sucht, die mich tröstet und gleichzeitig realistisch ist. Ihm fällt keine ein.

«Tschüs. Ich komm nicht mehr zum Training. Brauche eh mehr Zeit zum Querflöteüben. Schönen Sonntag noch.» Ich packe mein Trikot in die Tasche und trete ab. Mein Trainer blickt mir stumm hinterher.

Große Niederlagen haben oft erstaunliche Folgen; ich z.B. widmete mich von diesem Tag an mit erschütternder Vehemenz der Musik. Wie ein Besessener jagte ich nach knapper Erledigung meiner Hausaufgaben Tonleitern auf Querflöte und Saxophon rauf und runter, meist in der heimischen Kleinsauna, um die Lärmbelästigung der Nachbarn in Grenzen zu halten. Noch im Herbst desselben Jahres traf ich Lars Rudolph, damals Student an der Oldenburger Uni, heute begnadeter Schauspieler in Filmen wie «Siebtelbauer», «Fette Welt» oder «Der Wixxer». Lars beeinflusste mein junges Leben enorm. Wir gründeten die Free Jazz/Rock/New Wave-Kapelle «KIXX», unternahmen Tourneen durch halb Europa und versuchten, so hip und cool wie irgend möglich durchs Leben zu gleiten. Sport spielte da keine Rolle mehr. Die körperlichen Exzesse fanden auf anderer Ebene statt. Kippen,

Bier und Pappenpizza. Und das Knutschen entdeckte ich jetzt auch.

Mit Anfang zwanzig tauchte ich dann immer häufiger im Fernsehen auf, lernte Olli Dittrich und Hugo Egon Balder kennen, und der Rest ist ja im Großen und Ganzen bekannt. Doch halt!

Um die nun unmittelbar bevorstehende Fundamentalwendung in meinem Leben wirklich werten zu können, sollte man noch Folgendes wissen: In den 18 Jahren nach meinem Wurf-Waterloo hatte es mindestens einmal pro Sommer einen Versuch gegeben, meinen käsigen Leib zu ertüchtigen. Meistens per Jogging. Da aber der Tag nach diesen Ertüchtigungsversuchen stets von kräftigem Muskelkater verunziert wurde, hatte sich die Sache normalerweise rasch erledigt. Kennt ja jeder, diesen frustrierenden Aktionismus. In einem ganz speziellen Sommer, es mag 1991 gewesen sein, habe ich sogar mal fast eine Woche tägliches Training durchgehalten und zusätzlich sogar – Trommelwirbel – das Rauchen eingeschränkt! Dann war ich auf einer lustigen Party, und ... – nun ja, Sie wissen schon. Was Sie noch wissen sollten: Wandern, vor allem im Gebirge, das hat mir immer Spaß gemacht. Unterm Gipfelkreuz übernachten! Schöööön! Ich habe aber immer vermieden, diese Freizeitbeschäftigung als «Sport» zu deklarieren. Hochgebirge, das hatte mit Abenteuer zu tun, mit Wildheit, mit dem Ende der Zivilisation. Fand ich immer schick. Kam ich nur leider nie zu. Sie wissen schon, die harte Arbeit beim Fernsehen, der ständige Stress, die vielen wichtigen Termine, blablabla. Ist klar. Oder doch nicht?

Jetzt sitze ich hier also, im September 2000, mit klopfendem Kopf bei meiner Schwägerin vor der Glotze. Heike Drechsler. Guck an: Gold in Sydney. Soso.

«Ich kann's ja mal wieder probieren», raune ich mir zu, «offenbar bin ich ja noch in einem Alter, in dem man zu sportlichen Leistungen fähig ist.»

Dann schalte ich den Fernseher aus und gehe grübelnd zu meiner Verwandtschaft, die bei lauem Spätsommerlicht auf der Terrasse kaffeesiert. Ich setze mich dazu und verfolge teilnahmslos die Konversation. Wie schaffe ich es, dass mir nicht wieder nach zwei Tagen die Lust abhanden kommt? Kann ich systematisch vorgehen, um möglichst schnell so fit wie Heike Drechsler zu werden? Muss ich jetzt auf der Stelle das Rauchen aufgeben, um überhaupt Sport treiben zu können? (das wäre nämlich Mist), so lauten die Fragen, die mich an diesem Nachmittag bewegen. Antworten finde ich vorerst keine.

Ein Stündchen später verabschieden sich meine Freundin Ines und ich, um im Auto nach Oldenburg zu fahren. Dort wohnen meine Eltern, die sich während unseres Ausflugs nach Hannover um unsere beiden Söhne gekümmert haben. Blondgelockte Zwillinge namens Cyprian und Leander, zu diesem Zeitpunkt zweieinhalb Jahre alt. Ines sitzt am Steuer.

«Du kannst ruhig zügig fahren, ich will mir nämlich in Oldenburg unbedingt noch ein Paar Sportschuhe kaufen», bescheide ich meine Freundin.

«Wieso das denn? Seit wann findest du Sportschuhe schick?»

«Ich will heute Abend noch joggen gehen.»

«Könnte knapp werden. Du hast doch morgen frei. Warum joggst du nicht morgen?»

«Nix da. Ich will heute!»

Ines kennt mich gut. Und ich kenne sie. Sie sagt nichts, aber was sie denkt, kann ich mir ungefähr ausmalen: «Oha, jetzt kriegt er wieder seinen jährlichen sportlichen Rappel. War wohl etwas zu heftig gestern, und nun hat er ein schlechtes Gewissen. Soll er doch laufen. Hat sich morgen eh wieder erledigt.» Ich versuche, diese unausgesprochene Demotivation an mir abperlen zu lassen, und gehe im Kopf meinen Sportschuhphantasien nach.

In Höhe Vogelpark Walsrode geraten wir in einen Stau. Igitt. Auf der Autobahn in einem Kfz eingesperrt zu sein, das habe ich schon immer gehasst. Ich schimpfe wie ein Rohrspatz und verfluche Carl Benz und seine benzinbesoffene Jüngerschaft. Geiselnahme unter dem Deckmantel des «Individualverkehrs», darum handelt es sich hier! Von wegen, «Freie Fahrt für freie Bürger». Ein Kerker auf Pneus, das ist das Automobil, die schlimmste Landplage seit Abschaffung der heiligen Inquisition! Ein rußgeschwärzter, stinkender Schandfleck auf dem Tableau der menschlichen Vernunft! 4-Takt-Terroristen im Brummbrumm-Delirium!! Völker der Welt, schaut auf diesen Stau!!!

Ich steigere mich in einen wahren Rederausch, belege den Bundesverkehrsminister mit den ungehobeltsten Beleidigungen und drohe an, auszusteigen und die 100 Restkilometer zu Fuß zurückzulegen, sollte sich dieser Scheißstau nicht umgehend auflösen.

Ines bekommt langsam schlechte Laune, aber nicht wegen der Verkehrsbehinderung, sondern wegen meines rabiat-rüden Grolls.

«Dann steig doch aus und lauf, wenn du meinst, dass du das schaffst ...»

Interessante Überlegung. Kann man überhaupt 100 Kilometer am Stück laufen? Klar, Wehrmachtssoldaten auf der Flucht aus sibirischen Kriegsgefangenenlagern, gehetzt von ausgehungerten Wölfen, außerdem Reinhold Messner, wenn er Geld braucht, und irgendwelche arbeitslosen Profilneurotiker, um ins Fernsehen zu kommen – aber normale Leute? Da fällt mir ein, dass am Schwarzen Brett der Turnhalle, in der wir Jugendlichen vom DSC unser Wintertraining absolvierten, mal ein fotokopiertes DIN-A4-Blatt hing:

«EINLADUNG ZUM STRASSENLAUF 50/100 km»

Wir Halbstarken hatten den Zettel mit einem gewissen ungläubigen Staunen gelesen und uns wieder kopfschüttelnd unseren

Sprints, Sit-ups und was-weiß-ich zugewandt, ohne weiter über diese uns doch recht obskur erscheinende Veranstaltung nachzudenken. Es scheint also doch möglich zu sein.

Nach einer Weile gerät der Verkehr wieder ins Rollen, und wir erreichen kurz-vor-knapp Oldenburg. Am nächstbesten Sportgeschäft springe ich aus dem Auto und betrete hurtig den Laden. Der Besitzer will gerade die Tür zusperren. Ladenschluss. In Anbetracht der Zeitnot verzichte ich auf jede Form von Beratung, ergreife das nächstbeste Paar No-Name-Turnschuhe vom Restestapel, zahle 19,90 DM und bin wieder weg. Siehste, geht doch. Somit ist das Wichtigste schon mal erledigt. Jetzt ab nach Hause zu meinen Eltern, rein in die Galoschen, und dann: hüh, Liesel.

Meine Erzeuger wohnen in Kreyenbrück, im Süden der Huntemetropole, ganz in der Nähe der Müllkompostierungsanlage, die ich schon als 15-Jähriger jeden Mittwochabend laufend umrundete. Diese Route war damals nämlich eine der Standard-Trainingsrunden des DSC. In dieser Gegend riecht es naturgemäß zwar etwas müllig, aber dafür ist der Weg autofrei. Länge: drei Komma irgendwas Kilometer. Ich ziehe mir ein ausgeleiertes Baumwoll-T-Shirt mit dem aus heutiger Sicht zugegebenermaßen etwas lahmen Hemdenwitz «Bier formte diesen wunderschönen Körper» an und stecke meine Mauken in die frischen Schuhe. Auweia, sind die klein. Dafür waren sie billig. Ich leihe mir ferner eine von Papas hässlichen Bermudashorts sowie ein ulkiges Sommerhütchen. Und los. Die Strecke verläuft auf einem gepflasterten Radweg, daneben ein von Enten bewohnter Graben, hinter dem der wild zugewucherte Müllberg vor sich hin stinkt. Linker Hand blickt man auf das typische Oldenburger Vorstadt-Einerlei, eine Mischung aus flachen Wohngebäuden, Laubengepiepe und Spielothek.

Triptrap springe ich vorwärts, meine Lunge rasselt, und die Schenkel werden rot wie die Sonne, die hinter der möwenumsegelten Deponie versinkt; noch ist es warm, und schnell schwitze ich wie ein Muli im Skianzug. Nach der Hälfte der Strecke werde ich von einem weitaus geübteren Laufsportler überholt. Hossa. Na warte. Ich schnappe kurz nach Luft und klemme mich an seine Fersen. Zwei Laternenmastlängen gelingt es mir, in seiner Nähe zu bleiben, dann gebe ich milchsäuregeschwängert und von Hustenanfällen gepeinigt auf und laufe den Rest mit halber Geschwindigkeit. Immerhin: Ich kann die sich aufdrängende Gehpause vermeiden und komme nach knappen 25 Minuten wieder vor dem Haus meiner Eltern an. Geschafft. Zum Abendessen gibt es Pfannkuchen und Bier. Prost!

Am nächsten Tag frühstücke ich opulent («Darf ich jetzt ja!»), werfe mich danach sofort wieder in meine Montur und umrunde das Müllwerk gleich zweimal! Den leichten Muskelkater ignoriere ich heroisch, und auch die zunehmenden Unlustgefühle auf der zweiten Runde kontere ich mit einem scharfen Zähnezusammenbiss. Zwei Runden! Das ist gegenüber gestern eine Steigerung von unerhörten 100 %. Sagenhaft! Wenn ich diesen Verdopplungsmodus durchhalte, so errechne ich verblüfft, bringe ich Ende der Woche runde 100 Kilometer hinter mich. Und in neun Tagen kann ich von Oldenburg aus ins Allgäu laufen, da wohne ich nämlich. Super Trainingsplan. So wird's gemacht.

Den Rest des Tages verbringe ich bei meinen Eltern auf dem Sofa, bleichgesichtig, aber zufrieden. Schließe ich die Augen, setzt sich eine brodelnde Gedankensuppe in Bewegung, wobei mir das Ergebnis dieses Kochvorgangs noch völlig unklar ist. Dann schlafe ich ein.

Eine Müllkompostierungsanlage. Dahinter: das Olympiastadion in Sydney. Ich stehe auf einem Siegerpodest. Ein dicker Funktionär in wasserblauem Zweireiher mit dem Gesichtsausdruck des späten Erich Honecker hängt mir eine Goldmedaille um, groß wie ein Pfannkuchen. Am Fahnenmast wird ein T-Shirt gehisst, darauf steht: «Bier formte diesen wunderschönen Körper.» Die Hymnen erklingen. Ich heule wie ein Schlosshund. Das Stadion ist bis auf den letzten Platz gefüllt. Fast nur wunderschöne Frauen. Alle nackt. Ich auch. Am Marathontor stehen der Ostfriesen-Hengst und der Ochse aus Osnabrück. Sie grüßen huldvoll, dann werden sie von einer Handvoll Amazonen, die offenbar ob meiner heute erzielten Weltrekorde-für-die-Ewigkeit den Verstand verloren haben, des Platzes verwiesen.

Guten Morgen! Ernüchterung. Mein Körper fühlt sich an wie ein morsches Stück Treibholz, das einige Wochen lang von haushohen Wogen gegen eine Kaimauer aus Waschbeton geworfen wurde.

Eine Stunde lang verweile ich unter der heißen Dusche im Badezimmer meiner Eltern, ehe ich auch nur daran denken kann, das Reisegepäck meiner Freundin und meiner Kinder in den Kofferraum zu wuchten. Denn heute, es handelt sich um den 1. Oktober 2000, endet unser Niedersachsen-Besuch, und es geht wieder ins Eigenheim am Auerberg (wo der liegt und warum ich da wohne, dazu in Kürze mehr). Während das heiße Wasser lindernd über meinen malträtierten Korpus läuft, nagen die ersten Zweifel. Ich rekapituliere: Vor zwei Tagen war ich noch ein Bewegung vermeidender Semipummel, und jetzt will ich quasi binnen Stunden zur Sportskanone werden. Geht das überhaupt? Gut, der Anfang ist gemacht, aber wie geht's jetzt weiter? Ich habe es manches Mal erlebt, mit Romanen, Volkshochschulkursen und Frauen: Was als «Liebe auf den ersten Blick» begann, ist nach kurzer Zeit zur irrelevanten Fußnote verkümmert. Zu diesen Fußnoten gehören auch die bereits erwähnten Sport-Rappel, folgenlose One-Day-Stands mit der Körperertüchtigung. Trost finde ich lediglich in der Tatsache, dass ich mich mit diesem Problem in guter Gesellschaft befinde. Millionen Wohlstandsbürger wollen ihrem Körper einigermaßen regelmäßig Gutes tun, weil ihnen dies ihr Arzt empfiehlt, weil sie im Urlaub ohne Scham das Oberhemd ablegen wollen oder weil sie ahnen, dass ein Leben im Bürostuhl nicht unserer biologischen Bestimmung entspricht. Aber keiner weiß, wie das geht: sein Leben ändern. Das klingt schon so behämmert pathetisch. Hm. Schwierig, schwierig.

Bevor wir uns auf die Autobahn in Richtung Heimat begeben, umrunde ich noch ein weiteres Mal im Dauerlauf das Müllwerk. Nein, noch soll der Schwung nicht erlahmen, die Liebe nicht zur Fußnote verkümmern. «Wenn ich jetzt einen Tag aussetze», keuche ich, auf meinen Treibholz-Waden wankend, «dann ist schwuppdiwupp der Schlendrian da, und alles ist hin.» Immerhin beschränke ich mich auf eine einzige Runde; ich beginne zu ahnen, dass meine gestern erdachte Distanzverdoppelungsmethode, die mich binnen Tagen dazu befähigen sollte, dauerlaufend Deutschland zu durchqueren, Quatsch mit Soße ist.

Auf dem Weg nach Süden legen wir einen Zwischenstopp in Köln ein. Kindergeburtstag im Hause Balder. Während die Mütter und der Nachwuchs feiern, sitze ich mit Hugo in der Küche und trinke Weizenbier. Plötzlich höre ich mich sagen: «Ich will bald 100 Kilometer laufen.» Hopsa, bin ich etwa schon besoffen? Eieiei. Jetzt liegt die Latte ganz schön hoch, denke ich im nächsten Moment und ärgere mich über mein loses Mundwerk. Wie komme ich überhaupt auf so etwas? Hugo tut so, als hätte er die Dreistelligkeit der Kilometerzahl überhört, macht aber aus seiner Meinung zum Thema keinen Hehl: «Ick finde die Joggerei furchtbar. Det wär nichts für mich. Sieht einfach nicht aus. Am schlimmsten ist es, wenn die Leute an einer roten Ampel stehenbleiben und völlig beknackt auf der Stelle rumhampeln. Und dann diese bunten Anzüge. Einfach bescheuert.»

Ich vertiefe das Thema lieber nicht weiter. Noch ein Weizenbier, dann verabschieden wir uns. Mein Gespräch mit Hugo ist für mich allerdings insofern prägend, als ich bis heute während meiner Laufrunden an Fußgängerampeln regungslos verharre, bis die Ampel auf Grün springt. Hugo könnte ja vorbeikommen.

Wieder zu Hause. Wir wohnen in einem kleinen Dorf zwischen Füssen und Schongau, genau an der Grenze zwischen Oberbayern und dem Ostallgäu. «Nanu», werden Sie vielleicht denken, «warum wohnt er denn da?» Das kam so: 1996 lernte ich Ines kennen. Damals gab's noch «RTL Samstag Nacht», und ich verbrachte viel Zeit in den Fernsehsendungsfertigungsstätten im Gewerbegebiet Hürth-Kalscheuren bei Köln. Im Studio nebenan wurde der TV-Klassiker «Der Preis ist heiß!» produziert, mit Walter Freiwald und Harry Wijnford, und Ines war eine der drei attraktiven Assistentinnen, die mit galanter Pose das präsentierte Produkt, dessen Preis zu erraten war, garnierten. «Zisch-zack-bumm!» hatte es – jedenfalls bei mir – schon beim allerersten Aufeinandertreffen während einer Drehpause gemacht; bis wir jedoch zu einem Paar wurden, vergingen einige Monate. Ines kommt eigentlich aus Erfurt, ist aber im Sommer 89 geflüchtet und ins Allgäu geraten. Für die RTL-Produktion reiste sie jedes Mal für ein paar Wochen nach Köln. Als wir schließlich zusammenziehen wollten, standen wir vor der Frage: Wo wohnen? Und da es Ines im Allgäu gut gefiel und ich sowieso schon immer eine ausgeprägte Affinität für alles Gebirgige hatte, zogen wir kurz entschlossen in ein leerstehendes Haus mit Blick auf Berge und Badesee, sehr Aral-Kalender-mäßig.

Um diesen Badesee herum führt ein Weg, der zunächst einem ahornbeschatteten Damm der Kreisstraße folgt, an einer nutzgrasbewachsenen Badestelle mit Bootssteg und Kiosk vorbeiläuft, sich durch einen kleinen Weiler mit enormer Kuhfladendichte und dann etwas engkurvig und in mildem Auf und Ab zur anderen Seeseite schlängelt, wo der geneigte Umrunder links auf den sogenannten Brettleweg abbiegt, eine etwas abenteuerlich auf Holzbrettern durch ein Feuchtgebiet führende Routenkonstruktion, die schließlich zum Sportplatz der Gemeinde führt, wo sich der Kreis nach knappen fünf Kilometern schließt.

Als Laufstrecke ist mir dieser Weg bereits von meinen letztsommerlichen Sportrappels bekannt (sagt man Rappels? Oder Rappelle? Oder gar Rappeln – so wie Pappeln?), jedenfalls: Hier, auf der «Seerunde», setze ich meinen verbissenen Kampf um Kontinuität fort. Jeden Tag um den See, jeden Tag ein kleines Abstecherchen obendrauf. Dienstag. Mittwoch. Donnerstag. Puh, wie mühselig. Die Zielsetzung «100 Kilometer» nehme ich selbst nicht ernst. Nicht mehr. Oder: noch nicht. Wie ich langfristig meine Motivation aufrechterhalten soll, ist mir völlig unklar. Hinzu kommt das Wetter. War es in Oldenburg noch spätsommerlich warm, so bläst der Wind nun die Blätter von den Bäumen. Ist der Öltank voll? Es wird ungemütlich.

Nach sechs Tagen Durchhalten sehen meine Füße dubios genoppt aus. Die Billigtreter sind zwei Nummern zu eng und haben Blasen verursacht, die aussehen wie überreife mexanische Feuerbohnen. Wegen starken Fußwehs droht der Eifer nun vollends zu erlahmen. Aber noch will ich nicht aufgeben. Vielleicht finde ich ja eine Alternative zum Laufen? Ich humpele in die Garage. Dort steht ein altes Rennrad, Marke «Shogun», Baujahr 78. Ich habe es mir vor zwei Jahren zugelegt, vor allem, weil ich den Markennamen so schön Kung-Fu-mäßig fand. Außerdem sieht der knallrote Flitzer schnittig aus, astreines 70er-Design. Zwar ist der Rahmen für einen Schrumpfgermanen wie mich deutlich zu groß, aber als sich der Flohmarkthändler von 30 auf 25 Mark runterhandeln ließ, griff ich spontan zu.

Und jetzt muss ich sowieso in die Kreisstadt, den Wagen von der Inspektion holen. Also rauf auf das Rollmöbel. Gar nicht so einfach, wenn das Oberrohr fast in Höhe des Brustbeins verläuft.

Als Kind und Jugendlicher habe ich alle Wege per Rad zurückgelegt, erst mit dem Bonanza-, später mit einem Hollandrad. Am Wochenende bin ich sogar manchmal von Oldenburg ganz alleine zu meiner Oma nach Wildeshausen gefahren, 26 km. Fahrradfahren hat mir immer Spaß gemacht. Dann wurde ich 18. Zeit für den Führerschein. Ich war sicher der schlechteste Fahrschüler, der je durch die norddeutsche Tiefebene gestottert ist. Immer verkrampft, immer zerstreut, und wo immer sich mir ein Stoppschild entgegenstemmte: Ich fuhr mit Karacho drüber.

Immerhin habe ich die Fahrprüfung aufgrund glücklicher Umstände bereits im zweiten Anlauf bestanden: Ich stand nämlich eine halbe Stunde im Stau auf der Oldenburger Stadtautobahn, mit dem Prüfer auf dem Rücksitz. Da nach mir noch weitere Junglenker auf den Lappen warteten, hatte sich die Sache damit erledigt. Auf meinen flehenden Blick in den Rückspiegel hin reagierte der in hellbraunen Breitcord gewandete Scheitelträger mit einem verbindlichen Nicken. Nächste Ausfahrt raus, zurück zum TÜV und «Allzeit gute Fahrt!». Merkwürdig: Sobald ich Besitzer eines Führerscheins geworden war, fand ich Fahrräder blöde.

Wahrscheinlich, weil ich in meinem postpubertären Kraftfahrerstolz annahm, unmotorisierte Verkehrsmittel seien etwas für Milchbubis, chinesische Kaninchenzüchter oder andere arme Schlucker. Absurd? Auf jeden Fall. Aber die hiermit skizzierte verkehrsphilosophische Grundeinstellung begegnet einem gerade bei 18-jährigen Neuführerscheinbesitzern durchaus des Öfteren.

Wenig später hatte ich mein erstes Auto, einen vollkorrodierten Alfasud, buchstäblich hingerichtet. Nach Dutzenden Auffahrunfällen war ich einsichtig, schob die geschundene Rostlaube zum nächstbesten Schrottplatz und beschloss, auf Bus & Bahn umzusteigen.

Erst viele Jahre später, als ich Werbespots für Toyota drehte, ging ich wieder unter die Wagenhalter. Sie ahnen schon warum; ich bekam Prozente. Und als wir aufs Land gezogen waren, gab's tatsächlich kaum Alternativen zum Kfz, jedenfalls bis zu meiner persönlichen Transportrevolution, über deren Anfangsstadium ich nun weiter berichten möchte.

10 Gänge. Klingt viel. Für einen, der das Radfahren in Geest und Marsch erlernt hat, sind 10 Gänge allerdings zunächst keine Hilfe. Sie stiften lediglich Verwirrung, wenn er ohne Anleitung

erstmals versucht, die eiszeitlichen Kuppen des bayerischen Oberlandes zu meistern. Ich trete bergauf, merke: «Oha, die Beine brennen!», kombiniere: «Aha! Ich muss runterschalten!», nestele an der Oberrohrschaltung, gerate dummerweise in einen noch schwereren Gang, die Steigung wird steiler, ich verliere völlig den Schwung, bleibe kurz vor der Kuppe stehen, verliere die Balance, rutsche, um die Beine stabilisierend auf die Straße zu setzen, Richtung Oberrohr, dieses befindet sich wegen der unpassenden Rahmengröße in direkter Gemächtenachbarschaft, und zack! Bim-Bam-Bino, tut das weh.

Der Himmel wird düster, ein markanter Nordwind pfeift mir entgegen. Jetzt fängt es auch noch an zu regnen. Die Alu-Pedalen werden glitschig, und mit meinen unprofilierten Herrenschuhen rutsche ich ab, immer wieder. Dass diese keimdrüsenfeindliche Schimmelreiterei bei Höchstpuls stattfindet, ist eh klar.

Eine gute halbe Stunde später habe ich's aber geschafft und rolle auf den Hof der Autowerkstatt. «Merkwürdig», grüble ich, «seitdem ich hier wohne, ist mir immer wieder die hohe Hobbyradler-Dichte aufgefallen. Sobald das Wetter einigermaßen mitspielt, sind die Straßen voll. Und manche von denen tragen sogar ein Lächeln im Gesicht. Was mache ich falsch?»

Den Drahtesel stopfe ich rüde in den Kofferraum, lasse die Luke offen und sause heimwärts. Regenschutz! Sitzheizung! CD-Spieler! Das Fahrradfahren, beschließe ich, wird erst mal vertagt. So geht das nicht. Kein Zweifel, nach wenigen Tagen als Hochleistungssportler stecke ich in einer tiefen Krise. Ich bin drauf und dran, meine Goldambitionen aufzugeben und mich wieder anderen Lebensentwürfen zuzuwenden.

Zwei Tage vergehen ohne große Bewegungsintensität. Ich bereite Dreharbeiten vor. Das Konzept der «WIB-Schaukel» ist schnell erklärt: Ich verbringe einen Tag mit einem Prominenten an Orten, die dieser ausgesucht hat. Per Kamera werden die Gespräche festgehalten. Später kommen noch Off-Texte dazu und eine feine Musikauswahl. Fertig.

Die Produktionsfirma hat ihre Studios und Schneideräume in einem zauberhaften alten Sanatorium hoch über der Isar im schönen Pullach untergebracht. Pullach liegt südlich von München und ist allgemein bekannt als Sitz des Bundesnachrichtendienstes. «Linde Flüssiggase» ist auch da, außerdem eine Kneippkuranlage und ein italienisches Feinkostgeschäft. Im zurückliegenden Sommer haben wir einen «WIB-Schaukel»-Prototypen hergestellt, mit dem unfassbaren Ralph Siegel. Er führte uns durch seine eindrucksvolle Villa mit gläsernem Fahrstuhl und goldenen «S»-Dekors auf dem Teppichboden. Danach lud er uns auf eine Runde Golf ein. Dass ich mehrfach aufs Gröbste gegen die sogenannte Golfetikette verstieß, erhöhte den Unterhaltungswert der Begegnung ungemein. Was für ein Spaß! Schnell war allen Beteiligten klar, dass diese Sendung unbedingt ins Fernsehen muss. Glückliche Fügung: Oliver Mielke, der Produzent, hatte von TV-Mogul Leo Kirch den Auftrag, ein Fernsehprogramm zu entwickeln, das in dessen sogenannten Ballungsraumsendern (Mannometer, was für ein Wort!) die Qualität hebt und die Kosten senkt, und dafür war die «WIB-Schaukel» genau das Richtige.

Und noch eine zweite Show ist serienreif: «TV-Quartett», so eine Art «Literarisches Quartett», nur dass es hierbei nicht um Bücher, sondern um Fernsehsendungen geht. Neben mir sind Hugo Egon Balder dabei, Hella von Sinnen und Roland Baisch. Kurzum: Beruflich herrscht Aufbruchstimmung. Während der Arbeit in Pullach übernachte ich in einer kleinen Mietwohnung in der Münchener Innenstadt, mit Campingmöbeln und Tütensuppe, ziemlich spartanisch. Markus, der Regisseur, wohnt ganz in der Nähe. Praktisch. So kann man abends noch gemeinsam Hopfenfelder und Tabakplantagen endverbrauchen. Am dritten Tag fahre ich wieder aufs Land, zu Frau und Kindern.

Äh ... da war doch was?! Ach ja, Operation Olympia. Das neue

Leben. Fast vergessen. Aber nur fast; ich unterbreche meine Heimfahrt und halte vor einem Sportgeschäft. Ob es wohl spezielle Laufschuhe gibt, die nicht drücken? Der Ladenbesitzer nickt schmunzelnd und lässt mich verschiedene Modelle probieren. Heidewitzka, was für eine Vielfalt. Gott sei Dank macht der Verkäufer einen kompetenten Eindruck. Zahlen, servus, ab nach Hause.

Wir schreiben Mittwoch, den 11. Oktober 2000. Ein frischer Herbsttag, bedeckt, aber trocken. Ines und die Kinder sind auf Spielgruppenbesuch, und ich bin entbehrlich. Einer Eingebung folgend laufe ich diesmal nicht die Seerunde, sondern biege rechts ab. Ich trabe über verwunschene Hügel, komme an ein einsames Sträßlein, das mich zu einer uralten Solitärbuche führt. In der Ferne grüßen die Ammergauer Alpen. Durch tiefen Wald trabe ich hinab zum Lech und biege in einen Weg ab, der mich wieder steil hinauf Richtung Dorf führt.

An der Steigung verschätze ich mich, kriege keine Luft mehr und muss ein paar Meter gehen. Als ich mich erholt habe, jogge ich weiter und bin nach einer Stunde wieder daheim. Eine Stunde. Verstehen Sie? EINE STUNDE! Dreimal schaue ich ungläubig auf meine Armbanduhr. Ich bin so lange trabend unterwegs gewesen wie noch nie zuvor in meinem Leben. Ein unerhörter Stolz erfüllt mich. Ich werde von einer wohligen Woge äußerster Zufriedenheit durchspült. Ein bisschen wie Doppelkorn, der den Magen zu wärmen beginnt. Eine Stunde. One hour. Una ora. Das ist es. Bin ich ein toller Hecht! Das Salz der Erde, die Krone der Schöpfung, oder doch wenigstens: der größte Athlet aller Zeiten! King of Trimm-Trab! Rotgesichtig steigere ich mich in einen Etikettierungsrausch hinein: Wigald «EINE STUNDE» Boning – der Mann, den sie «THE BODY» nannten. Ach nee, der Titel ist schon vergeben, so heißt ja bereits dieses Supermodel, Elle McPherson. Na gut, aber wie dem auch sei: Ich bin ein Superheld! Schönes Gefühl.

Mit Mama Leone zum Marathon

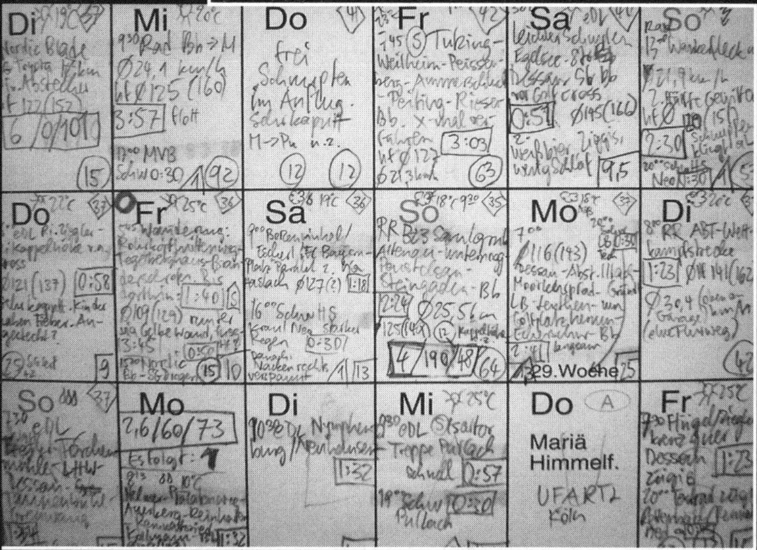

Ich bin ein Suchtmensch. Wenn ich mich verknalle, dann neige ich dazu, mich der Sache exzessiv hinzugeben. Das war schon so, als ich mit sechzehn mein Talent fürs Saxophonspiel entdeckte oder als ich meine ersten TV-Spots für das Chartmagazin «Airplay» im neu gegründeten Sender «Premiere» herstellen durfte: Leinen los und volle Fahrt voraus.

Zwischenzeitlich habe ich mich, unter anderem, für politische Wissenschaften, die Phänomenologie des Einkaufszettels, liechtensteinische Geschichte des 19. Jahrhunderts sowie die Kulturgeschichte des Nägelkauens interessiert, und zwar in einer Weise, die jedes Nobelpreiskomitee hätte hellhörig werden lassen müssen. Oder doch wenigstens bei «Jugend forscht» Anerkennung gefunden haben müsste. Mein letztes Suchtthema: tropische Nutzpflanzen. Fachbuchsammlungen wurden angelegt, lateinische Fachbegriffe gepaukt und im heimischen Heizungskeller Mango-, Litschi- und Feigenkaktuskerne zum Keimen gebracht. Zusammen mit Frau Professor Zimmer vom Botanischen Garten in Berlin bastelte ich einige Zeit eifrig an Konzepten, mit denen das Wissen um botanische Zusammenhänge popularisiert werden könnte – Resultat war die Idee der «Pflanzenpatenschaft», und ich ging mit gutem Beispiel voran und wurde Pate des Hautfarns Trichomanes speciosum.

Nach spätestens zwei Jahren hatte der Was-auch-immer-Rausch normalerweise ein Ende; so plötzlich, wie die Liebe entflammt war, erlosch sie auch wieder und wurde abrupt von der Begeisterung für ein anderes Fachgebiet abgelöst. Nun, im Herbst 2000, ist es also der Ausdauersport. «Laufen ist zwar etwas profan, aber was soll man machen», seufze ich, «man sollte froh sein, wenn man sich überhaupt für etwas begeistern kann.» Wo die Liebe eben hinfällt. Seufz. Die Liebe. Schon im Morgengrauen, lange vor Beginn der Öffnungszeit, stehe ich frierend vor Buchhandlungen und warte darauf, dass ein Mitarbeiter den Laden aufschließt. Konzentriert durchstöbere ich alle eventuell in Frage kommenden Regale und schleppe Fachbuchberge nach Hause, die alleine schon aufgrund ihres Nettogewichts einen vorzüglichen Trainingseffekt auslösen. Ich vertiefe mich in die Geheimnisse der «Superkompensation», lerne die verschiedenen Trainingsbereiche, -methoden und Pulsmessverfahren kennen, lese alle verfügbaren Spezialzeitschriften und verfange mich in den Weiten des Internets. Besonderes Vergnügen finde ich an sowjetischen Abhandlungen wie «Die Biomechanik des Laufsports», Krasnogorsk 1976.

Ich lege ein Trainingstagebuch an, in das ich Laufstrecke, die dafür benötigte Zeit in Stunden und Minuten (bei Tempoeinheiten zuzüglich Sekunden), Wetter, morgendlichen Ruhepuls, Durchschnittspuls, Höchstpuls, allgemeines Befinden, Anzahl der Schlafstunden, Anzahl und Qualität der eingenommenen Mahlzeiten, Anzahl der gerauchten Zigaretten (irre, was?), Anzahl der nur halb zu Ende gerauchten Zigaretten (jetzt schlägt's dreizehn, gell?) sowie «sonstige Beobachtungen» wie die Anzahl der totgefahrenen Dachse am Wegesrand eintrage. Vor allem jedoch widme ich mich dem täglichen Training, bei jedem Wetter, und zwar «zyklisch». Das bedeutet: Auf zwei oder drei «Belastungstage» folgt ein leichterer «Erholungstag», auf drei «Belastungswochen» folgt eine «Ruhewoche» mit verminderter Kilometerzahl. Die Messdaten meines Pulsmessers werden analysiert, verglichen, einsortiert, abgeheftet: Wenn ich nicht laufe, bin ich sozusagen als Verwaltungsfachkraft für meinen körperlichen Umbau beschäftigt. Ein Triumph der Biobürokratie.

Die mit den Trainingsplänen und -tagebüchern gefüllten Aktenordner blockieren – zum Leidwesen von Ines – nach kurzer Zeit Regale, Abstellkammern, schließlich ein eigenes Zimmer. Diese obsessive Akribie mag einem Außenstehenden albern erscheinen, für mich ist es jedoch faszinierend, zumal die Fortschritte nicht lange auf sich warten lassen: Bereits im Dezember laufe ich erstmals zwei Stunden lang ununterbrochen. Mit äußerster Sorgfalt mache ich mich an die Planung meiner Karriere als Höchstleistungssportler. Im Kopf bin ich bereits auf Goldkurs. Meine Ziele für das kommende Jahr stehen Anfang November fest: Im Frühjahr möchte ich einen Marathon in 3:30 Stunden absolvieren, und im Jahr 2002 locken die «100 km von Biel» in der Schweiz, dem größten europäischen Wettlauf über diese Strecke. Die Zeitvorgabe «3:30 h» gründet auf der Analyse meiner Zeiten über 10 km. Um die erreichbare Marathonzeit zu ermitteln, gibt's im Internet allerhand Seiten, die mit mathematischen Formeln für ebendiesen Zweck behilflich sind. Lange her, dass ich mich mit mathematischen Formeln beschäftigt habe. Muss bei Herrn Tretner gewesen sein, in der Cäcilienschule. Von Freiwilligkeit konnte damals jedoch keine Rede sein. Übrigens: Jedem interessierten Sportanfänger würde ich empfehlen, auf einen «Personal Trainer» zu verzichten und sich stattdessen die notwendigen Kenntnisse selbst anzueignen. Der Stolz auf das Erreichte ist doppelt so groß: Nicht nur als Sportler ist man erfolgreich, sondern auch als sein eigener Trainer. Außerdem ist es vorteilhaft, gewisse Trainingsfehler wie den der chronischen Überforderung, selbst zu veranlassen, denn bekanntlich wird man aus jenen Schäden, die auf eigenen Fehlern basieren, ganz besonders klug. Außerdem: Fitnesstrainer sind Profis und kosten somit Geld. Bücher kosten zwar auch Geld, lassen sich aber zur Not auch auf der Toilette oder nachts im Bett konsumieren, was mit Trainern nicht geht. Jedenfalls nicht immer.

Dass die Grundlage des Ausdauersports in ruhigen Trainingsläufen mit moderatem Tempo besteht, bringt mich auf eine Idee.

Man könnte ja einfach die Wege von und zur Arbeit für das Lauftraining nutzen. Ich muss nur halbwegs frisch ankommen, sodass die Qualität meines beruflichen Schaffens nicht unter der Lauferei leidet! Deshalb entscheide ich mich, von nun an jeden Tag zu prüfen, ob es nicht eine Gelegenheit gibt, An- und Abreisen sowie sonstige Alltagswege mit meinen Ertüchtigungsmaßnahmen zu kombinieren.

Am 14. November 2000 ist es so weit. Premiere als Nachtsportler. Nachdem Regisseur Markus und ich den ganzen grauen Tag im Pullacher Schneideraum an einer Ausgabe der «WIB-Schaukel» mit Drafi Deutscher gebastelt haben, stiefele ich bei kaltem Regen das Isarhochufer hinab. Ich bin guter Dinge. Der Film über meinen Spaziergang mit Drafi durch den Vogelpark Walsrode hat eine angenehm unbehagliche Note, und ich pfeife gedämpft Deutschers Komponistengroßtat «Mama Leone» vor mich hin.

Am Tag zuvor habe ich mir eine Stirnlampe zugelegt, die mich vor Stolperstürzen schützen soll. Midprice-Segment. Während des Laufens versuche ich, die großkalibrige Sehhilfe über meine mollige Wollmütze zu zerren. Geht nicht. Erst mal den Kopfgurt lockern, beruhige ich mich, dann müsste das Ding über den Döz passen. Mist, ist das dunkel. Ich versuche, mit der Stirnlampe den an ihrer Rückseite befestigten Gurt zu beleuchten. Geht auch nicht. Klar, der Gurt ist zu kurz. Man müsste ihn verlängern, aber das geht wiederum nur mit Licht. Scheint sich um so ’ne Art Teufelskreis zu handeln.

Nun denn; als ungeduldiger Grobmotoriker kenne ich in solchen Fällen nur eine Lösung: rohe Gewalt. Ein kurzer, kraftvoller Expanderzug am Kopfgurt, dann macht es gleichzeitig «flitsch» und «kracks», das elastische Befestigungsband schnellt in mein linkes Auge, und die Scheinwerferkarosserie zerfällt zu zwei Dutzend büroklammergroßen Einzelteilen. Aua, mein Auge. Instinktiv lasse ich den Lampenrest fallen und bedecke mit der frei gewordenen Hand schützend das tüchtig tränende Sehorgan. Mittlerweile ist der Regen zu Schneematsch geworden, und die Lampenbestandteile versinken im Halbgefrorenen. Immerhin brennt noch die blanke Birne. Ich bleibe stehen. Kurze Pause. Dann gibt die Lampe endgültig ihren Geist auf. Null Lux. Es ist dunkel wie in einer Gulaschkanone, jedoch bedeutend kälter.

Und jetzt? Ich gehe auf die Knie und wühle mit meinen klammen Händen suchend im Matsch. Da! Ist das vielleicht der Reflektor? Nein, nur eine zerdetschte Coladose ... Nach wenigen Sekunden auf den Knien ist die Hose vom Schlag bis zum Stall durchnässt. Schlotter. Ärgerlich richte ich mich auf und werfe den rostigen Limonadenbehälter in die Dunkelheit, verliere dabei auf dem glitschigen Schneematsch das Gleichgewicht und lande mit einem satten «Platsch» auf dem Bauch.

Nun ja. Liegend lasse ich das Beleuchtungsdesaster Revue passieren: Stand, ging oder lief ich, als das Gurt-Malheur passierte? Ich lief. Also muss der Lampenschrott einige Meter hinter mir liegen. Ich robbe rückwärts, verfolgt von «Mama Leone». Was für ein Ohrwurm! Das linke Auge schwillt zu. Macht nichts; in der Dunkelheit ist eh nix zu sehen. Nur das Rauschen der Isar ist zu hören. Immerhin: Auch im Dunkeln kann man hier auf dem Uferweg nicht gänzlich die Orientierung verlieren. Aber man kann den Kältetod erleiden. Also verfluche ich noch einmal ausführlich Birne, Gurt, Reflektor, Wettergott, mich selbst sowie Drafi Deutscher, den erbarmungslosen Ohrwurm-Kreatör, gebe das aussichtsarme Blindekuhspiel auf und trotte tastend nordwärts durch die Düsternis.

Nach und nach sorgt der Schneeregen für eine Einweißung des Bodens, der dadurch wie ein Restlichtverstärker wirkt. Hieraufhin sind nun auch wieder Baumschemen, das breite Kiesbett des Flusses sowie der geschotterte Wanderweg Richtung München zu erkennen. Ich trabe los.

Wenig später sehe ich in der Ferne eine riesige Leuchtglocke, die ockergelb über der Lederhosenmetropole hängt. Lichter der Großstadt. Gibt's für diesen Effekt eigentlich ein Fachwort? So was wie «urbane Photonenemission»? «Diffuses Luftleuchten»? Hm. «Lux-Verschmutzung» fände ich lustig. Wegen der Seife. Verstehen Sie? Seifendreck quasi.

Laufend trotze ich dem Hosenfrost. Auch mein Auge tut nicht mehr ganz so weh. Ich hopple durch den Niederschlag, passiere den herrlich nach Stachelschwein duftenden Tierpark Hellabrunn, unterquere den mittleren Ring, laufe am Europäischen Patentamt vorbei und erreiche nach eineinviertel Stunden die Straße, in der ich wohne. Zeit für eine Belohnung: An einem italienischen Stehausschank erwerbe ich ein Stück Pizza auf die Hand, Geschmackstyp «Mama Leone».

Zu Hause in der heißen Badewanne reflektiere ich dann über Reflektor, Matsch und Düsternis. Das also war mein Debüt als Nachtsportler. Noch nicht ganz perfekt. Dennoch: ein überzeugendes und dabei preiswertes Vergnügen. Großer Vorteil ist die Passantenarmut. Keiner schraubt mir Gespräche ins Kreuz oder kommentiert mein Äußeres. Passiert mir nämlich regelmäßig, seitdem ich in der Oberstufe mit textilen Experimenten begonnen habe: Fischgrätanzüge per Flex bearbeiten, Lacklatzhose mit Pudelmütze kombinieren etc. Ursprünglich geschah dies, um klasse auszusehen – immerhin schrieben wir damals die variantenfreudigen 80er. Beim Fernsehen hat sich die Klamottage dann sozusagen verselbständigt und wurde Teil meiner «CI», das ist ein gaaanz wichtiges TV-Kürzel und steht für «Corporate Identity». Ja, ich weiß, aber so reden wir vom Fernsehen nun mal, wenn beim «PPM» (Pre-Production Meeting) wieder stundenlang über Sachen wie den «Audience Flow» geredet wird.

Wo war ich? Ach ja: Grundsätzlich lasse ich mich gerne ansprechen, aber immer wieder mit «Ey, Wigald, siehst du heute aber mal wieder scheiße aus!» adressiert zu werden, wird nach einigen Jahren etwas fade. Kann einem nachts nicht passieren. Und wenn man so richtig eingedreckt ist und nach Sportlerschweiß riecht, gehen einem die meisten Menschen nachts sogar ganz bewusst aus dem Weg. Gut so.

Und noch ein praktischer Effekt fällt mir während des Schaumbades ein: Die leidige Parkplatzsuche in der Münchner Innenstadt ist ab sofort passé! Wie oft habe ich den heiligen Valentin, den Schutzengel aller Reisenden, um Beistand gebeten, wenn ich wieder einmal dreimal den Block umkurven musste, um schließlich in einem dieser demütigenden Parkhäuser zu landen, in denen eine Standnacht so viel kostet wie ... 25 Flaschen Bier ... mein geflexter Fischgrätanzug ... Prokofieffs Gesamtwerk auf CD ... ein Billigflug nach Casablanca ... gähn ... ist der heilige Valentin überhaupt zuständig für die Parkplatzsuchenden? Oder wendet man sich in einem solchen Fall eher an den heiligen Christopherus ... oder an Franziska von Rom, die ist immerhin die Schutzheilige ganz speziell der Autofahrer ... vielleicht sollte man sich aber auch an Hubertus wenden, immerhin ist man ja auf Parkplatzjagd ... gäääähn ... oder man adressiert Blasius von Sebaste, den offiziellen Nothelfer bei allen Halsleiden ... ich krieg bei Parkplatznot immer so 'n Hals ... schnarch ... hm, ab ins Bett ... ist das weich ...

Gute Nacht!

Am nächsten Morgen geht's auf demselben Weg zurück nach Pullach. Diesmal ohne Stirnlampenkatastrophen und Schneematschgerutsche. Bevor ich mich jedoch wieder um die «WIB-Schaukel» kümmere, laufe ich zu meinem etwas abseits geparkten Auto und ziehe mich um; Sie verstehen schon, wegen der Geruchsbelästigung. Da ich lediglich über einen zugemüllten Kleinwagen verfüge, ist ein Kleiderwechsel im Wageninneren nicht möglich und muss unter freiem Himmel in der Parkbucht durchgeführt werden. Ein paar Passanten auf der anderen Straßenseite gucken kurz zu mir herüber, um dann betont desinteressiert wegzugehen. Eine Oma schaut aus dem Fenster und zieht die Gardine zu. In der

Ferne zwitschert ein Wellensittich. Man mag meinen, der öffentlichen Textilentledigung am Straßenrand hafte eine peinliche Note an. Ist vielleicht was dran. Andererseits bin ich durch Dreharbeiten abgehärtet. Da musste ich mich auch schon oft mitten in der Fußgängerzone aus- und umziehen. Überdies konnte ich die englische Tradition des «Flitzens» schon immer gut leiden. Eine herrlich harmlose Form des Protests, zumal, wenn man sie mit der Vorgehensweise eines Selbstmordattentäters vergleicht.

Glücklicherweise wird der Körper mit zunehmendem Trainingsfortschritt immer präsentabler, was jedoch nicht dazu führen sollte, dass man auch ohne triftigen Grund die Klamotten aus- und die Blicke der errötenden Mitmenschen auf sich zieht – auch wenn das namentlich in der Showbranche ein weitverbreitetes Verhaltensmuster ist. Wobei, grübel, grübel ... Haben die Flitzer denn immer einen triftigen Grund für ihre Akt-Akte? Eher nein. Ich nehme den ganzen Absatz hiermit zurück. Soll sich doch entblößen, wer will. Basta.

«Bist du den ganzen Weg gelaufen?», fragt mich Barbara, die kesse «WIB-Schaukel»-Redakteurin, nachdem ich frischgewandet die Räume der Produktionsfirma betreten habe. Ich nicke cool und versuche in ihrem Blick zu ergründen, ob meine neue Sportlichkeit bei ihr eher Unverständnis oder Bewunderung hervorruft, sprich: geiler Hengst oder armer Spinner, hopp oder topp?! Sie guckt wie immer. Freundlich. Scheint keine große Sache zu sein. Also: Themenwechsel, kleines Frühstück, Schnitt.

Ich studiere leidenschaftlich gerne Landkarten. Schon als Grundschüler stöberte ich mit Vorliebe in der umfangreichen Kartensammlung meines Vaters, eines begeisterten Wanderers. An gewöhnlichen Sonntagvormittagen durchstreiften wir das Oldenburger Land, Vater und Sohn, in roten Kniestrümpfen, schokobrauner Kniebundhose und mit hartgekochtem Ei im Rucksack. Meist trippelten wir um die 20 km und diskutierten über Weltpolitik.

Noch heute erinnern mich viele Gegenden in Nordde
ganz bestimmte politische Ereignisse. Die toten Ar
östlich von Wildeshausen beispielsweise sind für
dem Einmarsch der sowjetischen Armee in Afgha
bunden. Am Morgen nach dem Bekanntwerden der Invasio
derten Papa und ich durch diesen idyllischen Winkel, während feiner Nieselregen Breschnews Angriff zu kommentieren schien.

Eine weitere Ereignis-Wanderweg-Kombination, die sich in meinem Speicher festgekleistert hat: Kurz nach der Einführung der Künstlersozialkasse im Juli 1981 wanderte ich mit Papa von Varel nach Jaderberg. Ich kann mich sogar daran erinnern, dass Papa mich in einem lichten Kiefernhain auf den Heimatwahlkreis des damaligen Arbeitsministers Herbert Ehrenberg hinwies: Wilhelmshaven. Darum habe man die Künstlersozialkasse auch ebendort angesiedelt. «So funktioniert Politik, verstehst du, Junge?»

Durch meine Renn-Renaisance erhält mein Interesse an Topographie neuen Auftrieb: Laufe ich tagsüber, habe ich meistens eine Wanderkarte im Maßstab 1:50 000 dabei. Um mich jederzeit ohne Umstand orientieren zu können, falte ich diese zur Not auch falzwidrig, was natürlich zu einem enormen Verschleiß führt. Kommt Regen hinzu, zerfällt das geschundene Blatt binnen 50 km.

Zu Hause vermesse ich auf der Wanderkarte «Wolfratshausen–München-Süd» meinen neuen Arbeitsweg: knappe 11 km.

Ich habe vor, bis zum Marathon auf wöchentlich 90 Trainingskilometer zu kommen. So müsste ich mein Ziel, 3:30 h, locker erreichen können. Immerhin: Bei einem Durchschnittstempo von pi mal Daumen 10 Stundenkilometern bedeutet dies, dass ich 8 bis 10 Stunden pro Woche meine Laufschuhe trage …

Meine Freundin Ines registriert den Ernst, mit dem ich mich der selbstgewählten Aufgabe hingebe. Mit Kommentaren hält sie sich zurück.

«Wird wohl eines jener Strohfeuer sein, die für Wigald so

isch sind; spätestens nach dem Marathon ist alles vorbei», mag sie denken und hütet brav die Kinder, nachdem ich mich mal wieder nachmittags für «ein Ründchen» abgemeldet habe. Schon ganz am Anfang habe ich ein schlechtes Gewissen wegen der vielen Zeit, in der ich die Familie alleine lasse. Je besser meine Form wird, desto mehr erahne ich, worin die wahre sportliche Herausforderung eines Ausdauerenthusiasten besteht. Sie lautet: Wie verbinde ich Beruf, Familie und Hobby, ohne dass das eine unter dem anderen leidet? – Manche Frauen sind ja alleine schon mit Beruf und Familie überfordert. Immerhin können die sich, so sie denn flüssig sind, an eine Nanny wenden. Kann der Sportler nicht. Der muss selber trainieren. Hm. Kindermädchen fanden Ines und ich immer überflüssig, genau wie Raumpflegerinnen. Hier ist vor allem Ines kompromisslos. Derlei Dienste gibt's in der Gegend, in der wir wohnen, auch gar nicht. Am Auerberg macht jeder selber sauber.

Tja. Ob ich ein Boning-Double finde, das ich in Sendungen schicken kann? Mit Brille und Prilblumenhemd, leicht näselnd im Vortrag; zudem könnte man ja die Kameras ein kleines bisschen unscharf stellen ...

Nein. War nur Spaß. Der Familienrat muss gar nicht erst zusammentreten. Ich unterwerfe mich einer freiwilligen Selbstkontrolle und pinsele «Erst die Familie, dann die Arbeit, dann der Sport» auf eine Pappscheibe, die ich rahme und über den Kachelofen hänge.

Und nu? Ich durchforste meinen Tagesablauf nach Zeitsparpotenzial – vielleicht stoße ich ja auf unentdeckte Zeitreserven, die ich bisher mit verzichtbarem Humbug fülle. Als Erstes fällt mir mein Tabakkonsum ein.

Seitdem ich Vater bin, rauche ich ausschließlich draußen, auf der Terrasse. Was mich das wohl an Zeit kostet? Ich nehme eine Stoppuhr zur Hand, drücke den Startknopf, gehe gemächlich in die Küche, fingere mir eine Zigarette aus der über dem Brotkasten im Regal liegenden Packung, suche kurz nach einem Feuerzeug, öffne die Tür zur Terrasse, gehe hinaus und stecke mir die Zichte in den Mund. Kurzes Innehalten, Uhrencheck.

22 Sekunden sind immerhin schon vergangen. Dann entzünde ich den Glimmstängel, inhaliere mit betont gewohnter Intensität und lasse meinen Blick durch den Garten schweifen. Ich denke an nichts Aufregendes – weiß ich doch, dass außergewöhnliche Aufregung zu erhöhter Inhalationsfrequenz und -intensität führen kann, was wiederum das Ergebnis meiner Rauchzeiterhebung verfälschen könnte. Auch schnippe ich die Asche zu 60 Prozent auf das Rosenbeet und zu 40 Prozent auf das etwas weiter entfernt liegende Dahlienbeet, da ich der Meinung bin, im Abaschalltag eben exakt so zu verfahren; das Messergebnis soll schließlich möglichst repräsentativ ausfallen. Nach 19 Zügen, als die Asche noch knappe vier Millimeter vom Filterbeginn entfernt ist, drücke ich die Kippe im Aschenbecher aus und betätige anschließend den Stoppknopf.

Sieh mal einer an! 4:58,45 Minuten. Das bedeutet bei sieben gerauchten Glimmstängeln pro Tag, dass der Tabakkonsum mich täglich knapp 35 Minuten kostet. Sofort notieren! Ehe ich mich aber innerlich dazu verpflichte, der Qualmerei zu entsagen (ist bekanntlich für manchen nicht ganz so einfach), setze ich erst mal die Zeitfahndung fort. Ich schlendere uhrenbewaffnet ins Badezimmer. Startknopf. Einschäumen. Rasieren. Restschaum abwaschen. Ganz wichtig: Waschbecken reinigen (hätte ich fast vergessen). Rasierer abtrocknen, verstauen, Handtuch aufhängen. Stopp. 4:12,09 Minuten. Sooo wenig? Enttäuschend. Ich notiere das Messergebnis trotzdem und kratze mich nachdenklich am Kopf. Kopf? Haare? Heureka! Flugs ziehe ich mich aus und hüpfe unter die Dusche. Kurzer Kontrollblick. Gut, die Uhr ist wasserdicht. Ich ermittle die Dauer einer Durchschnittshaarwäsche, 2:23,04 Minuten, und kombiniere kühn: Wenn ich mir eine

Glatze schneiden würde, müsste ich mir die Haare nicht mehr waschen – um kurz darauf meinen Denkfehler zu bemerken und mir kleinlaut einzugestehen: Die Glatze müsste dann ja täglich rasiert werden, und das dauert entsprechend. Nein, ich brauche eine extra pflegeleichte Kurzhaarfrisur. Das Shampoonieren kann man dann in wenigen Sekunden mit links erledigen, während die rechte Hand unter der Dusche den Rasierer führt und mich vom 3-Tage-Bart befreit. Dass ich mich fortan nur noch alle drei Tage zu entstoppeln gedenke, ist bereits beschlossene Sache. Und geduscht wird ab jetzt nur noch im Notfall. Man könnte natürlich in Zukunft völlig auf Körperpflege verzichten, was den Vorteil hätte, dass man mittelfristig auch den einen oder anderen Sozialkontakt einbüßt. Wäre ein weiterer Zeitgewinn.

Ich verfahre dann doch nicht ganz so radikal; ich habe zu wenig Mumm, bin zu bürgerlich. Mit der Stoppuhr in der Hand vermesse ich noch einige andere Alltagsverrichtungen, bis Ines auf mein dubioses Tun aufmerksam wird und nach dessen Sinn fragt. Ertappt. Rotgesichtig fasele ich etwas von «gucken, ob die Stoppuhr wirklich präzise läuft». «Bei dem piept's wohl», denkt sie sicher, sagt aber nichts, sondern schaut mich nur ein wenig mitleidig an und gibt mir einen Trostkuss.

Ich schnüre ein erstes Zeitpaket aus fünf Zigaretten, Haarschneidemaschine, Verzicht auf Krawattenknoten und ein paar weiteren Kleinigkeiten, das ich gegen Laufzeit eintauschen möchte. Außerdem beschließe ich, meine Schlafstörungen zukünftig in mein Bewegungsprogramm zu integrieren. Schlafstörungen? Wie bitte? Ja. Seit einigen Jahren wache ich oftmals in den frühen Morgenstunden auf, liege hellwach im Bett und ärgere mich. Hauptsächlich ärgere ich mich über die Tatsache, dass ich wach im Bett liege und mich hierüber ärgere, bisweilen aber auch über andere Fehlleistungen, vor allem berufliche. Wie die im Jahre 1997. Verleihung des «Goldenen Löwen» im Theater des Westens in Berlin. Ich soll eine Laudatio halten, für die Kategorie «Bestes Kostüm».

Wahrscheinlich hält man mich wegen meiner geflexten Fischgrätanzüge für die Idealbesetzung. Wer den Preis gewinnt, kann man bei dieser Veranstaltung im Voraus nicht sagen; damit der spannende «Oscar»-Effekt eintritt, muss auf der Bühne ein Umschlag geöffnet werden.

So bin ich gezwungen, mir etwas über die Kategorie als solche einfallen zu lassen. Die Namen der Kandidaten sagen mir nichts. Da ist guter Rat teuer. Was soll's. Ich nehme einen Zettel, schreibe einen Haufen schwer auszusprechender, unsinniger Fremdwörter drauf, Sachen wie «Gnaturisitiation» oder «Klutorzeps», und fertig ist die Laube. Den Rest werde ich improvisieren. So was Ähnliches habe ich mal vor Jahren bei «Samstag Nacht» gemacht, und die Leute haben gegrölt. Gesagt, getan.

In Berlin: großes Publikum, nur Superstars, Oberbosse, Bundesminister. Gerade hat Hape Kerkeling einen Auftritt von superber Qualität abgeliefert. Brüllend komisch, höchstmögliche Gagdichte, perfektes Timing. Mein Mund ist trocken. Fanfare. Steifbeinig wie auf Stelzen stakse ich auf die Bühne und nestle meinen Zettel aus der Hosentasche. Ich beginne damit, mühselig die hingekritzelten Fremdwörter zu entziffern, und hoffe auf große Heiterkeit, immerhin bin ich ein Top-Comedian. Stille.

Nanu? Ich löse den Blick vom Zettel und schaue ins Publikum. Henry Maske schüttelt mit dem Kopf. «Hussa, wie peinlich», lese ich in seinem Gesicht. Neben ihm sitzt Michael Schumacher. Ihm scheint mein gerade völlig missglückender Auftritt noch unangenehmer zu sein, mit beiden Händen bedeckt der Kerpener Berufskraftfahrer schamhaft sein Gesicht. Stumm ringe ich nach Worten, während in meinem Gesicht zwei Farben einen heftigen Kampf um die Vorherrschaft ausfechten, nämlich Knallrot und Kotzgrün.

Mein schweißdurchweichter Zettel fällt mir aus der Hand und segelt auf die Bühne. Soll ich mich bücken und ihn aufheben? Oder mich ganz auf mein Stegreiftalent verlassen? Was tun, wenn ich just in diesem Moment feststellen müsste, dass ich in Wahrheit über null Komma null Stegreiftalent verfüge? Einfach grußlos die Bühne verlassen?

RTL-Chef Thoma flüstert seiner Nachbarin etwas ins Ohr. Die Dame kichert. Ich will mich räuspern, aber es geht nicht. Des Kaisers neue Kleider. Schockstarre. Nach endlosen Sekunden öffne ich den Umschlag und verlese mit zitternder Stimme den Namen der Siegerin, die hierauf die Bühne betritt. Ende der Vorstellung. Und: Ende der Nachtruhe. Etwa einmal pro Woche liege ich nachts um drei im Bett und lasse den Vorgang Revue passieren. Mit offenen Augen wälze ich mich dann von der linken auf die rechte Seite, kraule mein Brusthaar und warte auf den Sonnenaufgang. Irgendwann wird es mir zu langweilig und ich stehe auf, male kleinformatige Ölbilder, lese Adenauer-Biographien oder beantworte jene Fragebögen, in denen Prominente Fragen beantworten wie «Was war Ihr peinlichstes Erlebnis?» (Antwort: s.o.). Am nächsten Tag bin ich dann immer etwas abgeschlagen, schlafe aber in der darauffolgenden Nacht ob der automatisch eintretenden Mangelsituation umso fester.

«Wenn ich am nächsten Tag sowieso durchhänge», murmele ich müde in jener schlaflosen Nacht im Herbst 2000, «kann ich diese blöden Nachtlöcher auch gleich zum Training nutzen; so hat der vermaledeite ‹Goldene Löwe› wenigstens eine positive Auswirkung gehabt.»

In den folgenden Wochen schlafe ich tief und fest. Kein Wunder. Unerbittlich unterjoche ich mich meinem rigiden Trainingsplan, schränke als begleitende Körpermodellationsmaßnahme den Schokoladengenuss sowie die Nahrungsaufnahme nach 20 Uhr ein. Dann macht der BSE-Skandal meine Ines zur Vegetarierin, und weil in unserer Küche sie die hauptsächliche Kochlöffelführerin ist, werde ich in ihrem Gefolge ebenfalls zum Phytovoren. Erste Folge des knallharten Trainings im Verbund mit schweinefreier Magerkost: Ich sehe aus wie Lance Armstrong in gut. Zweite Folge: Ich bin chronisch müde. Immer häufiger sacke ich noch während des «heute-journals» zusammen und schleppe mich ins Heiabett. Im Gegenzug erreicht mein Kaffeekonsum unerwartete Spitzenwerte. Morgens saufe ich vier große Becher, nachmittags nochmal drei, und bei der Arbeit ertränke ich mein Gähnen in weiteren zwei bis drei Litern. Wahrscheinlich ein billiger Versuch, den Zigarettenverzicht per Ersatzdroge erträglicher zu machen. Kann man überhaupt als Raucher Sport treiben? Eine häufig gestellte Frage. Mit einer klaren Antwort: ja! Der starke Raucher hat über Jahre gelernt, wie man seinen Körper einem harten Drillschliff unterzieht. Typische Wehwehchen wie «Kratzen im Hals» weiß der Raucher erbarmungslos zu ignorieren. Er zündet sich auch dann noch eine an, wenn der eigene Körper schon lange um Gnade fleht. Erfahrene Kettenraucher frönen ihrem Laster zudem auch in Situationen, die wenig tabakkompatibel sind; sie paffen bei –20 Grad auf der Straße, im Aufzug oder sogar im Bett. Jeder Raucher, dem es gelingt, sein internalisiertes Rauchverhalten auf das Training zu übertragen, hat beste Aussichten, sportliche Höchstleistungen zu erreichen. Ein Beispiel: Die meisten nichtrauchenden Lauffreunde scheuen das Training bei –20 Grad, weil es «den Bronchien schade». Über solch einen Satz kann jeder echte Raucher natürlich nur lachen. Extremrauchern, die sich körperlich betätigen wollen, sich aber außerstande sehen, eine Stunde zu laufen, ohne sich eine Nikotinwurst in den Mund zu stecken, empfehle ich übrigens Schwimmtraining.

Aber, hüstel, hüstel, die Dosis entscheidet. Im Februar 2001 fange ich mir nach einem ausführlichen Schwimmbadbesuch ohne anschließende Wärmeschutzbemützung eine böse Erkältung ein, die mich eine Woche im Bett verbringen lässt. Mein Immunsystem ist überfordert, und chronische Muskelschmerzen in Fuß und Wade verschlimmern das Elend noch zusätzlich. Klarer Fall: Ich hab's übertrieben. Im Fieberwahn höre ich leise Stimmen.

Pssst, mein Körper will mir etwas sagen! «Hör mal, du Möchtegernathlet! Du musst dich entscheiden. Entweder du schindest dich durch die Raucherei, oder du schindest dich für den Sport. Beides zusammen geht nicht. Kapito?» Ich nicke kurz und trinke brav meinen Erkältungstee.

Den Rest meiner Marathonvorbereitung bringe ich tabakfrei hinter mich.

Dann ist es so weit. 20. Mai 2001. Der erste Marathon steht auf'm Zettel.

Ines und ich bringen die Kinder zu Freunden nach Kaufbeuren, hiernach gondeln wir bei hübschem Frühlingswetter zum Bodensee, passieren Lindau, Bregenz und St. Margareten und erreichen am Samstagmittag Winterthur, ein Verwaltungsmetropölchen wie Oldenburg. Picobello aufgeräumt, mit sage-und-schreibe 17 Museen gesegnet und unaufgeregt wie eine Dorfsiesta in Panama. Dass ich mir für mein Debüt ausgerechnet den Stadtmarathon in Winterthur aussuche, ist insofern seltsam, als ich noch vor wenigen Wochen städtische Laufveranstaltungen, auf denen sich Tausende unterernährter Fitnessfreaks in quietschbunten Leibchen vor den Augen einer voyeuristischen Passantenschaft zum Affen machen und obendrein lästige Straßensperrungen verursachen, für einen abseitigen Ausdruck abendländischer Vollverblödung hielt. «Polonaise Blankenese» in nüchtern. Modisches Signet einer orientierungslosen Epoche, dessen unsympathischste Zutat aus verkrampftem Leistungsdenken besteht, der Quelle aller Frustration. Faszinierend, wie rasant manche Leute ihre Überzeugungen über Bord werfen können. Ich jedenfalls, so konstatiere ich, scheine auf diesem Gebiet nicht untalentiert zu sein.

Warum also Marathon in Winterthur?

Für einen Fernsehfritzen ist es immer eine gefährliche Sache, öffentlich in Grenzbereiche vorzustoßen, weil ihm in der Grauzone zwischen Tunnelblick und Sauerstoffzelt die Kontrolle über seine mediale Performance entgleiten kann. Dieser Kontrollverlust ist für das Publikum von allerhöchstem Interesse. Ich sage nur «Dschungelcamp». Manche Fernsehfachkraft liebt es, sich im Delirium dem Publikum zu präsentieren. Habe ich nicht eben die Polonaise Blankenese erwähnt? Genau, der hornbebrillte Mann im Karojackett ist auch so einer.

Bei meinem ersten Versuch über 42,195 km möchte ich jedenfalls einigermaßen in Ruhe gelassen werden. Wer weiß, wie's mir nach drei Stunden geht? Fange ich an zu heulen? Kriege ich Magenprobleme und würge sämige Blutbrocken auf den Asphalt? Werde ich spontan zum Mariengläubigen, oder erzähle ich im Delirium wirre Bettgeschichten, um hiernach ins Koma zu fallen? Ich will es selbst herausfinden, nicht aber, wenn ich im Krankenhaus aus dem Koma erwache, Frauke Ludowig im Fernsehen meine verheulten Stoßgebete an die heilige Jungfrau, Blutbrocken und Bettgeschichten kommentieren sehen. In Winterthur rechne ich dagegen nicht mit großem medialem Tamtam. Außerdem ist die Stadt für mich autobahntechnisch gut zu erreichen, und der Kurs ist flach und somit anfängertauglich. Das Datum passt auch, wie ich nach aufwändiger Prognose meines Leistungsstandes und meines Terminkalenders feststelle. Am 20. Mai soll nach Möglichkeit in der Geschichte der Leichtathletik ein neues Kapitel aufgeschlagen werden. Oder doch wenigstens in meiner eigenen Geschichte.

Stadtbummel. Kartenkauf. Den Nachmittag verbringen wir im Hotelzimmer. Drollig, wie bemüht ich bin. Nur ja keinen Fehler machen, auf dass ich morgen nicht unterwegs zusammenbreche. Am Stadion hole ich meine Startnummer ab. Laue Kurze-Hosen-Luft streicht mir übers maschinengemähte Kopfhaar.

Im Hotel-TV sehe ich, wie Schalke 04 in letzter Sekunde die deutsche Meisterschaft vergeigt. Soll mir eine Mahnung sein. Also schnell schlafen.

Sonntagmorgen. Nach leichtem Müslifrühstück begebe ich mich, gemeinsam mit Dutzenden weiteren Wadenwichteln, im Bus zum Stadion. Ines darf derweil ausschlafen. Die Sonne lacht, die Luft ist kühl, ein schönes ‹Gleich-geht's-los-Gefühl› durchflutet mich. Dass ich bestens in Form bin, weiß ich. Mein längster Lauf während der Vorbereitung ging von Freising an der Isar entlang bis in die Münchner Innenstadt. Es war spätabends, als ich ankam, und ich war 3:48 h unterwegs gewesen. Wahrscheinlich um die 38 km. Dieser Lauf gab mir nun ein angenehmes Sicherheitsgefühl. sich Kurzes Aufwärmen, Vaseline, Brustwarzenpflaster, dann begebe ich mich an den Start. Über tausend Teilnehmer. Alle Altersklassen, Geschlechter, Berufsgruppen. Die Sekunden bis zum Pistolenknall werden gemeinsam heruntergezählt. «... 3–2–1–peng!» Kurzes Gejohle, Applaus. Langsam setzt sich der bunte Tross in Bewegung. Gemach, gemach. Nur nicht überziehen. Geht auch gar nicht. Zu viele Beine. Am ersten Kilometerschild schaue ich erschrocken auf die Uhr. «Waaas? Sechs Minuten für einen läppischen Kilometer? Wie soll ich denn da auf drei dreißig kommen?» Ich gebe mir die Sporen und wechsle in den Trab. Hü! Ich bin schnell, ich bin stark, ich bin ein Genie!

Was ist denn das da neben der Straße? Ein Polospiel. Hab ich ja noch nie gesehen. Dolle Sache! Und dort hinten? Aha! Eine Wehrübung. Auf einer riesigen Rasenfläche stehen lebensgroße Sperrholzfiguren, jenen Kunstmenschenmauern ähnelnd, die im Fußballtraining zum Einüben der Freistoßvarianten Verwendung finden. In einiger Entfernung: Männer in Poloshirts mit getönten Pilotenbrillen schießen die Holzfiguren tot. Äcker. Eine Autobahnbrücke. Ein Weiler mit Blaskapelle und Verpflegungstisch. Bananenviertel auf Silbertabletts. Halbzeit. Ich fühle mich frisch. Noch eine Wehrübung, noch ein Weiler. Kinder, wie die Zeit vergeht! Eine elegante Brücke in Form eines Flitzebogens führt mich über die Töss hinweg wieder in die Stadt hinein.

Was sich hier so geschmeidig herunterliest, ist natürlich in

Wirklichkeit das auf seine angenehmen Bestandteile eingedampfte Erinnerungsprodukt dieses Vormittags. Das Bangen, das Bitten, die Blasen: All diese Negativaspekte habe ich bereits erfolgreich vergessen.

Als ich das Stadion erreiche, lese ich auf der Anzeigetafel «3:28». Ich feuere mich an: Wenn du jetzt nochmal richtig auftrumpfst, bleibst du sogar unter 3:30» (mein geheimes Traumziel). Ich arbeite mit allen Tricks der Autosuggestion: «Wigald, du bist ein lebender Feuerstuhl, ein Gepard, ein Silberpfeil, ach was, du bist ein Lichtteilchen auf dem Weg durchs All! Gib Gummi!» Schade. Geht nicht. Akku leer.

Im Gegenteil; ich werde noch etwas langsamer, und als ich die Ziellinie übertrabe, zeigt die Uhr «3:30:11 Stunden». Was soll's: Ich hab's geschafft. Ich bin ein echter Marathonläufer! Wonniges Wohlgefühl. Die Füße schmerzen etwas, die Schultern neigen zum Hinabhängen, der ganze Rumpf bettelt um Bettung. Aber zur selben Zeit kriecht der Stolz ins Großhirn und lässt mich strahlen wie das vielbesungene Honigkuchenpferd.

Ines steht am Ziel und umarmt mich. «Jetzt musst du dir nichts mehr beweisen!» Musste ich mir etwa etwas beweisen? Kann schon sein ...

Tags darauf drehe ich am Königssee mit der zauberhaften Enie van de Meiklokjes lustige Zuspielfilme für irgendeinen Popsender. Ich trage Tracht, Enie ein Dirndl. Wir sitzen in einem Ruderboot, und ich demonstriere trompetend das berühmte Königssee-Echo. In meinen Füßen wabbelt Kartoffelpüree. Standhaft verschweige ich meine gestrige Titanentat. Muss ja nicht jeder wissen, womit man seine Freizeit verbringt. Auch möchte ich vermeiden, dass gewisse Konzentrationsschwächen beim Moderieren auf den Marathon zurückgeführt werden; ich fürchte um meinen Ruf als Vollprofi. Ein echter Vollprofi setzt seine Performance nicht durch Laufexzesse aufs Spiel, und ein echter Komiker läuft schon mal gar nicht.

So jedenfalls denke ich an diesem sonnigen Frühsommertag. Und während ich mich wohlgelaunt mit Enie durch die Popsendung moderiere, reift der Wunsch, recht bald wieder an einer Startlinie zu stehen.

Nur das Training, das soll beim nächsten Mal zeitsparender ablaufen. Ich will noch stärker die Arbeitswege zu Trainingsstrecken machen, und ich will, wenn ich daheim weile, familienfreundlicher trainieren. Sozusagen unbemerkt. Wenn alle schlafen. Nachts. Zur Not auch mit Mama Leone.

Wach. Ein Blick auf die Uhr: Es ist kurz nach vier. Ich schlage im Zeitlupentempo die Bettdecke zurück, krabbele vorsichtig aus der Heia und schleiche mich in die Küche. Kaffeemaschine einschalten, dann öffne ich die Terrassentür und trete ins Freie. Kurzer Wettercheck. Milchsuppe. Auf den Gartenstühlen liegen meine klammen Klamotten. Ich springe hinein, frühstücke flott und knipse die Lichter aus. Das Garagentor quietscht. Ob man's im Haus hört? Wäre blöd; die Kinder weckten ihre Mutter, stellten die Bude auf den Kopf, und ich wäre für die Nachtverkürzung verantwortlich. Muss nicht sein.

Kurzes Kontrollhorchen. Nichts. Völlige Ruhe. Nur eine Eule tutet von Ost. Ich schwinge mich auf mein Rad, klicke die Schuhe in die Pedale und schalte den Scheinwerfer ein. Bis nach Pullach sind es 86 km, die ich in drei Stunden und 50 Minuten zurückzulegen gedenke. Zunächst pedaliere ich nach Schongau, in die alte Kreisstadt am Lech, in der Franz Josef Strauß seine politischen Lehrjahre absolvierte. Dort stoße ich auf die ersten Autos, die ihre Halter an tagesrandständige Arbeitsplätze befördern, wahrscheinlich Bäcker, Zeitungszusteller, Gemüsegroßhändler. Beneidenswerte Existenzen. Beneidenswert? Für Kinder ist die Nacht eine Zeitzone voller Geheimnisse: Womit verbringen die Erwachsenen die Zeit, bis sie selber zu Bett gehen? Wie fühlt es sich an, auf den gewohnten Schlaf zu verzichten? Was für Tiere bevölkern die Gärten, wenn die Dunkelheit sie schützt? Waldkäuze? Wölfe? Waschbären?

Zu meinen spannendsten Kindertagen gehörten jene, an

denen mir meine Eltern die Lizenz zum Wachbleiben schenkten. Alle Jahre wieder zu Silvester natürlich, aber vor allem anlässlich der Boxkämpfe von Muhammad Ali. Sobald ich in der «Hörzu» die Vorankündigung einer Übertragung entdeckte, geriet ich in Euphorie. Ich kannte den Dreh: Papa war Kreisvorsitzender der FDP. Gelang es mir, schlüssig und mit elaboriertem Vokabular auch für meine kindliche Existenz das Bürgerrecht auf freien Zugang zu nächtlichen Sportübertragungen zu beanspruchen, so gab er gerne nach und überließ mir stolz und schmunzelnd seinen Wecker. Diesen durfte ich selbst stellen, hockte dann alleine auf dem ledernen Fernsehsessel und schaute in den holzigen Schwarz-Weiß-Fernseher. Alis Kämpfe fand ich übrigens gar nicht sonderlich packend, zumal, wenn sie k.o.-los blieben, spannend war aber das Gefühl, live einem Ereignis jenseits des Atlantiks beizuwohnen, und zwar alleine, während Mama und Papa im Obergeschoss muckelig vor sich hin schnarchten. Normalerweise verlor ich nach einigen Runden das Interesse und verkroch mich wieder ins Bett. Immerhin konnte ich am nächsten Tag in der Schule den Boxkenner mimen. Im Anschluss wurde ich dann wegen meiner Angeberei verprügelt.

Ereignisloser hingegen verhielt es sich mit dem Nachtangeln: Am Rande der Pubertät ließ ich mich am Hunteufer dreimal beim Schwarzfischen erwischen. Mein Vater verdonnerte mich daraufhin, die Fischereiprüfung abzulegen. Merkwürdige Schicksalswendung: Sobald ich das amtliche Papier besaß, fing ich nie wieder auch nur einen einzigen Fisch. Das konnte meine Begeisterung jedoch kaum schmälern. Zum Angeln brach ich meist mitten in der Nacht auf, um bis zum Vormittag im Klappstuhl zu sitzen. Dutzende Wochenendnächte starrte ich fröstelnd auf Leuchtposen und hoffte auf mutierte Riesenwelse, lang wie 40-Tonner-Diesel. Manchmal zupfte ein keckes Rotauge am Köder, ohne dass ich hieraus einen essbaren Vorteil hätte ziehen können. Wozu es jedoch umso häufiger kam, war Angelschnursalat. Feine Vorfächer zu entwirren ist schon bei Tageslicht eine Übung, die ein Nervenkostüm völlig aus der Fasson bringen kann; bei Dunkelheit erfordert sie jedoch geradezu übermenschlichen Enthusiasmus. Denke ich ans Angeln, denke ich nicht an Kaulbarsch und Karpfen, sondern ich sehe einen Jungen mit zartem Wangenflaum, der bis zur Hüfte im moorigen Huntewasser steht und verzweifelt versucht, ein filigranes Mobile aus Grundblei, Schnüren und ölverschmiertem Erlengeäst zu entwirren, während allerlei Fische von weit her kommen, um dieser drolligen Darbietung Beifall zu zollen. Kein Wunder, dass ich nach einiger Zeit denn doch die Haken an den berühmten Haken hängte.

Heute freue ich mich, wenn es bei «Genial daneben» um Begriffe aus der Fischwaid geht, z. B. die «Kampfbremse». Darf ich bitte sofort lösen? Danke sehr.

Jedenfalls: Wer früh aufstehen darf, wird von mir beneidet. Zumal, wenn er auch wieder früh ins Bett darf und somit die Schlafstundenbilanz ausgewogen ist. So jedenfalls rede ich mir die Lage schön, nachdem mein Training vorwiegend am frühen Morgen stattfindet. Im Sich-die-Sachen-so-zurechtlegen-dass-sie-passen bin ich schon immer Weltklasse gewesen.

Wo war ich? Ach ja, auf meinem neuen Fahrrad. Gekauft im Frühjahr 2001, nachdem ich in meinen zahllosen Fachbuch-Neuerwerbungen mehrfach lesen konnte, dass pedalierend das Marathontraining schonend ergänzt werden kann. Erworben habe ich das gute Stück in einem Schongauer Fachgeschäft, «Berg- und Radsport Lerf», im Gewerbegebiet, neben der «Hochland»-Käsefabrik. Ich ging rein, sagte «Grüß Gott!» und trug mein Anliegen vor.

«Ich möchte möglichst schnell nach München fahren können, habe aber manchmal ordentlich Gepäck dabei. Laut Karte ist der direkte Weg teilweise unbefestigt. Preislage mittel. Farbe egal. Und pannensicher sollte es sein ... Wie bitte? Nein, ich bin seit Jahren nicht mehr gefahren.»

Ich gab nicht vor, irgendwelche Ahnung zu haben (kostet mich immer wieder Überwindung, diese Art von Ehrlichkeit), und vertraute voll und ganz auf die Kenntnisse von Herrn Lerf, dem Inhaber des Geschäfts. Herr Lerf empfahl mir ein graues Cross-Trekking-Rad mit 28-Zoll-Semislickbereifung sowie Click-Pedalen. Und er legte mir dringend 27 Gänge ans Herz, mit einem kleinen Kettenblatt vorne, wie es bei Mountainbikes üblich ist. Außerdem stellte er mir ein umfangreiches Zubehörarsenal zusammen: Lampe, Handschuhe, Trikot, Radhose, Werkzeug, den ganzen Plunder. Schließlich zeigte er mir noch, wie man einen Reifen wechselt und einen Kettennieter bedient. Erstklassige Beratung. Zahlen und auf Wiedersehen. «An Steigungen im Zweifel immer den kleinstmöglichen Gang nehmen, jedenfalls jetzt am Anfang ...», rief er mir noch hinterher. Guter Tipp.

Tatsächlich kam ich mit den in Bremsennähe angebrachten Schalthebeln zügig zurecht, und die Click-Pedale, in die der Spezialschuh einrastet, verloren nach zwei glimpflich ausgegangenen Seitkippstürzen ebenfalls ihren Schrecken. Mein altes «Shogun»-Riesenrennrad wanderte ins Altpapier.

Mit dem Auto brauche ich bis zum mittleren Ring in München eine Stunde und zehn Minuten; bei Stau kann sich die Fahrzeit ins Unerhörte ausdehnen. Die erste Hälfte ist auf der «Romantischen Straße» zurückzulegen, bis man in Landsberg am Lech nach 90-Grad-Wendung ostwärts auf die A96 einbiegt, auf der man zum mittleren Ring brummt.

Per Rad ist man zwar länger unterwegs, aber die Strecke ist kürzer, da man sich den unnötigen Autobahn-Umweg sparen kann. Vor allem jedoch ist sie ungleich schöner.

Nordöstlich von Schongau fahre ich auf schmalen Alleen durch eine weichgezeichnete Märchenlandschaft mit Bergdoktor-tauglichen Bauernhöfen, dann, nach kompaktem Zweitfrühstück, eine in lila Morgenlicht getauchte serpentinige Straße hinab, die sich anfühlt wie ein Alpenpass für Kinder. Zwischen Raisting und Pähl überquere ich die Ammer, ehe ich mich zum Golfplatz Kerschlach emporstemme. Rasant geht es dann hinüber zum Starnberger See, frontal in die aufgehende Sonne hinein. In Starnberg herrscht starker Berufsverkehr, welchem ich entgehe, indem ich auf die mondäne Uferpromenade ausweiche. Mir wird schwindelig; leichte Erschöpfung paart sich an diesem gesegneten Platz mit einem Vollblut-Landschaftsbild, bei dessen Betrachtung selbst hartgesottenen Rechnungsprüfertypen die Kontrolle über ihre Gesichtszüge entgleitet: Der schaumig schimmernde See umgluckst markant jene venezianisch anmutenden Ringelpfähle, die den königlich-bayerischen Raddampfern auf ihrem Weg ins Blaue die rechte Rinne weisen, blasierte Schwäne gähnen im wogenden Schilf, und vergnügliche Schunkelschlager pfeifende Tretbootvermieter polieren an kühn geschwungenen Katamaran-Rümpfen herum. Im Mittelgrund, just im Zentrum des Sees, präsentieren braungebrannte Delphine Salti mortali über den Köpfen einer netzstrumpfbehosten, frivol geschminkten Nixenrotte.

In der Ferne erahne ich die schneegekrönten Wettersteingipfel, darüber schwebt im weißen Smoking Rex Gildo, zwischen den Beinen ein Bobbycar mit Atomantrieb ... Moment mal. Habe ich Sehstörungen? Bin ich etwa unterzuckert? Ich stopfe mir noch einen Energieriegel in die Schnute und rolle auf die «Olympiastraße», jene Bundesstraße, die parallel zur Autobahn München–Garmisch verläuft und heutzutage hauptsächlich von Radlern genutzt wird. Nach einer weiteren halben Stunde zweigt rechts ein schmaler Waldweg ab, der mich nach Baierbrunn führt, eine der Siedlungen im Isartal, das in Münchener Hip-Kreisen übrigens (ganz ernsthaft!) «The Valley» genannt wird. Von Baierbrunn aus sind es nur noch wenige Kilometer zur «Entertainment Factory», in der ich mit Regisseur Markus und Cutterin Katja die neuesten «WIB-Schaukeln» vertone. Abends rolle ich dann nach München, übernachte in meiner Bude, arbeite am nächsten Tag weiter und radle dann, mal mehr, mal weniger angestrengt, wieder Richtung Allgäu.

Diese Strecke absolviere ich, sooft es eben geht, bis der erste Schnee einsetzt und meinen Elan schockfrostet.

Bin ich ein Avantgardist? Oder bewege ich mich stetig Richtung Gesellschaftsrand? Dass man radelt, ist ja einigermaßen akzeptiert, zumal, wenn man etwas für seine Gesundheit tut, Scharping heißt oder an der Tour de France teilnimmt. Aber einfach «zur Arbeit radeln»? Das ist riskant. Ich bin immerhin Fernsehstar. Und was macht so ein Fernsehstar? Schläft bis in die Puppen, steigt dann in den Smoking, springt abends aus einer dunklen Stretch-Limousine und betritt vollgekokst den roten Teppich, um dort großherzig Autogrammwünsche zu erfüllen. Und ich? Ich trage stinkende Neon-Trikots, trinke Leitungswasser und rolle, vom Hungerast gepeinigt, durch das Morgengrauen. Hm. Ruiniere ich auf diese Weise meine berufliche Existenz? Müssen sich meine Kinder für ihren Papa schämen? Kann ich Ines ernst nehmen, wenn sie lächelnd sagt, ich könne machen, was ich wolle? Wichtige Fragen, aber überflüssig, sie zu stellen, denn «Es gibt kein Zurück», «Der Zug ist abgefahren», «Die Liebe ist», tja, wie sagt man, «kälter als der Tod», äh, «schneller als der Schall» ... Sie wissen schon, was ich meine. Außerdem: «Es kann nicht immer Sonntag sein» bzw.: «Ein bisschen Schwund ist immer». Als Profi denke ich natürlich darüber nach, wie ich mein Image mit den neuen Gewohnheiten in Einklang bringen kann. «Eine Nummer draus machen», wie man so sagt. «Boning, der Mann, der immer ins Studio radelt.» Damit jedoch begäbe ich mich in unmittelbare Nähe zu Christian Ströbele und Henning Scherf, und dort muss man sich auch erst mal wohlfühlen. Ein unlösbares Problem? Vorläufig resigniere ich – und trete in die Pedale.

Nicht nur das Fahrradfahren entdecke ich im Laufe des Jahres 2001 als Ergänzung zum Marathontraining, auch dem Schwimmen und dem Inlineskating widme ich mich mit Hingabe, ohne jedoch diesbezüglich Wettkampfambitionen zu hegen. Diese bleiben vorerst der Lauferei vorbehalten. Beim Marathon in Füssen, also ganz bei mir in der Nähe, stehe ich im Juli zum zweiten Mal am Start. Nach den wohlbehalten überstandenen 3:30 von Winterthur im Mai gehe ich tolldreist von einer verwegenen Leistungssteigerung aus. Also drücke ich von Anfang an naiv auf die Tube, um nach 30 km am Ende meiner Kräfte zu sein. Erstmals mache ich in Füssen Bekanntschaft mit der demotivierenden Wirkung eines späten Anstiegs in Tateinheit mit starker Sonneneinstrahlung. Der Kurs verläuft in der Nähe des berühmten Schlosses Neuschwanstein um Hopfen- und Weißensee herum und dann bergauf zum Alatsee, einer streng türkiswässrigen Badeperle, garniert mit idyllischen Höhenzügen. Nach dessen Umrundung geht es auf ruppigen Forstwegen wieder hinab in die König-Ludwig-Stadt. Dort angekommen, stelle ich, bereits von Ganzkörperkrämpfen gepeinigt, fest, dass es bis zum Ziel noch ein beachtliches Wegstück ist. Meine Glykogenspeicher sind leer, mein Gesichtsausdruck ähnelt immer mehr dem des späten Henry Vahl. Flockig übersprinten mich kleinwüchsige Frauen in ihren besten Jahren, und in der Nähe des Ziels, vor einem Fitnessstudio in einem staubigen Gewerbegebiet, drückt mir meine wartende Ines unseren Sohn Cyprian in den Arm. Gute Idee; das wird ein prima Finisher-Foto!

Ich schleppe den Dreijährigen knappe hundert Meter in der Erwartung, umgehend die Ziellinie zu überschreiten. Dann mache ich die entmutigende Feststellung, dass ich noch keineswegs duschen darf, sondern erst noch einen weiteren Kilometer um die Gewerbeimmobilien herumzutraben habe. Für Erläuterungen bin ich bereits zu schwach, und so stelle ich meinen irritierten Filius lapidar und wortlos am Straßenrand ab. Etwaige Freunde oder Bekannte sind nicht in der Nähe. Ich laufe weiter, entgeistert blickt mir Cyprian hinterher, dann beginnt er zu heulen. Hu, wie peinlich. Mein schlechtes Gewissen zwingt mich zu einem weiteren Schulterblick. In der Ferne sehe ich die aufgelöste Mutter herbeieilen. Na denn ist ja gut, denke ich, und nehme die Beine untern Arm. Meine Zeit: enttäuschende 3:36 Stunden. Waren meine Erwartungen zu hoch gesteckt?

Nun ist erst einmal Erholung angesagt, und so beschäftige ich mich zur Abwechslung mal etwas eingehender mit meiner Schwimmtechnik. Als Kind habe ich nur ungern Schwimmbäder aufgesucht. Simpler Grund: Mit acht Jahren wog ich mickrige zwanzig Kilo und war daher im nicht badewannenwarmen Wasser bereits nach kürzester Zeit blau gefroren. So was prägt; obwohl nunmehr durchaus normalgewichtig, sind Meere, Tümpel oder gekachelte Becken auch heute nicht gerade meine bevorzugten Aufenthaltsorte. Wenn ich diese dennoch aufsuche, dann erstens aufgrund der gesundheitsfördernden Effekte und zweitens, weil sich neben der Marathonlauferei auch der Triathlon als reizvolles Ziel in meinem Sportlerherzen eingenistet hat. «Ironman» – Eisenmann, das klingt so schön schwergewichtig. Aber dafür sollte man erst mal einigermaßen flüssig kraulen können.

Das Becken des Lechbrucker Hallenbades ist gerade mal 16 Meter lang. Sechs Bahnen sind 100 Meter. Ich versuche, die Anzahl der gekraulten Bahnen im Verhältnis zu jenen Bahnen, die ich in Brustschwimmtechnik zurücklege, nach und nach zu erhöhen. Mein Problem: Ich langweile mich fürchterlich. Bereits nach fünf Minuten ertappe ich mich dabei, dass ich verstohlen auf die Armbanduhr schiele. Mit merkwürdigen Zahlenspielen versuche ich mir die Zeit zu verkürzen, etwa: Jede Bahn ist ein Lebensjahr. Als Säugling steige ich ins Wasser, nach den ersten sechs Bahnen werde ich eingeschult, nach 18 Bahnen mache ich Abitur, mit 20 Zivildienst usw. Lustig wird's in der zweiten Lebenshälfte, die ja bekanntlich noch vor mir liegt. In meiner Phantasie studiere ich Amerikanistik, werde Schornsteinfeger, habe zwei Bahnen lang eine Geliebte (die ich kraule) und lasse mich schließlich mit 66 Bahnen pensionieren. Will heißen: Raus aus dem Becken und ab unter die Dusche. Dort pfeife ich Udo Jürgens' «Mit 66 Jahren ...».

Leider gelingt es mir nicht, zum Schwimmsport eine wirklich enge Freundschaft aufzubauen.

Der nächste Versuch, sportliche Höchstleistungen zu erbringen, ist deshalb wieder dem Laufen gewidmet. Hamburg-Marathon, 21. April 2002. In den Wochen zuvor trainiere ich nicht nur eifrig, sondern sogar übereifrig und kassiere zwei Wochen vor der Veranstaltung die Quittung: Auf einem meiner täglichen Routineläufe schmerzt plötzlich die Vorderseite des rechten Schienbeins. Verärgert humpele ich zu einem Orthopäden, der eine Sehnenreizung diagnostiziert, mir «Diclofenac»-Tabletten verschreibt und mich an einen Schuheinlagenspezialisten in seinem Kollegenkreis überweist. An der Tür ruft er mir noch «Ihr Marathonvorhaben sollten Sie einfach vergessen!» hinterher. Von wegen, denke ich mir, und suche die Einlagenkapazität auf. Ein drahtiger Holländer, selber begabter Langstreckler. Er tastet das Schienbein ab, konstatiert: «Ganz klar: Tibialis anterior. Eine Reizung, tut weh, ist aber harmlos», und stellt mich auf ein Laufband. Dann analysiert er live meinen Bewegungsablauf. «Aha. Asymmetrische Armbewegungen, die sich natürlich in den Beinen fortsetzen. Ausgeprägter Fersenstil. Betont undynamisch. ‹Tibialis anterior› ist bei Ihnen das schwächste Glied in der Bewegungskette. Wenn's da zwickt, wissen Sie, dass Sie's übertrieben haben. Hm. Können Sie auch etwas schneller? Ja? Sie brauchen Einlagen, die den rechten Mittelfuß einen Tick stärker stabilisieren als den linken. Und in Hamburg werden Sie nur dabei sein können, wenn Sie ab sofort bis zum Lauf die Füße hochlegen! Im Übrigen: Immer nur laufen ist ungesund, besser ist es, wenn man abwechslungsreich trainiert, also Skilauf, Radeln, Ballspiele, Schwimmen ...» Klingt gut. Ich steige vom Laufband, lasse mir Einlegesohlen anpassen und verabschiede mich. Fazit: Eine Laufbandanalyse bei einem Fachmann ist, auch wenn man keinerlei Beschwerden hat, eine lehrreiche und spannende Sache. Der Vorteil an speziellen Sporteinlagen besteht darin, dass viele Fachfragen im Zusammenhang mit dem Laufschuhkauf mit einem Schlag beantwortet sind. Sie wissen schon, es gibt da diese unzähligen Fachbegriffe, «Überpronation» & Co, aber seitdem ich meine eigenen Einlagen verwende, achte ich beim Sportschuhkauf vor allem darauf, dass die Einlagen gut reinpassen. Übrigens, nur am Rande: Meine Füße werden immer größer. Jedes Jahr eine halbe Nummer. Hängt wohl mit dem altersbedingten Stabilitätsverlust des Fußgewölbes im Verbund mit vielen Trainingskilometern zusammen. Ob ich, wenn ich weiter so fleißig laufe, mit 60 Jahren Schuhgröße 53 habe?

Noch elf Tage bis Hamburg. Wie empfohlen stelle ich das Training ein und fiebere dem großen Tag entgegen. Zwei Tage vorher unternehme ich noch einen halbstündigen Test. Alles schmerzfrei. Heißa, es kann losgehen.

Erstmals lasse ich mich zu einer Sportveranstaltung einladen, das heißt, um Anreise, Unterkunft und das ganze Pipapo kümmert sich der Veranstalter. Klingt super. Dafür muss ich allerdings auch artig und frisch gewaschen den Journalisten Rede und Antwort stehen. Auch ein RTL-Team ist dabei, das mich am Wettkampftag mit der Kamera begleiten will. Klingt nach der Aussicht auf 1a PR, funktioniert jedoch nur, wenn meine Zeit spitz-o-meter wird; ein Versagen kann zur Schlachtung durch BILD & Co führen.

Vorsichtshalber werde ich den Lauf mit gelber Krawatte absolvieren, denn: Das Auge läuft mit! Überdies gedenke ich im Falle eines Versagens, dieses auf das sportuntypische Kleidungsstück zurückzuführen.

Nach meiner Ankunft am Samstagnachmittag betrete ich mein

Zimmer im «Hotel Hafen Hamburg». Auf dem Bett liegt ein Papier. Ich lese: «Achtung! Alle eingeladenen Athleten sind verpflichtet, an der Athletenbesprechung im Konferenzsaal Sowieso, 6. Stock, am Samstag um 18 Uhr zu erscheinen!» Soso. Muss ich wohl hin. Ich gehe in die Lobby. Vor dem Fahrstuhl drängelt sich eine dichte Menschentraube. Alles Marathonläufer. Lustig. Keiner will die Treppen benutzen. Klar; könnte ja Kraft kosten. Oben in der Lounge neben dem Konfi hocken schweigende Schwarzafrikaner in brandneuen schwarz-weiß-grün-rot-grauen Adidas-Trainingsanzügen und starren in von der Decke herabhängende Fernsehgeräte. Es läuft RTL «Explosiv». Was die sich wohl denken?, frage ich mich und nippe an meiner Wasserflasche.

Hinter den Afrikanern steht eine zerzauste Trenchcoat-Type mit Zigarillo im Anschlag. Sieht exakt so aus wie Olli Dittrich, als er bei «Zwei Stühle – Eine Meinung» Dragoslav Stepanovic darstellte. Klarer Fall: Das ist der Manager. Er blickt auf seine klobige Armbanduhr. Es ist sechs. Ein kurzes Händeklatschen, dann lösen die Afrikaner ihre Blicke von den Glotzen und gehen hinüber in den Konferenzsaal. Ich auch. Hinter mir nimmt Dieter Baumann Platz, Sie wissen schon, der schwäbische Wunderläufer, Olympiasieger, Zahnputzdoper. Oder auch Nichtdoper; was weiß denn ich. Morgen hat Baumann Marathonpremiere, er zählt zu den Favoriten und macht einen ziemlich nervösen Eindruck. Der Rennleiter sitzt am Saalende, neben ihm eine Dolmetscherin, die alles ins Englische übersetzt. Unter anderem referiert der Lauf-Leiter über geeignete Plätze an der Strecke, an denen die Betreuer ihren Schützlingen deren persönliche Gertränkeflaschen überreichen können. Betreuer? Persönliche Verpflegung? Habe ich nicht. Selten habe ich mich so deplatziert gefühlt.

Nach einer halben Stunde steht Dieter Baumann auf und ruft entnervt so etwas wie: «Verdammt nochmal, ich habe keine Lust, mir euren Kram anzuhören! Ich laufe morgen Marathon! Weiß hier jemand, was das bedeutet?» Flüsternd erläutert der Mantelmann den Afrikanern, was passiert. Allgemeines Nicken. Als Baumann halblaut vor sich hin schimpfend aus dem Saal stapft, schlurfe ich ihm unauffällig hinterher. Wenn der das darf, darf ich das auch. Im Fahrstuhl stehen wir nebeneinander. Schweigen. Beide tun wir so, als wenn wir nicht wüssten, wer der andere ist. Wobei: Vielleicht vermute ich das aber auch nur, und in Wirklichkeit hat er mich tatsächlich noch nie im TV gesehen. Kann ja sein. Außerdem: Wenn ich doch weiß, wer er ist, und ihm nicht einmal ein freundliches «Hallo!» entgegenbringe, mit welchem Recht kann ich einen seinerseitigen Gruß erwarten?

Am nächsten Morgen frühstücke ich und lasse mich dann vom RTL-Team beim Aufwärmen filmen. Zum Startschuss soll ich mich in die erste Reihe stellen, zwischen all die Top-Läufer, die hier, auf der schnellen Hamburger Strecke, für Weltklassezeiten sorgen wollen. Der nette Flimmerkistenkollege Johannes B. Kerner steht neben mir. Ein paar Pressefotos, dann wünschen wir uns gegenseitig Glück, und ich flüchte mich ein paar Reihen weiter nach hinten – zwischen all den hageren Spitzenkräften fürchte ich, nach dem Startschuss im Wege zu stehen wie ein Verkehrsberuhigungspoller auf dem Hockenheimring.

Das Rennen verläuft prima. Ich erfreue mich einer gelungenen Kräfteeinteilung und komme zügig vorwärts. Das Wetter ist ideal, die Kulisse atemberaubend. Rockbands am Straßenrand im Wechsel mit Dutt tragenden Damen, die sich auf Balkonen zum Marathon-Kuck-Kaffeekränzchen versammelt haben. Im Tunnel am Hauptbahnhof, der sonst nur dem Autoverkehr zur Verfügung steht, wird die Akustik getestet. Auch ich rufe eine vokallastige Silbe, so was wie «Haaa!», und staune über den monumentalen Hall. Plötzlich erblicke ich spärlich bekleidete Blondinen, die ein Transparent in die Höhe recken:

«Die ‹St. Pauli Nachrichten› grüßen Johannes B. Kerner und Wigald Boning.» Ich erröte und grüße zwinkernd zurück.

Am eindrucksvollsten ist der Überseering in der City Nord,

einem 70er-Jahre-Hochhausviertel, das sich an normalen Tagen durch extreme Passantenarmut auszeichnet. Und heute? Zehntausende säumen den Rinnstein und brüllen uns vorwärts. Eine Uroma mit himbeerfarbenem Gesicht schreit besonders grell. Dazu schlägt sie mit einem Hammer auf einen Suppentopf, mit dem sich mühelos auch eine 10-köpfige Großfamilie sättigen ließe. Was für ein Krach! Rammstein kann einpacken. Seltsam. Warum die Zuschauer sich so ereifern?

Der Marathon-Läufer scheint nicht nur seinen eigenen Traum zu verwirklichen, sondern auch den vieler anderer Menschen. Bitte gern und danke schön. – Derlei Gedankengekröse kriecht mir durchs Hirn, bis ich schließlich nach 3:23 Stunden im Ziel eintreffe. Wauisaui, neue Bestzeit. Und Baumann? Hat auf den letzten Kilometern aufgegeben. Schade.

Selten habe ich so viele Leute das Scheitern eines sympathischen Sportskameraden bejubeln sehen: «Hurra, ich habe den Olympiasieger geschlagen!», grölen Tausende Freizeitsportler und liegen sich glückselig in den Armen. Irre: Bereits nach wenigen Minuten sehe ich die ersten T-Shirts, frisch aus der Druckerpresse. «Olympiasieger-Besieger» steht drauf. Komisches Volk.

Ach ja: In der Kategorie «Krawattenläufer» belege ich in Hamburg unangefochten den 1. Platz.

Ostfriesland, mon amour

Zeo Kirch ist pleite, die «WIB-Schaukel» sucht einen neuen Sender. Das ZDF greift zu, präsentiert meine Porträts aber nachts um halb zwei. Immerhin habe ich mit Hilfe dieser Sendung Gelegenheit, berufsbedingt interessanten Leuten zu begegnen. Klar, dass Sportler aller Disziplinen auf meiner Gästewunschliste ganz oben stehen. Vor und hinter der Kamera quetsche ich sie über ihre Trainingsmethoden aus. Biathletin Uschi Disl erklärt mir, wie sich Kajakfahren ins Ski-Langlauftraining integrieren lässt, Tim Lobinger erläutert mir den leistungsfördernden Sinn der Ganzkörperrasur, und Reinhold Messner erzähle ich von meinem Vorhaben, irgendwann die Alpen per Rennrad zu überqueren, ein Gedanke, der in vielen Stunden auf meinem Arbeitsweg nach Pullach gereift ist.

«Sind Sie verrückt geworden? Das ist doch viel zu gefährlich!»

Nanu? Ausgerechnet Messner hält eine stinknormale Alpen-Radtour für gefährlich?

«Und ob! Im Himalaja kann ich alle Gefahren einschätzen: das Wetter, ob der Fels brüchig ist, wie's um meine Kondition steht usw. Auf der Landstraße sieht die Sache ganz anders aus. Woher wollen Sie wissen, was der Lkw-Fahrer hinter Ihnen im nächsten Moment tut? Um Himmels willen, lassen Sie bloß die Finger von so was! Gehen Sie lieber auf den K2!»

Dieses Interview gerät übrigens zu einem reinen Spezialistengespräch, für Außenstehende gänzlich unkonsumierbar. Das ZDF weigert sich, den Film zu senden. Hm. Ich muss aufpassen, dass ich nicht bald zum Fachidioten abgestempelt und zum Stempeln geschickt werde.

Messners Warnung zum Trotz bin ich wenig später Besitzer eines schnittigen Rennrades. Wie praktisch, dass im Morgengrauen, also wenn ich hauptsächlich unterwegs bin, sowieso wenig Verkehr herrscht.

Meine erste ausführliche Testfahrt führt mich von Oberammergau durch das Graswangtal nach Reutte in Tirol und am Forggensee-Ufer entlang wieder nach Hause. 126 km durch steile Karstfluchten, dampfige Nebelkissen und, als der Tag die Oberhand gewinnt, unter prächtiger Bergsommersonne.

Wieder zu Hause, mag ich den Renner kaum in die Garage stellen, so vernarrt bin ich in meinen neuen metallenen Freund. Leider ist im Schlafzimmer zu wenig Platz, sonst ... Vorsichtshalber weist Ines mich darauf hin, dass unser gemeinsames Wasserbett durch darin deponierte Fahrräder beschädigt werden könnte. Ist ja gut.

Der Teilnahme an den «100km von Biel», meinem erklärten Trainingsziel seit dem Weizenbierbesuch bei Hugo Egon Balder, steht in diesem Jahr allerlei Fernsehfacharbeit im Wege. Ersatzweise habe ich mir als krönenden Höhepunkt des Jahres 2002 eine andere Laufveranstaltung ausgesucht, den «Ems-Jade-Lauf», 72km lang, einmal quer durch Ostfriesland, von Emden nach Wilhelmshaven. Kurz vor dem Ziel passiert man das «Pumpwerk», ein Veranstaltungszentrum, in dem ich als Jugendlicher viele denkwürdige Konzerte gesehen habe, zumeist Jazz, etwa Abdullah Ibrahim oder Archie Shepp. Oft zusammen mit meinem Freund Lars Rudolph. Bin neugierig, was aus dem «Pumpwerk» inzwischen geworden ist.

Stichtag ist der 13. Oktober. Um bis dahin die nötigen Trainingskilometer zu sammeln, verschiebt sich mein Tagesablauf um eine weitere halbe Stunde nach vorne.

Den Sommer habe ich mit eher unspezifischem Training zugebracht, unter anderem auch einen Triathlon absolviert, über die olympische Distanz (1,5 km Schwimmen, 42 km Rad und 10 km Laufen). Der «Auerberg-Triathlon» findet quasi direkt vor meiner Haustür statt. Ich schaffe es tatsächlich, die gesamte Schwimmstrecke im Haslacher See zu durchkraulen, schäle mich danach jedoch nur mit Mühe aus meinem etwas zu eng geratenen Neoprenanzug, entdecke dafür, dass die Radelei meine eigentliche Paradedisziplin ist, und lande schließlich auf einem Mittelplatz. Stark beeindruckt mich das sonderbar radikale Körperbewusstsein der Triathleten. An deren Leibern befindet sich so wenig Fett wie Staub in einer Halbleiterfabrik. Als ausgesprochen schokophiler Sportsmann fühle ich mich hier unzugehörig und beschließe, meine weitere Karriere als Möchtegern-Eisenmann zu vertagen, bis die Eisenmännerszene etwas lockerer geworden ist.

Nach dem Auerberg-Triathlon konzentriere ich mich auf lange, ereignisarme Wege. Viermal die Woche zwei Stunden langsamer Trimm-Trab, einmal wöchentlich 3 bis 4 Stunden, das ist mein Pensum. An «WIB-Schaukel»-Drehtagen laufe ich lediglich nach dem Interview vom Drehort zum Hotel. Außerdem radle ich weiterhin nach München, wenn es nicht allzu doll regnet. Regen stört mich beim Laufen gar nicht, aber auf dem Rad kann man arg ins Frösteln kommen, und ich fürchte um meine Gesundheit. Apropos Gesundheit: Das betont umfangreiche Lauftraining hat mit «Wellness» wenig zu tun. Mal juckt Tibialis anterior, mal zuckt der Rücken.

Ein interessantes Spezialphänomen ist die trainingsbedingte Extrempuperei. Offenbar führen gewisse Stoffwechselprozesse zu außergewöhnlichen Flatulenzen. Hat dies mit den vermehrt aufgenommenen Energieriegeln zu tun? Wird bei den zum Muskelaufbau führenden chemischen Reaktionen gleichsam als Abfallprodukt Biogas gebildet und über den Darm abgegeben?

Die erzeugte Gasmenge ist jedenfalls enorm. Eine 1-Zimmer-Wohnung ließe sich mit der täglich erpupten Energiemenge problemlos beheizen.

Dauerlauf: ein Energieversorgungsmodell für die Zukunft? Oder bin ich nunmehr verstärkt mitverantwortlich für den Treibhauseffekt? Fragen über Fragen, die mir kein Mensch beantworten will. Ein Tabuthema.

Gut, dass sich Ines' und meine Schlafzeiten mittlerweile so deutlich voneinander unterscheiden, dass man getrost von einem 2-Schichten-Schlafbetrieb sprechen kann und unsere Beziehung somit nicht substanziell beschädigt wird.

Tag für Tag zwei Stunden laufen: Ist das nicht furchtbar langweilig? Nein. Innerhalb der Bürozeiten telefoniere ich – im Doppelsinne – laufend mit «WIB-Schaukel»-Redakteurin Barbara und denke über passende Drehorte für «Naddel» Abd el Farrag oder Gunter Gabriel nach. Außerdem trage ich jederzeit ein italienisches Vokabelheft mit mir herum. Das Interview mit Reinhold Messner fand nämlich in Cibiano di Cadore statt, ganz in der Nähe von Cortina d'Ampezzo. Mit jedem Passanten wechselte der Südtiroler Expeditionsexperte ein paar nette Worte, auf Deutsch ebenso gewandt wie auf Italienisch. Das will ich auch können! Und so halte ich während des Laufens ein aufgeschlagenes Heftchen, linke und rechte Hand abwechselnd, in der Dunkelheit per Stirnlampe beleuchtet. Das geht natürlich nur auf asphaltierten Strecken und bei geruhsamem Tempo. Und tatsächlich: So langsam, wie ich laufe, so rasant erweitere ich meinen Wortschatz. Meine Begeisterung endet jedoch abrupt an einem Freitagabend im September, als ich, mit der italienischen Ausgabe der «P.M.» und einem Wörterbuch bewaffnet, in einer Lufthansamaschine von Köln nach München sitze und mir unbekannte Vokabeln in mein Heftchen eintrage. Plötzlich erscheint eine umwerfend schöne Stewardess, setzt sich auf den freien Platz neben mir und beginnt ein Gespräch.

«Buon giorno. Oggi siete vestito in maniera più discreta del solito, non è vero? Non mi dica niente, anche io non metto la mia uniforme nel tempo libero.»

(Guten Tag. Für Ihre Verhältnisse sind Sie heute aber recht dezent gekleidet, oder? Aber Sie müssen mir nichts erzählen, ich trage ja in meiner Freizeit auch keine Stewardessen-Uniform.)

Ich blicke gebannt in ihr Gesicht. Gemeinhin werde ich ja für wortgewandt gehalten. Im Zustand der erotischen Schockstarre werde ich jedoch zunehmend einsilbiger. Geschieht dies in einer wohlklingenden, aber fremden Sprache, wird die Ein- zur Nullsilbigkeit. Stumm hocke ich neben ihr. Mein Unterkiefer klappt erdwärts, meinem Hals entweicht ein halblautes «Hümpf».

«Non mi capita spesso di incontrare a bordo personaggi famosi che si divertono leggendo riviste di divulgazione scientifica.» (Es geschieht nicht eben häufig, dass ich hier an Bord Persönlichkeiten aus dem Showgeschäft treffe, die sich mit der Lektüre populärwissenschaftlicher Zeitschriften die Zeit vertreiben.)

«No. Si. Äh. Hümpf.»

«Non sapevo che avesse una tale padronanza della lingua.» (Ich hatte ja keine Ahnung, dass Sie über solch ein Sprachtalent verfügen!»)

«...» (krächz)

«Allora. Era un gran piacere conoscere una persona così in gamba. Continui pure a leggere. (Nun ja. Hat mich sehr gefreut, Sie kennenzulernen! Lesen Sie nur fleißig weiter, Sie Tausendsassa!)», lobt sie mich schließlich für meine großartigen Italienischkenntnisse und geht dann wieder dezent hüftwackelnd an die Arbeit. Nach der Landung lasse ich die «P.M.» kurzerhand im Flugzeug liegen. Man muss nicht alles können.

Fortan trainiere ich wieder ohne Vokabelheft. Schade: Offenbar ist die Ausdauerfähigkeit nicht mühelos vom einen in den anderen Bereich übertragbar.

Die letzte Woche vor dem großen Ems-Jade-Tag erhole ich

mich gründlich, und am Samstag reise ich zu meinen Eltern nach Oldenburg. Bin ich bisher lediglich «Marathonläufer», so steht nun mein Debüt als «Ultramarathonläufer» unmittelbar bevor. Fühlt sich an wie eine Mischung aus Reisefieber und Prüfungsangst. Ja, liebe Stirnrunzler, so was gibt's tatsächlich: Malle und Mathe in einem.

Es ist Sonntag, lieber Leser. Morgens um sieben treffe ich mit meinen Eltern im noch dunklen Emdener Hafen ein. Papa und Mama haben sich bereiterklärt, mein Begleitkomitee zu spielen, oder wie sagt man beim Schach? Sekundanten. Und so, wie man bedächtig durchgeführte Fußballspiele «Rasenschach» nennt, so werde ich den heutigen Lauf absolvieren: Nur nicht hudeln. Das Ankommen zählt. Es nieselt bei frischem Ostwind und 3 Grad. Schade, denn so bin ich gezwungen, meine Jacke geschlossen zu halten. Nix mit Krawattenlauf. Ehrlich gesagt war ein Argument für meine Teilnahme an dieser Ostfrieslanddurchquerung auch die hohe Wahrscheinlichkeit starken Westwinds, der mich, so hatte ich gehofft, zügig an den Jadebusen pusten würde. Aber heute bläst der Wind von Ost. Nun ja. Ein lustig-verschlafen-heiser klingender Landtagsabgeordneter verspricht der nervös auf der Stelle trippelnden, vielleicht ein knappes Hundert zählenden Teilnehmerschaft kurz vor dem Startschuss: «An der Strecke werdet ihr alles finden, was das Läuferherz begehrt.» Großes Gelächter, dann knallt die Pistole, und wir laufen in einen ungemütlichen Sonntagmorgen hinein, immer am Ems-Jade-Kanal entlang.

Anfangs in weiten Links-rechts-Kurven, ringelnattrisch, ab Aurich jedoch vorwiegend schnurgerade. Schon früh, kurz hinter der Emdener Autobahn, gesellt sich zu mir ein athletischer Schnauzbartträger, 61 Jahre alt, aus Seesen am Harz. Er ist pensionierter Bundeswehroffizier und war zuständig für das Fahrschulwesen. Angenehm: Er guckt kaum TV und hat keine Ahnung, wer ich bin. Somit entfällt auch die ewig junge Frage: «Ist das nicht nervig, wenn man ständig angequatscht wird?» («Wie kommen Sie denn darauf?»)

Ab und zu werde ich von jugendlichen Ostfriesen mit einem herzhaften «Wiiigaaald» begrüßt, was der Seesener Senior für einen plattdeutschen Anfeuerungsruf hält. Wir plaudern über China, den Richtungsstreit in der PDS, warum es so wenig Wasservögel in Ostfriesland gibt (meint mein Begleiter jedenfalls zu beobachten), die Kultivierung von Hochmooren, Pennälerblasen, Silberbergbau, Teichlinsenbildung, Smog in Athen, die Zonengrenze seinerzeit, extra ausführlich: das Fahrschulwesen der Bundeswehr, und, immer wieder wichtig, das Wetter. Der Regen hat aufgehört.

Der Ems-Jade-Lauf ist besonders für die Melancholiker unter den Ultraläufern geeignet, zumal bei trübem Himmel. Links der Kanal, rechts das Moor. Eine Stunde vergeht. Brücke. Rechts der Kanal, links fünf Häuser. Dahinter Moor. Schleuse. Eine Baumgruppe. Moor. Immer geradeaus. Plötzlich eine Parkbank! Sensation! Dann wieder Moor. Brücke. Ruhe. Zuschauer gibt es keine. Oder kaum. Doch, da war ein Mann mit Pfeife. In der Nähe der Brücke. Und, um ehrlich zu sein, noch einer, ohne Pfeife, 27 km weiter. Nun gut, ich übertreibe, aber nicht allzu sehr.

Wie Oasen in der Wüste hingegen die Wechselpunkte des gleichzeitigen Staffellaufs auf derselben Strecke: Tapetentische mit großem gastronomischem Angebot, u.a. Topfkuchen (Topverpflegung sozusagen), Feuerwehr, Anfeuerungen, großes Hallo und kleine Gehpausen mit dem Malzbier in der Hand. Alle 5 km schlage ich mir den Bauch voll – am Ziel wiege ich fünf Kilo mehr als am Start. Überraschung: Meine Eltern, die den Tag eigentlich mit Museums- und Gasthausbesuchen verbringen wollten, fahren von Verpflegungspunkt zu Verpflegungspunkt und muntern mich auf. Schön.

Ich laufe betont langsam, denn ich möchte vermeiden, irgendwo zwischen Marcardsmoor und Sande ausscheiden zu müssen. Mit Taxis ist das hier nämlich so 'ne Sache, im Moor. Der Seesener

Pensionär und ich witzeln: Sollte man sich hier den Fuß verknacksen, kann man im Ems-Jade-Kanal auch schwimmend das Ziel erreichen. Uff, das Fahrschulwesen der Bundeswehr. Stunde um Stunde vergeht, und ich erfahre immer neue Details über Organisation, Material und Didaktik.

Etwa ab Kilometer 60 wird's hart. Ich ertappe mich dabei, häufiger als nötig zum Pinkeln den Wegesrand aufzusuchen, nur um einen kurzen Moment der Bewegungslosigkeit zu genießen. Vorgenommen habe ich mir, unter der Wilhelmshavener Autobahnbrücke in Freude auszubrechen, denn von hier aus würden es nur noch 10 km bis ins Ziel sein, aber wegen allgemeiner Verkrampfungen im Nacken, der Unlust in den Beinen und der immer zäher verrinnenden Zeit ist die Freude eher verhalten.

Ding Dong. Bahnschranken senken sich. Kann man nichts machen. Der Bundeswehrfahrlehrer trabt auf der Stelle weiter, während der Güterzug passiert. Ich warte im Stand; Hugo könnte ja vorbeikommen. Da war doch was? Ach ja, das «Pumpwerk». Kann mich mal. Ich will nach Hause.

Schließlich: die letzten 100 Meter. Erst jetzt, das ersehnte Ziel vor Augen, entwickle ich Euphorie – unser Sehorgan scheint bei dieser Art von Stimmungswechseln eine besondere Rolle zu spielen. Auch hier gilt: Das Auge läuft mit.

Sambakapelle, Händeschütteln, Erbsensuppe. Ich bin wieder am Meer. Wie heute Morgen, vor 7 Stunden, 40 Minuten und 31 Sekunden. Möwen kreischen, ich gähne, lasse mich von meinen Eltern ins Auto laden, lege mich aufs Sofa, trinke zwei Bier, bin angenehm besoffen und schlafe ein.

Mein erster Gedanke am nächsten Morgen: Wann darf ich weiterlaufen? Nur mein ausgeprägter Komplett-Muskelkater lässt mich auf ein morgendliches Joggingründchen verzichten.

Klarer Fall. Ich bin süchtig, nach stundenlanger Bewegung, nach möglichst monumentalen Strecken, nach der hemmungslosen Albernheit, die auf den Hungerast folgt.

Hohe Berge tote Tiere

Quiiiiiietsch!

Pfronten, zehn vor fünf. Fast überfahre ich einen Fuchs, der durch das Dämmerlicht streunt, dann bin ich am Startplatz. Breitenberg, Talstation. Ich erkenne Menschen mit Landkarten, Trinkrucksäcken und Langlaufstöcken. Einparken, aussteigen. «Willkommen zum ‹Extreme Mountain Running›, dem härtesten Berglauf Europas». Der Veranstalter drückt mir ein Erste-Hilfe-Set in die Hand, für den Notfall. Schluck.

«Hast du keine Stöcke?», werde ich gefragt. «Brauche ich nicht!», behaupte ich selbstbewusst und merke gleichzeitig, dass ich ganz offenbar nicht den blassesten Schimmer habe, worauf ich mich hier einlasse. Zwar wohne ich nun schon seit sechs Jahren im Alpenvorland, weiß auch, wie sich eine steile Wand anfühlt, aber an einem echten Berglauf habe ich noch nie teilgenommen. Ob die heutige Veranstaltung der richtige Einstieg ist?

Wenn man in Oldenburg aufwächst, sind Berge etwas sehr Exotisches. Das nächste «Gebirge» sind die «Dammer Berge» in der Nähe des Dümmer Sees. Die höchste Erhebung dieser Endmoränenformation ist der Signalberg, knappe 100 m hoch und eine gute Autostunde weit weg. Sonst ist alles flach, bis auf die Deiche. Auch Autobahnböschungen gibt es. Falls es im Winter tatsächlich mal schneite, eigneten sich Letztere für uns Kinder vorzüglich zum Rodeln. Aber es schneit selten in Oldenburg, wegen des Wärmflascheneffekts der nahen Nordsee.

Die Alpen sah ich das erste Mal im Sommerurlaub 1976, in

St. Gilgen am Wolfgangsee. Ich erinnere mich an irgendeinen «Mozartweg», an das helle Holz der Etagenbetten in unserer Ferienwohnung sowie die Zahnradbahn auf den Schafberg. Und Papa kämmte sein Resthaar damals noch seitlich über die Glatze, was er kurz darauf glücklicherweise einstellte. Weitere Erinnerungen habe ich nicht. Erst viele Jahre später sollte es zu einem weiteren Zusammentreffen mit den Alpen kommen.

1984 trampte ich mit meiner Jugendliebe K. nach Italien. In München stiegen wir in einen sehr tief gelegten GTI und wurden von einem erschreckend übernächtigten Partyhengst nach Kärnten gebrettert. Mit schlotternden Knien stiegen wir in Velden am Wörthersee aus und legten uns schlafbesackt und hundemüde auf eine ummauerte Rasenfläche. Am nächsten Morgen hörte ich halbwach ein heiseres Hundehusten, das sich geschwind näherte. Als ich die Augen öffnete, blickte ich in ein gefletschtes Dobermanngebiss. Mit dem Herzen in der Hose hasteten wir über eine Mauer, die offenbar den Privatgarten eines Caniphilen vor ungebetenen Rucksacktouristen schützen sollte. Auf der Weiterfahrt Richtung Udine bekannte ich, wohl unter dem Eindruck eines atemberaubenden Karawankengipfels: «Irgendwann will ich da mal zu Fuß rüber!», woraufhin mich K. für einigermaßen verrückt erklärte.

Aber nicht nur ich entdeckte zu dieser Zeit meine Vorliebe für die Erdvertikale, sondern auch meine Musikerkollegen von der Punk-Freejazz-Wave-Band KIXX. Sobald wir in Bergnähe auftraten, etwa in München, Zürich oder Bern, unternahmen wir im Anschluss an unsere Konzerte hübsche Hochgebirgstouren. Sommerliche Übernachtungen unterm Gipfelkreuz waren die unumstrittenen Höhepunkte unseres Kapellenkalenders. 1985 veröffentlichten wir sogar eine Musikkassette mit dem Titel «Lieder der Berge» (Ja, liebe Spätgeborene, damals in den 80ern haben Bands wie KIXX noch eigenhändig Kassetten auf heimischen Kassettendecks in 50er Auflage kopiert, die Cover im

Copyshop vervielfältigt, liebevoll per Buntstift koloriert und die fertigen Tonträger höchstpersönlich in die «Indie»-Schallplattengeschäfte geschleppt, wo sie als Kommissionsware vertrieben wurden – natürlich weitgehend erfolglos, wenigstens insofern, als nur selten auch nur die Hälfte der Auflage verkauft werden konnte).

Die «Lieder der Berge» waren wahre Oden an die Erdauffaltung. Krude Kletterkantaten à la Roland Kaiser auf LSD. Gerne würde ich mit einem Textbeispiel aufwarten, aber was Archivarbeit in eigener Sache angeht, bin ich eine glatte Null. Kurz: Ich habe keine Kassette mehr, und an die Texte kann ich mich, wenigstens wenn's um Details geht, nicht mehr erinnern. Was ich noch weiß: Besonders der Niesen (2362 m) im Berner Oberland mit seiner ebenmäßigen Dreiecksform hatte es uns angetan und wurde inbrünstig besungen; ein Kunstdruck von Paul Klees Niesen-Aquarell hing zudem während meiner Bremer Zivi-Zeit bei mir überm Bett.

Von Bremen zog ich nach Hamburg, auch nicht gerade der Ort mondäner Höhenzüge. Übrigens ein selten spektakulärer Umzug: sonntagabends mit zwei Umzugskartons per Autostopp. Nach viereinhalb Stunden wurde ich an der Raststätte Grundbergsee von einem freundlichen Kurden mitgenommen, der mich während der Fahrt als Meldegänger für die PKK anzuwerben versuchte. Als ich darauf hinwies, dass ich nicht nur aufgrund meiner beiden linken Hände, sondern auch wegen grundsätzlicher ethischer Erwägungen für den bewaffneten Kampf ausschiede, entgegnete er beschwichtigend: «Nix du müssen Bombe bumm!» – ein Satz, der mir das kurdische Volk nachhaltig hat sympathisch werden lassen.

Weitere Wohnungswechsel: von Hamburg-Eppendorf nach Hamburg-St. Georg, von Hamburg-St. Georg nach Hürth, von Hürth zurück nach Hamburg, Berlin-Moabit, München, Berlin-Wilmersdorf, von dort nach Köln und schließlich zum Auerberg.

Ein fürwahr unstetes Leben, in dem jedoch der Hang zum Hochgebirge eine verlässliche Größe war – auch wenn das der Wohnortwahl nicht unbedingt anzumerken ist. Selbst im platten Hamburg verbrachte ich einen Großteil meiner Freizeit in den Harburger Bergen südlich der Elbe. Höchste Erhebung: der Hülsenberg mit stolzen 155 Metern.

Zu «RTL Samstag Nacht»-Zeiten reiste ich recht häufig ins Estergebirge, das sich nördlich von Garmisch befindet und darum besonders schnell von München aus erreicht werden kann. Außerdem ist das Estergebirge nicht so überlaufen wie Zugspitze & Co.

Sobald ich einen Tag frei hatte, hüpfte ich in den Zug von München nach Oberau und bestieg Hohe Kiste, Bischof oder Krottenkopf, um am nächsten Tag wieder in die Hyperzivilisation des Showbusiness zurückzukehren. Als ich in die Sichtweite der Alpen zog, wurde der Drang, diese «irgendwann zu Fuß» zu überqueren, nicht kleiner. Noch am Tag unseres Hausbezugs erwanderte ich die 2079 m hohe Hochplatte, den höchsten Gipfel der Gegend. Merkwürdigerweise habe ich erst spät die ersten Versuche unternommen, mein Marathonlaufen mit dem Gipfelsturm zu kombinieren. Erst im Sommer 2002 fügte ich den Auerberg in mein Trainingsprogramm ein. Dieser 1055 m hohe, der nördlichsten Alpenkette vorgelagerte Solitärgipfel lässt sich von unserem Haus aus in 33 Minuten joggend erklimmen. Im Normalfall verlasse ich den Ort auf der in den 20er Jahren ursprünglich für Autorennen angelegten «Auerbergstraße», schlage mich rechts in die pittoreske «Feuersteinschlucht» und trippele auf vielerlei Treppen und Steigen an einem verspielt verblockten Bächlein bergauf. Nach 20 Minuten verlasse ich das Bachtal und wechsele auf den «Jägersteig», einen steilen, engen Pfad, der durch Fichten und Brombeerdickicht zur luftigen Kuppe führt. Kirche, Klause, Prachtpanorama. Erst mal durchatmen und die Jacke überziehen. Runterwärts nutze ich die asphaltierte Fahrstraße, die sich in einigen realmontanen Windungen zurück in Richtung Erdkern schraubt.

Gesund und gefrühstückt brauche ich für diese Baby-Bergtour eine Stunde, während deren ich mich wie in einem kleinen Urlaub wähne, ein Erholungseffekt, der erfreulicherweise auch nach dem hundertsten Gipfelbesuch nicht nachlässt.

So. Frühling 2003. Soeben hatte ich den Bonn-Marathon hinter mich gebracht und meine Bestzeit erneut um zwei Minuten verbessern können. Es zeichnete sich ab, dass ich auch in diesem Jahr nicht nach Biel würde fahren können. «WIB-Schaukel»-Dreh, unverschiebbar. Nun durchstöberte ich das Internet auf der Suche nach neuen Zielen. Auf meiner Lieblingssportseite, *www.steppenhahn.de,* entdeckte ich einen Hinweis auf eine Veranstaltung mit dem martialischen Titel «Extreme Mountain Running», Untertitel: «Der härteste Berglauf Europas».

Die Strecke ist 80 km lang und führt über sieben ausgewachsene Berge, was für außergewöhnliche 5400 Höhenmeter sorgt. Immer wieder geriet ich auf diese Seite, studierte fassungslos die Wanderkarte, untersuchte das Höhenprofil, rechnete, wie lange ich wohl unterwegs sein würde, stellte aber immer wieder seufzend fest, dass dieses Vorhaben für mich wohl eine Nummer zu groß sein dürfte. Der Geist ist willig, aber das Fleisch ... Zwei Wochen vor der Veranstaltung trieb mich die Neugier schließlich in das Füssener Fahrradgeschäft des Veranstalters Hannes Zacherl.

«Und? Habt ihr schon viele Anmeldungen für euren Monsterlauf?»

«Der ist leider abgesagt. Die Sponsoren spielen nicht mit. Aber wir laufen die Strecke privat. Willst du mitmachen?»

«Wenn ich unterwegs aussteigen darf ...»

«Klar! Helmut Schießl, der deutsche Berglaufmeister, läuft auch nur eine Hälfte. Will sich erst mal die Strecke angucken.»

Und da stehe ich nun am Parkplatz der Breitenberg-Talstation in Pfronten. Ein lauer Frühsommermorgen. Die ersten Vögel zwitschern. Mein Ziel für den heutigen Tag: Nach dem Breitenberg, dem Einstein und dem Roßberg schließlich als Höhepunkt noch das 2245 m hohe Geishorn erklimmen und verletzungsfrei wieder herunterkommen, was – ganz grob geschätzt – 45 km Wegstrecke und schlappen 2800 Höhenmetern entspricht. Bei moderatestem Tempo könnte ich's schaffen. Hoffe ich. An ein Erreichen des «eigentlichen» Zieles wage ich denn doch nicht zu denken. Die zehn Teilnehmer stellen sich für ein Foto nebeneinander, zwei Pforzheimer, ich und sieben Lokalmatadoren, darunter Dr. Thomas Miksch, schnellster Kinderarzt des Kontinents und mehrfacher Sieger des Rennsteiglaufes. «Hallo, ich bin Wigald», grüße ich blass und kleinlaut.

«Also», räuspert sich Hannes Zacherl, der Veranstalter, «gleich geht's los. Noch ist es nicht ganz hell, darum möchte ich euch bitten, bis zum ersten Gipfel beisammenzubleiben. O.k.?»

Klar doch, und schon geht es los. Nach fünf Metern denke ich: «Oha, ganz schön zügig!», und nach 100 Metern schüttle ich den Kopf. Das ist zu schnell. In dem Tempo geh ich ein wie ein Pullunder. Und zwar bald.

Nur nicht nach vorne schauen, dort führt Miksch die Gruppe an. Lässig hopst er die Kehren hinauf und plaudert dabei angeregt. Worüber, kann ich nicht verstehen, da mein Herzwummern bereits alles andere übertönt.

Hinter uns geht die Sonne auf, ein riesiger sowjetflaggenfarbener Ball vor lila Himmel, wolkenfrei. Problem: Alle sind nett und interessiert, möchten sich mit mir unterhalten. Bergauf bin ich aber bei diesem Tempo ausgesprochen einsilbig. Hoffentlich wird mir dies nicht als Unfreundlichkeit ausgelegt …

Gott sei Dank sind wir bald oben. Nun stürze auch ich mich in die Konversation, bergab wage ich sogar das eine oder andere Bonmot – oder wenigstens das, was man in besonders dünner Luft dafür hält. Die Themen? Sinn und Unsinn der Sponsorensuche, Webdesign, Wohnmobile, der dramatische Bauernhausverfall im

Tannheimer Tal und moderne Hängemattentechnologie. Aber ehrlich gesagt ist die Route nicht besonders kommunikationsfördernd. Volle Konzentration auf jeden Schritt ist unabdingbar, und das fulminante Alpenpanorama ist noch einmal zusätzlich atemberaubend.

Überraschung: Im Tal zwischen Breitenberg und Einstein ist eine Verpflegungsstation aufgebaut. In der Ausschreibung hieß es: «Notfallverpflegung ist mitzuführen.» Nanu. Dort war so manches zu lesen, was den gemeinen Volksläufer zur Absage bewogen haben dürfte, z. B. «Sollzeit für die erste Hälfte vier Stunden». Wurde hier eine bewusste Abschreckungsstrategie gewählt, um Überbuchungen vorzubeugen? Seltsam. Jedenfalls gibt es alle halbe bis ganze Stunde lecker Happa-Happa, Isodrinks, Wurstzipfel, Nudeln, Suppe und wasweißich, ehrenamtlich dargereicht vom enthusiastischen Freundeskreis des Veranstalters. Was die Vierstundendrohung soll, kann mir hier niemand sagen. Die Hälfte der Strecke erreichen die Ersten (!) nach vier Stunden, ich eher nach fünf oder sechs. Wo die «Hälfte» ist, weiß hier sowieso niemand genau. Wie soll man solch eine Strecke auch vermessen, zu viel hängt vom Laufstil ab, ob man Kehren schneidet oder ausläuft, und es gibt sogar eine echte, wenngleich kurze Kletterpassage am Aufstieg zum Einstein, auf der man mit den üblichen Messmethoden nicht weiterkäme. An den alpinen Anstiegen wird bei dieser Veranstaltung nicht gelaufen, sondern gegangen. Das Gelände ist spätestens ab der Baumgrenze einfach zu steil. Dementsprechend gibt es auch keine «Gehpausen», wie ich sie noch beim «Ems-Jade-Lauf» angewandt habe, sondern «Stehpausen». Klar. Das Weitergehen entspricht ja dem Laufen. Natürlich.

Eine solche Stehpause gönnen wir uns nach vier Stunden im verschlafenen Tannheimer Tal, bevor es wieder bergan geht. Vor und hinter mir entstehen Lücken. Ich bin alleine auf dem Weg zum Roßberg, und erste Zweifel kriechen aus den müden Beinen hinauf unter meine Mütze. Habe den Eindruck, mein Herzschlag sei lauter als sonst. Akustische Täuschung? Folge der Höhenluft? Oder ist dies bereits der Endpuls? Überlastung, Infarkt, Feierabend? Als Neuling beim härtesten Berglauf Europas. Uff. Was habe ich hier nur verloren? Ich bin doch sonst nicht so mutig. Es wird heiß. Ich tunke meinen Kopf in eine Viehtränke. Hoch oben erspähe ich ein Holzkreuz. Nicht zu unterschätzender Motivationsfaktor beim Berglauf: Das Ziel ist meistens sichtbar, jedenfalls das nächste Teilziel. Hinter der Anhöhe grüßt das Geishorn, wuchtig, grauer Fels, Altschneereste. Himmlisch hoch. Ta-ta-taramm-ta-ta! Man meint unwillkürlich «Also sprach Zarathustra» zu hören. Mist! Von wegen Das-Ziel-ist-zum-Greifen-nah. Ein Trugschluss. Zwischen mir und dem Geishorn geht es erst mal steil nach unten, zum Vilsalpsee. Den Weg bergab nutze ich, um den sonntäglichen Anruf bei Oma zu absolvieren (dass ich ein Handy dabeihabe, ist nicht urbanoide Attitüde, sondern Auflage des Veranstalters. Aus Sicherheitsgründen).

«Ja, mir geht es gut ... wie bitte? Nein, nichts Besonderes ... eine Bergtour ... ich ruf dich heute Abend an. Tschüs.» Meine Oma ist 94. Details würden sie nur irritieren.

Der Vilsalpsee liegt wie ausgestorben vor mir. Tieftürkises Wasser. Kein Hauch, kein Mensch. Stille. Es ist so still, dass ich mich ein wenig fürchte. Habe ich mich verlaufen? Sicherheitshalber studiere ich eingehend die Karte. Merkwürdig. Alles o.k. Aber wo ist die eingezeichnete Verpflegungsstation?

Da sehe ich ein Ausflugslokal. Der Biergarten hat noch geschlossen. Vor dem Lokal steht eine Zinkwanne, an der ich meinen Wasserrucksack auffülle. 10 Meter weiter biege ich hinterm Haus in Richtung Geishorn ein, und dort steht auch der Kleinbus mit der Verpflegung. «Da bist du ja!» Glück gehabt. Fünf Stunden bin ich unterwegs, Zeit für eine Cola. Letztes Kapitel. Los geht's.

Am Roßberg waren die Zweifel noch milde, aber jetzt wird's ernst. «Was für ein grotesker Scheiß», zische ich nach Luft ringend. Ich komme kaum vom Fleck. Leider ist hier im Bergwald auch der Gipfel nicht zu sehen. Es passiert mir selten, dass ich ans Aufgeben denke, aber jetzt ist es so weit. Nach 500 Höhenmetern blicke ich mich um. Unter mir liegt der See in der Sonne, ganz hinten kommt der angeberische Aggenstein ins Blickfeld. Und etwa 50 Meter unter mir sehe ich Thomas, einen Läufer, den ich in Tannheim hinter mir gelassen hatte. Aha, eine Aufholjagd. Ich drücke auf die Tube, die mittlerweile die Konsistenz eines jahrzehntealten Zahnpastabehältnisses hat. Nur noch knirschende Umhüllung, kein Inhalt mehr. 10 Minuten später hat Thomas mich eingeholt. Eigentlich ganz gut so, denn: Zu zweit geht's leichter.

Auch Thomas hat Probleme. Wir halten uns jammernd bei Laune. Endlich sind wir über der Baumgrenze. Dr. Miksch und Hannes Zacherl hüpfen uns entgegen. Gemsen im Menschenkostüm, bereits auf dem Rückweg ins Tal.

«Super, dass ihr hier auch noch rauflauft, großes Kompliment», sagt Miksch, und dieses Lob aus dem Munde eines Großmeisters baut uns augenblicklich auf. Wie ulkig, dass Lob solche Wirkung entfalten kann, kurz vorm Abbruch. Wie bei Kleinkindern. Gleich-sind-wir-da-Euphorie. Als ich das Gipfelkreuz sehen kann, bleibe ich stehen und trinke meinen Trinkrucksack auf ex leer.

Oben. Panoramapause. Sonthofen, Ronenspitze und vor allem: der majestätische Hochvogel, 2500 irgendwas Meter hoch. Zum vierten Mal heute fröstele ich, ist doch die Temperatur hier oben dicke 10 Grad niedriger als im Tal. Es ist viertel nach zwölf. Eine Alpendohle stibitzt die angebotene Verpflegung. Runter geht's schnell. Beine abschrauben und ab die Post. Kurz spielen wir mit dem Gedanken, das Rennen bis zum Schluss fortzusetzen, also zurück nach Pfronten via Einstein und Breitenberg. Aber nein, für heute haben wir genug. Es reicht uns die Gewissheit, dass wir es hätten schaffen können, wenn wir nur gewollt hätten. Ähem.

Am Vilsalpsee besteigen wir die Ladefläche eines Pick-ups und lassen uns nach Tannheim fahren. An der dortigen Verpflegungsstation sind noch Nudeln übrig. Hamm-hamm. Dann geht's nach Hause. Von 10 Startern kommen sieben ins Ziel. Die Schnellsten sind 10, der «Letzte» 15 Stunden unterwegs.

Den Rest des Tages verbringe ich damit, meiner Freundin und meinen Kindern in annähernder Realzeit Einzelheit um Einzelheit eingehendst zu erläutern, bis Ines verstohlen gähnt und ich mein Erzähltempo beschleunige.

Fazit: Ich bin offenbar in der Lage, bei einer Spezialistenveranstaltung für ausgesprochen hartgekochte Ausdauersonderlinge eine brauchbare Figur abzugeben. Nicht nur das; es macht mir sogar Spaß! Die Atmosphäre ist deutlich weniger verkrampft als beim gemeinen Stadtmarathon, niemand kämpft mit Schaum vorm Mund um Sekunden. Dafür spielen das Naturerlebnis und die Geselligkeit, diese verantwortungslose, allzeit gutgelaunte Schwester der Freundschaft, eine große Rolle.

Und, wie heißt es immer so schön in der Null-neunhundert-fünf-Werbung? «Lerne nette Leute in deiner Umgebung kennen!», und beim (mittlerweile von der «Tour de Mont Blanc» entthronten) «härtesten Berglauf Europas» treffe ich Sportsfreunde, mit denen ich in den kommenden Jahren Unerhörtes erleben werde. Allen voran Hannes Zacherl. Hannes' Leben ist eine einzige Aneinanderreihung obskurer sportlicher Unternehmungen. Bereits als 14-Jähriger absolvierte er den damals 90 km langen König-Ludwig-Skimarathon. Gemeinsam mit Papa und Bruder nahm er an 24-Stunden-Skilanglauf-Rennen teil, fuhr mit dem Rennrad nonstop von Pfronten nach Venedig und gehörte zu den ersten Mountainbike-Pionieren in Deutschland. Den Ironman-Triathlon in Roth brachte er in blendender Zeit hinter sich, ohne vorher jemals an einem Marathonlauf teilgenommen zu haben. Seine Lieblingssportgeräte sind jedoch die Berge, und sein Steckenpferd ist das Konzipieren und Exekutieren von Sportveranstaltungen mit möglichst viel Rauf und Runter. Hannes ist ein Jahr älter als ich, wohnt in Pfronten, unmittelbar am Fuß des Breitenberges, und wenn er nicht gerade eine steile Wand hinaufstürmt, verkauft er eben Fahrräder in seinem Geschäft in Füssen. Auch Hannes hat Familie und tüftelt an einer Lösung für das hiermit verbundene Zeitproblem. Klar, man könnte die Familie ganz einfach im Stich lassen und dann jeden Tag dem Training widmen … – aber wer soll dann die vielen schmutzigen Trikots waschen? – Sorry, das war jetzt nur ein laues Scherzchen. Ist mir unbedachterweise rausgerutscht. Bitte, lieber Leser, vergessen Sie die Zeile einfach. Und erzählen Sie nichts meiner Ines. Danke schön.

Ich husche von Wettkampf zu Wettkampf. «Tegelberglauf», «Zugspitz-Extremberglauf», «Oberstaufener Alpinmarathon»: Ermuntert vom gelungenen Debüt, verbringe ich die heißen Sommersonntage 2003 mit den Bergläufen in der Region. Ach ja; man mag sich fragen: Was soll bloß immer dieses martialisch-wahnhafte Wörtchen «extrem»? Handelt es sich um so eine Art Gütesiegel, das die Durchgeknalltheit einer Veranstaltung kennzeichnet? Oder ist es nur ein billiger Marketingtrick? Was bedeutet eigentlich «extrem» im Ausdauersportbereich? Reinhold Messner verwendet in seinen Büchern den Begriff «Grenzgang». Damit meint er ein Vorhaben, über dessen Durchführbarkeit der Durchführende keinerlei Gewissheit besitzt. Jene Linie, an der die Routine endet und der Grenzbereich beginnt, ist natürlich von Mensch zu Mensch äußerst unterschiedlich. Für den einen beginnt der Grenzbereich in 8000 m Höhe, für den anderen auf dem Weg zur nächsten Parkbank …

1987. Zivildienst in Bremen-Walle. ISB, «Individuelle Schwerbehinderten-Betreuung». Walter, 85 und Zeuge Jehovas seit Jahr und Tag, ist Witwer und nach einem Unfall in den 50er Jahren schwerbehindert. Er lernt seine Frau Adelheid über eine Heiratsannonce im «Wachturm» kennen. Man trifft sich, findet sich nett, beschließt zu heiraten. Adelheid, nur wenige Jahre jünger als Walter, bricht ihre Zelte in Berlin ab und zieht zu Walter nach Walle. Drei Zimmer, sozialer Wohnungsbau.

In der Hochzeitsnacht erleidet Walter einen Schlaganfall. Folge: Er ist halbseitig gelähmt und kann nur noch undeutlich sprechen. Adelheid, selber von Alterserscheinungen aller Art gepeinigt, erhält von Walters Tochter Haushaltsgeld. Dieses investiert die verwirrte Neu-Bremerin Woche für Woche in voluminöse Fleischberge, die sie im Kellerfach des Wohnblocks deponiert, «für schlechte Zeiten», wie sie dem Zivi zuraunt.

Der Zivi bin in diesem Fall ich. Meine Vorgänger sind alle gescheitert. Bleibt das Fleisch im Keller liegen, so verrottet es, die Hausverwaltung macht Terz, und Walter und Adelheid müssen um ihre Wohnung fürchten. Wirft der Zivi das faule Fleisch in den Müll, gibt's Haue und Hausverbot, was wiederum dazu führt, dass Walter hilflos im Bett liegen bleiben muss. Adelheid kann milde gestimmt werden, indem der Zivi sich mit besonders großem Eifer dem Bibelstudium hingibt und andeutet, selber bald Zeuge Jehovas zu werden. Für mich eine fabelhafte Gelegenheit, mein schauspielerisches Talent zu entwickeln. Mit ernster Miene vergrabe ich mich in die umfangreiche Fachliteratur, in der «das neue System», in dem angeblich 40 000 besonders brave, gute und fromme Menschen nach dem Weltuntergang in völliger Eintracht mit Hase, Fuchs und Eisbär leben werden, erläutert wird. Strange.

Walters größter Wunsch: wieder laufen zu können! Hierfür wird täglich trainiert. Im Rollstuhl wird Walter in den nahen Park geschoben und auf die eigenen Füße gestellt. Ich stütze ihn an den Händen und gehe rückwärts voran. Jeden Tag 50 Meter mindestens, in ganz kleinen Schritten, bis zur nächsten Parkbank. Behutsam versuchen Walter und ich, die Distanz zu erhöhen, immer wieder zurückgeworfen durch Krankheiten oder schlechtes Wetter.

Eines Tages geht Walter aufs Ganze. Die Sonne lacht, es ist nicht zu heiß, Walter ist hochmotiviert. Er schiebt sich unter Aufbietung aller Kräfte Fuß um Fuß vorwärts und feiert einen grandiosen Erfolg: doppelte Distanz! 100 Meter! Überglücklich, aber völlig entkräftet erreichen wir das Ziel, eine Parkbank, auf der er vor Freude heulend niedersinkt.

Am nächsten Tag bleibt Walter im Bett liegen; der Hausarzt diagnostiziert einen vereiterten Backenzahn. Eine Woche später ist Walter tot, eine weitere Woche später stirbt auch Adelheid.

Eine lausig traurige Geschichte, einerseits. Andererseits: Walter hatte bis kurz vor seinem Ableben ein Ziel, für das er eisern schuftete. Schwer zu sagen, um was es sich bei seinem waghalsigen Grenzgang handelte: einen Fehler, der ihn sein Leben kostete? Oder doch eher einen triumphalen Schlusspunkt? «Extrem» waren diese letzten 100 Meter auf jeden Fall. Seitdem habe ich mit Grenzgängen wenig am Hut. Ich bereite mich auf jedes Unterfangen so gründlich vor, dass ich jederzeit die Gewissheit habe, gesund im Ziel anzukommen. Abgesehen davon habe ich eine Familie zu ernähren. Für Abenteuer, bei denen es wirklich um Leben und Tod geht, kann ich mich nicht begeistern.

Durch die vielen Wettkämpfe in Topform gebracht, nehme ich mir als Saisonhöhepunkt den «Swiss Alpine Marathon» in Davos vor, einen der großen Klassiker der Szene. 78 km und 2320 Höhenmeter. Hochmotiviert melde ich mich per Internet an und lasse mir meine Startnummer zuschicken. In der Woche vor dem großen Tag gedenke ich das Training radikal einzuschränken, um mich zu erholen. Praktischerweise stehen «WIB-Schaukel»-Drehs im Kalender. Ist also eh wenig Zeit zum Laufen.

Wir planen Dreharbeiten mit Claudia Roth und René Weller. Auf Weller freue ich mich besonders; solange ich denken kann, habe ich dieses ausgeprägte Faible für schillernde Sonderlinge, gerne auch mit Hang zum Seriositätsmangel. Sun Ra, Klaus Kinski, Wolfgang Neuss, Thelonious Monk, Sachsen-Paule – um nur mal kurz eine besonders krude Stegreif-Auswahl aufs Papier zu zaubern.

Am Sonnabend will ich also von Davos aus Graubünden durchmessen, und am Donnerstag drehen wir mit René Weller in einem sonderbaren Kurkaff in der Nähe des Donaudurchbruchs. Merkwürdige Kulisse. Viele Gebäude im Stil jener Postmoderne, die mit Versatzstücken römischer Säulenarchitektur «Ambiente» herbeizementieren will. Im gänzlich atmosphärefreien Kurhaus befindet sich eine kleine Turnhalle, in der Weller auf sein 234. Comeback hinarbeitet. Während eines Kameraumbaus fragt er mich, ob ich nicht Lust auf ein wenig Sparring hätte? Klar, nur zu. Er legt die knallrote Lederjoppe ab und rückt seine Haare zurecht. Von Boxen habe ich gar keine Ahnung, aber an den Trainingsmethoden bin ich natürlich interessiert.

«Versuch einfach, meinen Rumpf zu treffen. Bitte keine Kopftreffer! Mal gucken, wer mehr Punkte sammelt.»

Wir tänzeln umeinander herum. Meine Beinarbeit ist erwartungsgemäß vorzeigbar, aber es will mir partout nicht gelingen, mit meinen Handschuhen Wellers Deckung zu decouvrieren. Er hingegen drischt vergnügt auf meinen Korpus ein. Ping, peng, pong. Die Zeit vergeht. Schon zehn Minuten sind rum, und ich habe noch nicht einen einzigen Treffer landen können. Das tut weh. Mein Team verabschiedet sich in die Mittagspause.

«Wir kommen gleich nach!», rufen wir und widmen uns weiter unserem Duell – wobei das Wort «Duell» für unsere Begegnung schlichtweg albern ist. Ich werde vorgeführt. Natürlich – Weller ist immerhin Boxer, und ich bin es nicht.

Auch nach zwanzig Minuten habe ich Wellers Körper noch nicht ein einziges Mal berührt und beeindrucke ihn höchstens durch meine Nehmerqualitäten. Inzwischen ist mein Oberkörper hellrot unterlegt, und nach einer Dreiviertelstunde sieht mein Rumpf aus wie nach einem zwanzigstündigen Karibiksonnenbad mit Sonnenschutzfaktor null. Meine Konzentration lässt nach. Folge: Ich boller ihm voll eins auf die Birne. Beziehungsweise: Ich versuche es; im letzten Moment weicht er aus und lacht: «Holla, das war knapp! Wollen wir aufhören?» Ja, ich will. Und dann widmen wir uns der Filmerei.

Am nächsten Tag gehe ich im Rudolf-Scharping-Stil, so als hätte ich einen Schneeschieber verschluckt. Ein vermaledeiter Muskelkater zieht sich von der Kopfwurzel bis zum großen Onkel. Selber schuld. Für eine Absage des «Swiss Alpine Marathon» ist es jedoch zu spät; ich stopfe meine Familie ins Auto und fahre nach Davos im prächtigen Graubünden. In der potthässlichen Eishalle findet die obligatorische «Pastaparty» statt. Als könnte ich meinen verprügelten Körper mit Nudeln heilen, orgele ich mir Teller um Teller in den Schlund. Dann gehen wir schlafen. Am nächsten Morgen humpele ich jammernd zum Startplatz, der Gott sei Dank nicht weit vom Hotel entfernt ist.

Bitte haben Sie Verständnis dafür, dass ich nicht die geringste Lust habe, mich mit dem «Swiss Alpine» an dieser Stelle länger aufzuhalten. Im Omatempo schleppe ich mich durch die Bergwelt, denke mir pro Kilometer drei bis fünf neue Flüche aus, ehe mir hinter der Ortschaft Bergün, nach etwa der Hälfte der Strecke, partout keine neuen Wörter des Missbehagens mehr in den Sinn kommen wollen und ich in eine fahle Agonie verfalle. Stumm krieche ich am Schlund des Piz-Kesch-Gletschers vorbei zur Keschhütte. Ein Höhepunkt der Schauspielkunst gelingt mir, als ich zur Scalettapasshöhe komme, an der seit Jahr und Tag der Rennarzt Dr. Beat Villiger jeden Teilnehmer mit Handschlag begrüßt und ihm in die Augen schaut, um festzustellen, ob der geschundene Athlet in der Lage ist, den Rest der Strecke ohne Gesundheitsgefährdung zu absolvieren. Eine hübsche Tradition, die bei mir am heutigen Tag jedoch eine gewisse Prüfungsangst hervorruft.

Ich nähere mich also dem Arzt, atme tief durch, versuche, meinem Schneckentempo wenigstens den optischen Anschein einer nonchalanten Lockerheit zu verpassen, und setze ein ebenso breites wie falsches Lächeln auf. Der Mediziner ergreift meine schlaffe

Pranke, blickt mir ins Gesicht und beginnt zu lachen. Nanu? Kennt er mich als Fernseh-Witzbold? Amüsiert ihn die freche Verlogenheit meiner Visage? Oder hat sein Lachen gar nichts mit mir zu tun, sondern er denkt an irgendwas anderes Drolliges? Jedenfalls werde ich von ihm durchgewunken. Nach bescheidenen 9 Stunden und 52 Minuten torkele ich über die Ziellinie. Wenig später liege ich auf dem Steinfußboden unseres Hotelzimmers und bin zu müde für alles. Rauchen, Trinken, Pipi, selbst ein Nickerchen will mir nicht gelingen. Nach einer Stunde stummen Phlegmas haken mich Ines und die Kinder unter, um mich der Nahrungsaufnahme in einer Pizzeria zuzuführen. Keine Ahnung, was mein Anhang in diesem Moment über mein sportliches Engagement denkt. Stolz? Scham? Mitleid? Ich frage besser nicht. Meine Kinder jedenfalls kennen mich nicht mehr anders, für die ist es normal, ein bleiches Wrack gen Buffet zu schieben.

Auf dem Weg begegnen wir Dr. Thomas Miksch, Sie wissen schon, dem Großmeister vom Geishorn. Im letzten Jahr hier in Davos stolzer Zweiter, kommt er in diesem Jahr als Dritter ins Ziel. Sieger ist der Russe Gregori Murzin, der, wie man mir später erzählt, einen entscheidenden Wettbewerbsvorteil hat: Er braucht extrem wenig Flüssigkeit, vor allem aber verspürt er keinen Durst. Niemals. Ist wohl so eine Art Gendefekt, der nach Kilometer 60, wenn es vor allem auf psychische Stabilität ankommt, sehr hilfreich sein kann. Miksch sieht recht frisch aus, ich hingegen wie ein altersschwacher Rauhaardackel. Er: «Und, wie schnell warst du?» – mit der Antwort warte ich eine Sekunde, bis der Postbus direkt hinter Miksch vorbeirauscht, und nuschle meine miesen «Neun zweiundfünfzig» betont leise in die Lärmemission hinein.

«Soso. Ich jedenfalls geh jetzt noch eine Runde laufen», lächelt er mir zu, was ich mit einem etwas konsternierten «Denn man tau!» kommentiere.

Ach ja: Dr. Thomas Miksch hat übrigens ein originelles Hobby, das ich mir an dieser Stelle öffentlich preiszugeben erlaube. Er häkelt Stirnbänder, die mit dem Namensschriftzug des Beschenkten verziert sind. Mich inspirieren die Mik'schen Stirnbänder so sehr, dass ich mich nach der Rückkehr aus Davos von meiner Mutter in der Kunst des Häkelns unterweisen lasse und einige sehr gelungene Mützen anfertige (Schriftzüge schaffe ich nicht). Meine schönste Mütze, deren im Wortsinne herausragendes Merkmal eine teletubbyokre Pseudoantenne ist, schenke ich der von mir besonders geschätzten Kollegin Hella von Sinnen am Ende einer «Genial daneben»-Ausgabe.

Mit dem verspannten Davos-Aufenthalt endet meine erste Berglaufsaison. Die große Entdeckung des Jahres 2003: Es gibt in meiner Nachbarschaft offenbar noch andere Menschen, die der Langzeit-Frischluftbewegungssucht verfallen sind. Ehe ich mich jedoch daranmache, mein Hobby um die bisher vernachlässigte Geselligkeitskomponente zu bereichern, steht eine neue Fernsehsendung an: «clever!». Irgendwann im Sommer hatte mein Telefon geklingelt. «Hallo Herr Boning, hier ist SAT.1. Hätten Sie Lust, gemeinsam mit Barbara Eligmann eine Wissenschaftsshow zu moderieren?» Ich hatte kurz laut lachen müssen und dann entschlossen zugesagt. Chemie und Physik waren in der Schule meine mit Abstand schwächsten Fächer. Und ausgerechnet ich sollte nun eine Wissenschaftsshow moderieren? Was für ein Spaß! Fehlbesetzungen haben mich schon immer fasziniert: Klaus Kinski als sonderbarer sächselnder Arzt in Billy Wilders «Buddy, Buddy», gedreht 1981; zum Piepen! Zweiter Heiterkeitsgrund war Barbara Eligmann. Das ehemalige blonde RTL-Urgestein, halt, stopp, es muss natürlich heißen: Das blonde ehemalige RTL-Urgestein ist auch von mir persönlich bei «RTL-Samstag Nacht» gern und häufig durch den berühmten Kakao gezogen worden, meist wegen ihrer staksigen Strenge als «Explosiv»-Moderatorin.

Bald darauf sitze ich an einem Konferenztisch der Firma «Constantin Entertainment» in Ismaning und lasse mir Bücher, Deko,

Drehpläne etc. erläutern. Gedreht werden soll «clever!» in Ossendorf, einem riesigen Studiogelände im Nordwesten Kölns, vollständig aus genietetem Wellblech gefertigt und mit der Heimeligkeit einer kasachischen Mikrowellenfabrik gesegnet. Als ich von dieser Studiowahl höre, zucke ich kurz zusammen und beginne umgehend, mir Arbeitswege auszumalen, die interessant genug sind, um das sprichwörtliche Ossendorfer Lebensqualitätsdefizit auszugleichen: Wohnen müsste man im «Hotel Savoy», am Hauptbahnhof, das müssten dann etwa 10 km zum Studio sein, und vorsichtshalber nehme ich mein Klapprad mit.

Auf einer Hitliste der typischen 70er-Jahre-Transportmittel nimmt das Klapprad, so finde ich, den dritten Platz ein. Auf Platz 1 thront das Bonanzarad, auf Platz 2 rangieren die Rollschuhe (heute, um Verwechslungen mit den Inlineskates zu vermeiden, «Quads» genannt). Auf Platz 4, aber mit weitem Abstand zum Klapprad, befinden sich die sogenannten Gleitschuhe, die etwas simplen Schwestern der Rollschuhe mit der blechernen Rutschfläche. Jaja, seufz, die Gleitschuhe. Eine heute fast völlig vergessene Methode, sich Platzwunden am Hinterkopf zuzuziehen.

Die Klappräder der 70er Jahre waren zumeist jämmerliche Gurken, auf denen man kaum eine Einkaufstüte transportieren konnte, ohne dabei von stockschwingenden Senioren überholt zu werden. Bereits 1878 ließ sich der Brite William Grout das erste Faltrad patentieren. Erst zu Beginn des 20. Jahrhunderts zeigte das Militär Interesse und veranlasste die Entwicklung der verschiedenen Modelle.

Mein schwarzes Klapprad mit schlichten drei Gängen ist ein äußerst robustes Gefährt. Zwar wiegt es nur wenig weniger als ich, lässt sich aber ob seiner beeindruckenden Stabilität ohne gepolsterte Tasche im Flugzeug transportieren, ohne dass man mit Rahmenbruch oder platten Reifen rechnen muss.

Zu den ersten «clever!»-Sendungen reise ich also mit Rucksack und Klapprad an, steige aus dem Flieger, wuchte mein Klapprad vom Gepäckband und radel zum «Hotel Savoy» in die Kölner Innenstadt. Übrigens: Für kostenbewusste Reisende ist diese Methode, einen Flughafen zu erreichen, sehr empfehlenswert. Die meisten deutschen Flughäfen verfügen über erstklassige Radweganbindungen, die, o Wunder, kaum genutzt werden. Vom Kölner Flughafen fährt man beispielsweise auf der Grengeler Waldstraße nach Porz, um dort auf den Rhein zu stoßen. Am Rheinufer entlang geht es dann bequem und autofrei in die Innenstadt. Dauer: ca. eine Stunde. Der Weg von der Münchener Innenstadt zum Franz-Josef-Strauß-Airport ist etwas länger, führt aber fernab jeden Staustresses an der bezaubernd glucksenden Isar entlang. Und in Berlin wartet eine unerhört breite Radtrasse im optimistischen Design der Willy-Brandt-Ära auf Pedaleure, zumeist vergeblich. In Hamburg wiederum ist man vom Flughafen aus eins-zwei-drei an der Alster, deren Uferwanderweg sich als parklandschaftliches Schmankerl präsentiert. Mit einigen weiteren Flughäfen wie Frankfurt, «JFK» oder Kuala Lumpur fehlen mir diesbezüglich zur Stunde noch Fahrerfahrungen; sobald ich pensioniert bin, werde ich mich aber mit diesem Thema eingehender beschäftigen und gegebenenfalls einen Spezialreiseführer veröffentlichen. Versprochen.

Zurück zu «clever!». Jeden Morgen verlasse ich um acht Uhr das Hotel, um per pedes nach möglichst grünen und entspannenden Arbeitswegen zu suchen. «Die Show, die Wissen schafft» entpuppt sich als schöne, lustige, lehrreiche, aber auch äußerst stressige Produktion. Ohne Ausgleich durch mindestens eine morgendliche Bewegungsdosis für mich nur schwer durchhaltbar.

Nachdem die ersten vier Sendungen erfolgreich aufgezeichnet sind, reise ich direkt in den Urlaub nach Mallorca. Ines, die Kinder sowie meine Eltern sitzen bereits seit einer Woche am Strand.

An einem Samstagabend lande ich in Palma. Es ist 20 Uhr, als ich mein Klapprad direkt am Gepäckband auseinanderfalte und den Rucksack schultere. Noch im Gebäude setze ich mich, die

Landkarte in der rechten Hand, auf mein Nahverkehrssystem und durchrolle die automatische Glastür.

Ah! Warme Luft! Zartes Abendlicht! Auf Mallorca bin ich, alle Privat- und Arbeitsaufenthalte zusammengerechnet, gefühlte 5000 Mal gewesen. Zeit, die Insel einmal auf andere Weise kennenzulernen. Ich rolle also äußerst wohlgelaunt Richtung Son Ferriol, um dann auf die Straße nach Sineu einzubiegen, die mich quer über die Insel an die Nordostküste führen soll. Mein Ziel: C'an Picafort, Betonbettenburg mit Sand am Strand. Falls Sie, lieber Leser, Kinder haben, muss ich Ihnen nichts erklären; wettersicher und kommod, der Nachwuchs fühlt sich wohl, und ich werde im Übrigen auch gar nicht gefragt.

Die Landstraße ist ziemlich neu, feinkörnig asphaltiert und weitgehend gehwegfrei. Dadurch passiert man immer wieder verlotterte Fincas, deren Vorgärten direkt an die Fahrbahn grenzen. Oft werden die Gehöfte von scharfen Hunden bewacht, was für den vor sich hin drömelnden Radler problematisch sein kann. Je dunkler es wird, desto unerwarteter sind die mannshohen Dobermann-Mutanten, die, hinter dünnen Zäunen lauernd, aus knapp fünfzig Zentimetern Entfernung plötzlich von rechts auf mich einbellen. Im Glücksfall rauscht im selben Moment ein schneller Sportwagen in ebenfalls fünfzig Zentimetern Entfernung links an mir vorüber, sodass der Hundeschreck durch den Überholschreck austariert wird, was ein Verreißen des Lenkers verhindert.

Ich bin eine Stunde unterwegs, mittlerweile ist es völlig dunkel. Alle paar Meter liegen tote Katzen im Weg, die es rechtzeitig zu umfahren gilt. Gar nicht so einfach, besonders auf Bergabstrecken. Mit den kleinen 14-Zoll-Rädchen eines Klapprades ist das umstandslose Überrollen der halbverwesten Tiere jedoch nicht empfehlenswert, zumal, wenn man einen schweren Rucksack dabeihat, der die Überschlagsneigung noch verstärkt. Paradox: Über jeden großen Laster, der sich hinter mir nähert, freue ich mich, da er mit seinem Fernlicht die leichenreiche Strecke auszuleuchten vermag. Normalerweise sind nächtliche Laster im Nacken nicht gerade die Highlights im Leben eines Radlers. Hier ist es mal umgekehrt.

In Sineu halte ich unter einer Straßenlaterne, um den Weiterweg per Kartenstudium zu ermitteln. Es ist warm, aber windig, was das Auseinanderfalten der Karte zur Dick-und-Doof-Nummer werden lässt. Einige akrobatische Verrenkungen später gelingt es mir schließlich doch, und ich setze meine Fahrt munter fort.

Über Maria de la Salud geht es weiter nach Santa Margarita, wo die Straßenbeleuchtung endet. Ein paar Hügel, hinter denen ein schwarzes Rauschen zu erahnen ist. Wird wohl das Meer sein. Fast drei Stunden bin ich nun schon unterwegs. Der Rucksack beginnt zu drücken; immerhin ist er mit Wäsche für über zwei Wochen gefüllt. Man könnte natürlich die wärmsten und schmutzigsten Sachen aussortieren und in den Müll werfen. Das machen Ballonfahrer doch schließlich auch so: Ballast loswerden.

Mondlose Nacht. Kein Müllcontainer weit und breit. Gleichwohl erkenne ich im Schein meiner Fahrradlampe immer wieder alte Textilien am Wegesrand, locker um die Katzengerippe drapiert. Hier scheinen öfter Radler vorbeizukommen, die ebenfalls unter überfüllten Rucksäcken leiden, mutmaße ich. Und während ich weiter über die Herkunft der Hemden und Hosen am Straßenrand nachdenke und dabei versuche, durch seitliche Stretching-Bewegungen dem Rücken zu schmeicheln, rolle ich auch schon ins neonlichtbeleuchtete C'an Picafort. Die letzten katzenleichenfreien Meter lege ich wie im Flug zurück, dann klappe ich mein Rad zusammen und lasse mich von meinen Lieben begrüßen.

7 Pommes, Angst und kalte Hände

Nachdem ich mich auf Mallorca mit kurzen Klappradfahrten und leichten Strandläufchen erholt habe (wobei: Wenn Ines dies liest, wird sie sagen: Eine Stunde Jogging im knietiefen Wasser mit einem johlenden 22-Kilo-Sohn huckepack, das sei doch mitnichten ein leichtes Läufchen ...), na ja, nachdem ich mich jedenfalls wie auch immer erholt habe, rufe ich direkt nach meiner Heimkehr bei meinem neuen Sportsfreund Hannes Zacherl an. Ob er Lust auf ein wenig gemeinsame Leibesertüchtigung habe? Na klar, hat er.

«Kommenden Sonntag?»

«Gerne», murmelt Hannes, «ich will aber um acht wieder zu Hause sein, für das gemeinsame Familienfrühstück.»

Kurze Stille in der Leitung.

«Acht Uhr morgens oder acht Uhr abends?», frage ich vorsichtig.

«Morgens», raunt er nach kurzem Räuspern.

«Wie lange wollen wir denn unterwegs sein?»

«Wir werden sehen. Ich schlage vor, du kommst um halb vier. Und bring diesmal Stöcke mit!»

«Gerne!», antworte ich mit möglichst fester Stimme und lege auf. Ich habe mich in meinem Leben ja schon oft verabredet, denke ich meine Stirn runzelnd, aber um halb vier in der Nacht? Das gab's noch nie.

Um pünktlich 3.30 Uhr vor seiner Haustür zu stehen, muss ich spätestens um Viertel vor drei zu Hause losfahren, und so stelle ich am Vorabend den Wecker auf zwei Uhr. Oh, là, là, ganz schön früh. Schnell verstaue ich noch meine Sachen im Auto, darunter ein paar billige Teleskop-Trekkingstöcke, die ich mir noch am Freitagnachmittag vom Grabbeltisch geangelt habe. Vorsichtshalber esse ich extra eifrig zu Abend und gehe schon um neun zu Bett.

Als der Wecker mich aus der Koje prügelt, regnet es dicke, kalte Tropfen. Mittlerweile ist es Herbst, und die Böden sind braun und grundlos. Kachelofenwetter. Mit Scheibenwischerhöchstgeschwindigkeit fahre ich nach Pfronten und lausche dem Radio-Nachtprogramm. Bereits auf dem kurzen Weg vom Auto zum Haus werde ich vollständig durchnässt.

Verabredungsgemäß klopfe ich an Hannes' Küchenfenster. Nur kein unnötiger Lärm. Vielleicht schläft Hannes ja auch noch, und ich darf unverrichteter Dinge wieder nach Hause und in die warme Koje. Wäre auch o.k.

Eine Stirnlampe öffnet mir die Tür. Geblendet vernehme ich Hannes' knarzigen Allgäuer Dialekt.

«Guten Morgen. Erst noch einen Kaffee, oder wollen wir sofort los?»

«Bitte erst noch einen Kaffee.»

Dies ist die Premiere eines Rituals, das uns beide in den nächsten Jahren verbindet: der sonntagnächtliche Sporttermin. Sofern ich mein Wochenende zu Hause verbringe, ist der gemeinsame Ausflug eine feste Größe in unser beider Wochenendplanungen. An diesem hundewettrigen Premierentag «beschränken» wir uns auf viereinhalb Stunden Jogging über die hinter Hannes' Haus gelegenen Berge. Er erläutert mir alles Wissenswerte zum Thema Stockgebrauch: Beim Bergauflaufen wird die Belastung auf größere Muskelgruppen verteilt, bergab werden die Kniegelenke geschont. Außerdem eröffnet er mir seine sportlichen Planungen für den Jahresrest. Er hat vor, das gesamte Lechtal am Stück zu bezwingen, auf dem «Augsburger Höhenweg». 120 km, zigtausend Höhenmeter, schwierigstes Terrain. Ob ich mitkommen möchte?

Ich verzichte dankend. Zu viele Termine. Ist natürlich eine glatte Lüge, in Wirklichkeit traue ich mir solch ein Unterfangen ausdauertechnisch nicht zu, und außerdem ist es mir viel zu gefährlich. Aber die Sache beschäftigt mich, und so frage ich ihn, natürlich ganz theoretisch: «Was passiert, wenn man bei solch einer Hammer-Bergtour müde wird und den Fuß aus Versehen ins Leere treten lässt?»

Hannes grinst. «Wenn du einschläfst und abstürzt, merkst du von deinem Tod nichts, weil du ja schläfst. Wo also ist das Problem?»

Oha. Worüber wir uns während dieser Unternehmung sonst unterhalten? «Das Fahrschulwesen der Bundeswehr» spielt als Thema jedenfalls keine Rolle. Zumeist diskutieren wir andere Unternehmungen, die man in naher Zukunft unternehmen sollte. Ganz einfach. Oder wir sagen gar nichts. Noch einfacher.

«Hallo, Kinder, seid ihr auch schon wach?» Um halb zehn bin ich wieder daheim und tue so, als wäre nichts gewesen. Auf der Rückfahrt habe ich sogar frische Brötchen besorgt, sodass die Familie sich über meine Absenz freuen kann und ich kein schlechtes Gewissen haben muss.

Eine Woche später stehe ich noch ein halbes Stündchen früher vor Hannes' Haustür. Vom fülligen Vollmond beleuchtet, erklettern wir den schwindelerregenden Aggenstein, 1987 m hoch, dann traben wir rüber aufs Brentenjoch, 2000 m, um schließlich noch die «Große Schlicke», 2060 m, dranzuhängen. Auf jedem Gipfel reicht mir Hannes seine Hand und sagt feierlich «Berg heil!». So mache man das. Aha.

Zu unseren obskuren Trainingszeiten passt mittlerweile auch der Sendeplatz der «WIB-Schaukel» im ZDF: Je nach Laune des Intendanten laufen meine fabelhaften Portraits zwischen ein und zwei Uhr dreißig, mitten in der Nacht. Keine Ahnung, wer da zuschauen soll, Marktführer sind wir höchstens bei Nachtschwestern, Dachsen und Uhus. Wenn mir die Sendung nicht so am Herzen läge, wäre mir das ZDF ja piep-o-meter. Aber in die «WIB-Schaukel» bin ich richtig verknallt, und ich möchte Sendung an Sendung reihen, bis ich mit 100 nach einigen peinlich verlallten Folgen, die ihre Komik aus meiner fortschreitenden geistigen Umnachtung beziehen, diskret aus dem Programm gestubst werde. Ach, wär das schön! Eine Chance haben wir noch: den «Deutschen Fernsehpreis». Für den sind wir nominiert. «Keine Sorge», so machen wir uns Mut, «alles wird gut.» Denn: Sollten wir den kriegen, wird es dem ZDF nicht ganz so leichtfallen, uns abzusetzen.

Ich hole am Verleihtag meinen Smoking aus der Reinigung, rasiere mich extra gründlich, putze meine Lackschuhe und fahre nach Köln. Cutterin Katja, Regisseur Markus, Produzent Oliver, dessen Frau Michaela, Ines, alle kommen mit. Nachmittags im Hotel sehe ich Harald Schmidt, der in derselben Kategorie wie wir nominiert ist, durch die Lobby huschen. Auch er trägt einen frisch gereinigten Smoking, Lackschuhe an den Füßen und hat sich besonders gründlich rasiert. Mir schwant Böses. Schmidt, so heißt es in der Branche, ist immer nur dann auf derlei Verleihungs-Feten persönlich anwesend, wenn er den Preis auch tatsächlich bekommt. Na ja. Solche Gerüchte gibt's noch und nöcher bei den Glotzologen. Muss man nichts drauf geben.

«And the winner is ...» Im Moment der Preisvergabe halten wir uns alle an den Händen, bereit zum befreienden Jubelschrei, zum Klose-Salto, zur Tränenfontäne ... uuuuund ... Pustekuchen. Der Preis geht an Harald Schmidt. Wir klatschen tapfer. Wer hätte ihn verdient, wenn nicht Schmidt? Lächeln! Nicht nachlassen! Und nochmal! Breiter lächeln! Bravo! Gut gemacht! Glückwunsch, Harald, super! Manfred Teubner, ZDF-Unterhaltungschef, zuckt mit den Schultern. Das Schicksal der «WIB-Schaukel» ist besiegelt, wir saufen uns die Hucke voll, sabbeln dummes Zeug und liegen uns weinend in den Armen. Was man an einem solchen Abend halt so macht.

Der «WIB-Schaukel» habe ich viel zu verdanken, vor allem lauter lohnende Bekanntschaften. Darunter befindet sich auch ein Mann aus meiner Nachbarschaft: Der Skilangläufer Johann Mühlegg. «Juanito», wie er sich gerne nennen lässt, hat mich während seiner gesamten Karriere immer beeindruckt. Einerseits stets als Jahrhunderttalent gehandelt, andererseits immer im Clinch mit dem Skiverband und einer überforderten Öffentlichkeit, prägt ihn neben seinen enormen Erfolgen eine irritierende Liste abseitiger Schrullen und verstörender Skandale: «Lässt sich von seiner Putzfrau Trinkwasser weihen.» – «Beschuldigt DSV-Trainer als ‹Hexer›.» – «Startet ab sofort für Spanien und verweigert Interviews in deutscher Sprache.» Schmunzelnd studiere ich die Zeitungen. Respekt. Dieser Mann traut sich was. Ein echter Nonkonformist. Oder er hat einfach einen an der Marmel. Oder beides zusammen. Wie auch immer, ich beschließe, sein engagierter Fan zu werden. Auf Mühleggs spanischer Homepage hatte ich bereits 2002 zwei signierte Poster und ein Fan-T-Shirt bestellt. Zwei Tage später stand eine drahtige Dame vor der Tür.

«Grüß Gott, ich bin die Mutter vom Johann und hatte gerade in der Nähe zu tun, da dachte ich mir, ich bring Ihnen das T-Shirt persönlich vorbei, gell?» Wow.

Mit «WIB-Schaukel»-Regisseur Markus hocke ich live vorm Bildschirm, als Juanito in Salt Lake City die Konkurrenz deklassiert und drei Goldmedaillen gewinnt. Mannometer, hat der einen Vorsprung! Unsere Kiefer senken sich immer weiter nach unten, und im Verlauf der Übertragung des 50-km-Rennens robben wir bis auf Skistocklänge an die Mattscheibe heran. Ich lege mich hiermit ein für alle Mal fest: Keine TV-Sendung hat mich jemals so gepackt, berührt und aus den Angeln gehoben wie diese Live-Übertragung, mal abgesehen von der legendären «Tutti Frutti»-3-D-Ausgabe und jener «Skippy, das Buschkänguru»-Folge, in der das pfiffige Beuteltier nach dem Genuss einer überlagerten Hartwurst an Sodbrennen erkrankt.

Am nächsten Tag wird Juanito des Dopings beschuldigt und taucht im spanischen Konsulat unter. Klar, Doping ist betrügerisch, dumm und ungesund, aber auf meine Wertschätzung für Johann Mühlegg hat dieser Vorfall keine Auswirkungen. Für mich jedenfalls ist er ein großer Unterhaltungskünstler, der mir ein überragendes Fernseherlebnis geschenkt hat, Punkt, aus, Feierabend.

Im Dezember 2003 schließlich sagt er unserer Interview-Anfrage zu. Hurra! Eine «WIB-Schaukel» mit meinem Lieblingssportler! Es wird eine meiner letzten Arbeiten für das ZDF.

Wir treffen uns an einem trüben Dezembertag in seiner Pension in Grainau, am Fuße der Zugspitze. Seine Mama und sein Bruder sind auch da. Gediegene Gastlichkeit und im Treppenhaus eine Pokalsammlung wie das berühmte «Gold der Inkas». Wir reden über seine Heimat Marktoberdorf, über das Kreiskrankenhaus, in dem meine Kinder zur Welt kamen und das auch ihm wohlbekannt ist, über sein früheres Hobby, das Tubaspiel, sowie schließlich über Hannes Zacherl, mit dem er als Jugendlicher gemeinsam Skilanglauf trainiert hat.

Mühlegg ist aufgeräumt, -geschlossen und -gekratzt. Apropos: Das Thema «Doping» kratze ich nur ganz vorsichtig an und lass ihn dann sofort damit in Ruhe. Ich bin ja nicht Michel Friedman – wobei dieser inzwischen in derlei Dopingfragen sicher auch eher zurückhaltend fragen würde.

Nachmittags fahren wir mit der Zahnradbahn auf die Zugspitze, und abends feiern wir seinen Geburtstag im urigen Garmischer Haus, einer bewirteten Hütte im Wettersteingebirge. Wir verzehren gemeinsam eine billardtischgroße Fleischplatte und beschließen feierlich, Freunde zu werden. Beim Abschied lädt er mich zu einer gemeinsamen Besteigung der Zugspitze ein. Nächsten Sommer. Ob ich auch Ski laufen könne? Äh, nicht so richtig, schönen Dank ... und erinnere mich an mein erstes Zusammentreffen mit Skiern.

Es war im Winter 1998, also lange vor meinem großen Sportler-Comeback. Auf einem Schild bei uns im Ort hatte ich kurz zuvor «Zur Loipe» gelesen. Loipe? Das ist doch so 'ne Art Wanderweg im Schnee, für Skiläufer; hochinteressant, zumal für einen neugierigen Norddeutschen. Also ab ins Fachgeschäft und Latten kaufen. Erst mal natürlich die billigsten, zum Ausprobieren, «NoWax-Skier» von der Firma Elan. «NoWax» heißt: Man muss sie nicht wachsen, ist mit ihnen aber auch nicht gerade schnell unterwegs. Auf dem 4-Kilometer-Rundkurs am Sägewerk bei uns im Ort schlitterte ich unsicher durch den Schnee. Die Sonne schien, es war knapp über null, und ich trug einen grauen Nadelstreifenanzug. Von spezieller Sportkleidung hielt ich damals noch nichts. Noch war ich nicht vom Verausgabungsdrang gepackt und konnte mir nur schwer vorstellen, irgendetwas anderes als Herrenanzüge zu tragen, gerne auch aus Kunstrasen – Sportlerschweiß hin oder her.

Auf meiner allerersten Runde legte ich eine beachtliche Sturzserie hin, konnte jedoch erleichtert feststellen, dass zu den vornehmsten Eigenschaften einer geschlossenen Schneedecke ihr knochenfreundliches Dämpfungspotenzial gehört. Hussa, so machen Stürze Spaß, dachte ich mir. Bis dahin hatte ich nur eine einzige, äußerst entmutigende Erfahrung mit Glitschbrettern gemacht, nämlich bei Dreharbeiten für «RTL Samstag Nacht». Während einer hochsommerlichen Drehreise durch Tirol, auf der ich mit einem Kleinstteam lustige Einspielfilme für die Rubrik «Wigalds Welt» auf Kassette bannte, hatten mein Team und ich unter anderem auch das Sommerskigebiet in Hintertux besucht. Mit Leihlatten an den Füßen war ich von einem Sessellift bergauf befördert worden. Oben angekommen, hatte der neben mir sitzende und skikundige Redakteur Holger gerufen: «Und jetzt raushüpfen und losfahren!», woraufhin ich mit den Armen fuchtelnd absprang, mit sich überkreuzendem Fahrgerät im Schnee landete, stürzte und den Ausstieg der Nachfolgenden aufs ungünstigste behinderte. Es hagelte Flüche und bittere Verunglimpfungen. «Das ist doch dieser Helge Schneider! Weg da, du depperter Fernsehfuzzi!», war eine besonders entmutigende Äußerung.

Bis in die Skispitzen verunsichert, war es mir an jenem Tag nicht ein einziges Mal gelungen, länger als einen Meter in der Aufrechten zu verbleiben, was jedoch die Unterhaltsamkeit des Films durchaus förderte. Mein Eindruck damals: Für ein lachwilliges Publikum ist mein skifahrerisches Potenzial tipptopp, für mich persönlich jedoch ausbaufähig.

1998 glückte es mir hingegen von Anfang an, ein herzliches Verhältnis zu meinen Langlaufskiern herzustellen. Vor allem auch, weil mir niemand bei meinen ersten Bemühungen zuschaute. Hierfür nochmal besonderen Dank an alle Abwesenden.

An den darauffolgenden zwei Tagen fuhr ich jeweils eine Runde, dann setzte Tauwetter ein, und wieder hatte eine kurze Periode körperlicher Aktivität ihr Ende gefunden.

In meinem persönlichen Marathonzeitalter, in der Post-Heike-Drechsler-Ära, sah und sieht die Sache anders aus: Die Winter am Auerberg sind hart und schneereich. Oft liegt die weiße Pracht einen halben Meter hoch, sodass lockeres Jogging nicht möglich ist, es sei denn, man konzentriert sich auf die geräumten Straßen oder gewöhnt sich einen ausgeprägten Kniehebestil an. Täglich eine Stunde Schneeschippen ist Pflicht, Skilanglauf die Kür. Ich kenne kaum etwas Schöneres, als sich durch eine tief verschneite Landschaft zu bewegen, menschenleer und schallgedämpft. Die Loipe ermöglicht das Erleben eines Caspar-David-Friedrich'schen Raumideals: all die verkackten Umspannkästen, angerosteten Altglascontainer, missgestalteten Möbelzentralen, gebrechlichen Gewerbegebiete, der ganze jämmerliche Infrastruktur-Wahnsinn ist unter einen glitzernden Teppich gekehrt, und so gelingt es leicht, sich in einer weißen Wunderwelt voll wohlerzogener Jungfräulichkeit zu wähnen. Deutschland im Brautkleid. Crazy, gell?

Und jetzt haben wir Anfang 2004, und Hannes Zacherl kommt ins Spiel, der schon mit knappen zwei Monaten erstmals auf Skiern stand. So sieht das jedenfalls aus, wenn man ihn über den Schnee fliegen sieht. Ich mit hundert Metern Abstand hinterher.

Seit einem Monat liegt Schnee, die Dreharbeiten mit Johann Mühlegg liegen zwei Monate zurück. Es ist Mittwochvormittag, Hannes hat sich freigenommen, um mit mir im sagenhaft schönen Tannheimer Tal an meiner Technik zu feilen. Er empfiehlt mir, mich aufs Skating zu konzentrieren. In meinem Alter eine schöne Diagonaltechnik zu erlernen sei zu schwer. Dieser Tipp kommt mir sehr zupass, da ich mich ob akuten Zeitmangels scheue, mich mit der Kunst des Wachsens zu beschäftigen, und beim klassischen Skilanglauf spielt das Wachsen – sofern man es einigermaßen ambitioniert betreibt – eine sehr viel größere Rolle als beim erst in den 80er Jahren erfundenen Skating.

Falls Sie, lieber Leser, mit Wintersport gar nichts am Hut haben: Die Skating-Technik, das ist jene Technik, mit der die Biathleten immer nachmittags im Fernsehen unterwegs sind. Falls Sie nicht wissen, was Biathlon ist, oder auch gar kein Fernsehgerät besitzen: Vergessen Sie's einfach.

Also: einparken, aussteigen, Pommes unter die Füße – ja, Pommes, so nennt die hippe Allgäuer Jugend die gleitenden Untersätze, stimmt wirklich –, und mein Privatkurs beginnt. Die Lehrmethode ist einfach: Hannes rauscht vorneweg, ich schaue von hinten auf seinen Bewegungsablauf, versuche diesen zu imitieren und hetze mit bis in die Kniekehlen hängender Zunge hinterher. Schon nach der ersten Stunde wird mein Blick glasig, und meine Hände zittern. Gerne würde ich um Gnade flehen, aber zum Rufen fehlt mir die Atemluft. Gleichzeitig gleicht mein Teint mehr und mehr der Farbe eines weichgekochten Rettichs.

Ab und zu bleibt Hannes stehen, wartet aufreizend unangestrengt am Loipenrand und füttert mich mit bündigem Lob: «Sieht gut aus!» Geht runter wie Öl. Mit meinem eh schon kritischen körperlichen Zustand geht's allerdings auch rapide runter. Fast drei Stunden sind wir nun unterwegs, und ich habe akuten Unterzucker. Leider sind sowohl der Inhalt meines Wasserrucksacks als auch meine kohlehydratstrotzenden Energieriegel fahrtwindbedingt tiefgefroren und lassen sich nicht mehr zerkauen. Was soll's, Hunger ist der beste Koch, und so stecke ich die Barren am Stück in den Schlund. Gerade bleibt der Riegel in Höhe der Schulterblätter querlängs in der Speiseröhre stecken, da bimmelt mein Handy.

«Hallo, Wigald, hier ist Sabine vom Management!»

«Hrgmpf.»

«Ach so. Könnte ich bitte Wigald Boning sprechen?»

«Krrühhkrmpf.»

«Hallo? Mit wem spreche ich denn bitte?»

«Hrrröööhh.»

«Nanu ... (lacht). Ist euer Papa da?»

«Hrrrrr.»

Tüt-tüt. Aufgelegt. Mir ist schlecht. Ich versuche in den Schnee zu kotzen, aber es klappt nicht. Will mir Erleichterung verschaffen, indem ich den rechten Zeigefinger in den Rachen stecke. Aber, Mist: Die Hand zittert wie ein Omnibus-Scheibenwischer, sodass ich den Mund verfehle. Hannes steht daneben und grinst: «Müdigkeit schafft Ergonomie. Freu dich!» Seine wichtigste Trainingsregel: Immer bis ganz knapp ans Sterbebett rantrainieren, dort macht man die größten Fortschritte. Mein Glück: Zehn Minuten später sind wir am Auto.

«Alle Achtung, gut durchgehalten! Nächstes Wochenende findet der ‹Tannheimer Trail› statt, ein Ski-Volkslauf für jedermann, 30 Kilometer Skating. Da machst du mit!», haut mir mein Privatlehrer verbal auf die Schulter.

Ich nicke kurz und rutsche entkräftet in den Fußraum des Beifahrersitzes.

Sonntag, 10 Uhr. Dichtes Schneetreiben. Hannes hat sich bereit erklärt, mich zu coachen. Einmal in einer schwachen Sekunde genickt, und jetzt stehe ich hier an der Startlinie des «Tannheimer Trails».

Vernünftigerweise gruppiere ich mich im Mittelfeld ein, werde aber unvernünftigerweise von Überholwut gepackt und drängle mich eifrig vorwärts. Das Problem: Ohne Skier, sozusagen beim Fußlauf, ist Überholen ein Klacks; kennt ja jeder aus der Fußgängerzone, wenn die Läden gleich zumachen und man noch den gesamten Wochenendeinkauf vor sich hat. Mit knappen zwei Metern ausscherendem Holz am Fuß stellt sich die Sache schwieriger dar, und wenn man nach dem Überholen zu früh die Überholspur verlässt und darum seine Latten auch noch unvorsichtigerweise auf die Latten anderer Sportsfreunde stellt, kann man sich gehörigen Ärger einhandeln.

Dies passiert mir bei einem laternenmasthohen Athleten, der wie der leibhaftige Hulk aussieht. Seine Stimme klingt wiederum wie die des AC/DC-Frontmanns, aber in Tieftiroler Mundart, mit superbrutal krächzenden «Ch»-Lauten.

«Ja Hergottsakrazefix! So, Bürscherl, jetzt kriegst du's mit meine Steckerl, warte nur!», gurgelt er.

Hilfe! Schnell weg! Platz da vorne! Schon aus Angst vor Dresche komme ich so mit einer recht ordentlichen Zeit ins Ziel. Will heißen: Ich lande im Mittelfeld. Von der Ziellinie renne ich direkt weiter zum Auto und fahre sofort davon. Falls der Hulk kommt …

Wenige Wochen später kommt es zu einem denkwürdigen Doppelereignis: Eines Morgens um 11 Uhr teilt mir Produzent Oliver Mielke mit, dass das ZDF die «WIB-Schaukel» aus dem Programm nehmen will. Ich lege verärgert auf. Kaum liegt der Hörer auf der Gabel, klingelt erneut das Telefon. Herr Gäbler vom Grimme-Institut in Marl ist am Apparat. Er räuspert sich feierlich und teilt mir mit, dass die Jury sich entschlossen habe, der «WIB-Schaukel», und zwar ganz speziell der Ausgabe mit Schlagersänger Jürgen Drews, den Grimme-Preis zu verleihen. Klasse! Immerhin ein würdiger Abschied für meine Lieblingssendung. Und wahrlich: Die Drews-Sendung ist ein echtes Kleinod, gedreht an einem außergewöhnlichen Tag.

Es war im Hochsommer 2003. Wir filmen auf Mallorca, im gefühlt 59-zimmrigen Palast eines exzentrischen Trash-Millionärs mit diamantbesetzter Puck-die-Stubenfliege-Brille und Platin-Handy im Daueranschlag. Der vollschlanke Millionär ist wohl so was wie ein Freund von Jürgen Drews und soll für einen «repräsentativen Rahmen» unseres Portraits sorgen. Schon mal gut!, analysiere ich anerkennend; so erzielt Drews einerseits den beim Publikum bekanntermaßen populären «Bunte-Homestory-Faktor» und schützt andererseits seine tatsächliche Privatsphäre; 50 Jahre Showgeschäft machen halt pragmatisch. Dann kommt Jürgen Drews. Er entsteigt in roter Lederhose und mit freiem Oberkörper seinem Kleinwagen. Sofort beginnt er zu singen: «Ich brauche 6 × 6» (mit eher scharfem «S») – seinen aktuellen Hit. Den trällert er im Laufe des Tages noch 250-mal, zwischendurch auch «Ich bin der König von Mallorca». Etwas von oben herab empfehle ich ihm, er sollte zur Abwechslung doch mal eine Jazzplatte aufnehmen. Als Banjospieler und Sänger. Da wäre ich sofort als Saxophonist dabei, zur Not auch ohne Geld. Er schaut mich an wie ein Auto und zeigt mir dann stolz einen Kalender mit Lichtbildern seiner unbekleideten Ehefrau.

Während einer Umbaupause unterhalte ich mich mit dem Hausherrn; der hat irgendeine «unabhängige Vermögensverwaltung» erfunden, verbringt seine Tage nun mit Dolce Vita und Auftritten in Nachmittagstalkshows bei RTL 2 & Co, in denen er bekanntgibt, dass er sich auf Brautschau befindet. Außerdem ist er Professor für Mathematik in Rumänien – aber das mache er «nur so zum Spaß» und wegen der dort offenbar besonders netten Studentinnen. Und in seinem Wohnzimmer steht die größte Heimorgel aller Zeiten. Sonderanfertigung, 40 000 Knöpfe.

Nachmittags fahren wir auf Inlineskates an der Hafenpromenade von Puerto de Andraitx entlang und werden aus einem vor uns herfahrenden Auto gefilmt. Hinter uns bildet sich ein Stau. Als ich Drews gerade mit Klaus Kinski vergleiche (beide sind/waren nur semi-satisfaktionsfähig, supersexy, Besitzer roter Lederjacken), hören wir den schrillen Trillerpfiff eines Schutzmannes. Ob wir denn eine Drehgenehmigung besäßen? No? Ob uns denn klar sei, dass wir den Verkehr massiv behindern würden? Drews beginnt wieder zu singen: «Ich bin der König von Mallorca!» Das findet der offenbar wenig schlagerbegeisterte Schupo gar nicht lustig. Ein Wink mit dem Gummiknüppel, dann bellt er: «Todos Alemanes come with me! Zum Revier!» Auweia, Schwedischer-Gardinen-Alarm: Der hat uns gerade noch gefehlt; wir haben eh Zeitdruck.

Auf der Polizeiwache macht der Oberbulle uns klar, für was er uns hält: germanische Okkupanten, die glauben, dass sie sich alles erlauben können. «This is not Alemania! Not yet! You stay here! This is no banana republic!» Stundenlange Verhandlungen. Leider dürfen wir nicht drehen.

Schließlich hat jemand die famose Idee, ein für die vielen Ballermann-Reportagen extra auf Malle stationiertes RTL-Team anzurufen. «Drews und Boning auf Mallorca im Knast!» Ist das keine Story für «Exclusiv»? Aber ja doch! Zehn Minuten später steht ein Kamerateam vor der Tür.

Die Redakteurin hat auch schon einen Anwalt organisiert. Ein teurer Top-Typ mit Verbindungen nach ganz oben. Der telefoniert drei Minuten mit dem Reviervorsteher, und wir sind frei. Ohne Bußgeld, ohne Strafe, ohne Drehgenehmigung. Das sei alles nur ein großes Missverständnis gewesen. Von wegen «This is no banana republic!».

Abends sitzen Drews und ich an der Playa de Andraitx und philosophieren melancholisch und feinsinnig in die Dunkelheit hinein. Plötzlich ist das Wasser im Hafen verschwunden, die Boote liegen im Sand. Nanu, was ist das? Eine Spring-Ebbe? Gibt's so was überhaupt? Sekunden später ist das Wasser wieder da, und so manche Yacht kentert. Nanu. Wie wir am nächsten Morgen erfahren, hat in diesem Moment ein Erdbeben in Nordafrika für das abrupte Absinken des Wasserspiegels gesorgt. Seltsam. Ein krönender Tagesabschluss. Noch spät in der Nacht notieren Regisseur Markus und ich die merkwürdigen Begleitumstände dieses Drehs auf einem Hotelnotizblock, ohne zu wissen, wofür und warum. «Vielleicht kann man's ja mal in irgendein Buch einbauen?», meint Markus. Ist hiermit geschehen.

Und nun, ein halbes Jahr nach unserem Arrest auf Mallorca, gibt es für diesen realen Tagtraum auch noch den Grimme-Preis. Juchhe! Produzent Oliver lässt sich nicht lumpen und sorgt dafür, dass fast alle Mitarbeiter der «WIB-Schaukel» in Marl mitfeiern können.

In den letzten Tagen vor der Verleihung, direkt nach der Schneeschmelze, verbringe ich viel Zeit auf dem Rennrad. Nach Art der Ironman-Triathleten möchte ich mit täglich vierstündigen Vormittagsausflügen über zwei bis drei Wochen die Grundlage für sommerliche Großtaten legen. Leider übertreibe ich maßlos und ziehe mir eine Reizung meiner Problemsehne Tibialis anterior zu: Gerade passiere ich fröhlich den Literaturfreunden als Heimat der «Gruppe 47» bekannten Bannwaldsee, als es plötzlich am rechten Schienbein zwickt. Scheibenkleister. Frust pur. Was habe ich nicht alles gelesen über die Bekömmlichkeit schonenden Radtrainings! Und jetzt so was. Dabei habe ich doch alles gemacht wie im Lehrbuch: kleine Gänge, betont flache Strecken, moderate Intensität.

Tibialis anterior, das ist das Dingens, das quer vorm Schienbein verläuft und mir schon damals vorm Hamburg-Marathon Probleme bereitete. Mein Überlastungsindikator.

Nachts liege ich wach im Bett, knirsche mit den Zähnen und verfluche mich, mein Schienbein und Karl Friedrich Freiherr von Drais, den Erfinder des Fleischwolfes, der ersten Tastenschreibmaschine und, last but not least, der Drahteselei. Nach drei Tagen Tatenlosigkeit fühlt sich die lädierte Haxe etwas besser an, und ich wage ein erstes Jogging-Ründchen. Nach 100 Metern ist noch alles erträglich. Nach einem Kilometer beginnt die Extremität jedoch zu ziehen, und nach einer halben Stunde fühlt sich das Schienbein an, als stecke es in einer Häckselmaschine. Ich reduziere das Tempo auf einen halben Stundenkilometer, wobei mir mit jedem Humpelschritt ein zischender Schmerzenslaut entfährt.

Als ich wieder zu Hause ankomme, bin ich in Streitlust, beleidige meine Liebsten, will einen alten Stuhl zerdeppern (reiße mir dabei aber lediglich eine Fingerkuppe auf, während der Stuhl heile bleibt) und schließe mich heulend im Bad ein. Cold Turkey – kalter Entzug. Kannte ich bisher vor allem von Christiane F. Jetzt bin ich selber dran.

Wenige Tage später reise ich an den pittoresken Nordrand des Ruhrgebiets, um den Grimme-Preis abzuholen. Die Zwickung hält sich hartnäckig, und so kommt es, dass ich in Marl humpelnd die schneebesenförmige Trophäe entgegennehmen muss. Nach der Verleihung geht's rüber ins Marler Rathaus, ein Gebäude mit dem architektonischen Charme eines Hundezwingers. Ein Journalist hält mir ein Mikro unters Kinn und fragt: «Und? Wie fühlt man sich als Grimme-Preisträger?». Meine Antwort: «Scheiß Tibialis anterior», und gehe weiter. Immerhin: Feiern kann man auch verletzt. Wir saufen uns die Hucke voll, sabbeln dummes Zeug und liegen uns weinend in den Armen. Was man an einem solchen Abend halt so macht.

Gleichzeitig mit dem Kater verschwindet auch die Sehnenreizung (nanu? Ein Geheimtrick?), und durch den Wegfall der «WIB-Schaukel» habe ich viel mehr Zeit zum Trainieren. Aber bitte vorsichtig.

Die großen Bergmarathons sind auch in diesem Jahr mein Ziel. Die Stationen dorthin sind: ein flacher Marathonlauf im pfälzischen Kandel, knapp unterhalb meiner Bestzeit. Doofer Fehler: Ich vergesse, brauchbare Laufsocken einzupacken. Zehn Minuten vor dem Start bemerke ich diesen Fauxpas, stelle panisch meinen Kofferraum auf den Kopf und finde unterm Warndreieck ein Paar völlig verölte Skistrümpfe, mit denen ich irgendwann mein Fahrrad geputzt habe.

Die knielangen Wollwärmer schinden nicht nur optisch gewaltigen Eindruck, sondern (trotz Öl-Automatik) auch gewaltig meine Füße – Brachial-Blasen in Luftpolsterfolien-Quantität sind die Folge. Später denke ich: Wenn man die Socken noch konsequenter in Schmieröl badete, müsste man wiederum schwielenfrei durchkommen …

Dann: Löwenzahnblüte, «Neuschwanstein-Marathon», und eine Woche später, an einem freien Wochenende während der «clever!»-Produktionszeit in Köln, reise ich kurz entschlossen mit meiner Mama von Wihelmshaven aus nach Helgoland, um auch den dortigen Marathonlauf kennenzulernen. Hui, ist das lustig! Ich bin vorher nie auf Helgoland gewesen und ob der Lummerlandigkeit der Insel und des Enthusiasmus, mit dem fast die gesamte Inselbevölkerung dieses Ereignis unterstützt, betört. Der Slogan «Marathon auf dem Bierdeckel» ist übrigens übertrieben; man läuft vier abwechslungsreiche 10-km-Runden und lernt so die Insel ausgiebig kennen. Besonders gefallen mir einige schöne Spezialsitten: Begrüßungen per Handschlag z. B. sind auf Helgoland verpönt. Klar. Man trifft sich ja ständig.

Mitte Juni sind dann auch die Berge wieder weitgehend schneefrei und ich mache mich an die spezielle Berglaufvorbereitung.

Ein Montag im Juni 2004. Ich bringe die Kinder zur Schule, fahre von der kleinen Lehranstalt aus direkt weiter in den Ort Halblech und laufe die Teerstraße Richtung Kenzenhütte bergauf. Meine Teleskopstöcke habe ich zu Hause gelassen, um speziell meine Oberschenkel in die Pflicht zu nehmen. Es ist heiter bis wolkig, die Temperaturen sind angenehm. Der leere Parkplatz beim Bruckschmied bedeutet: Ich bin ganz allein unterwegs. Schön, so hat man seine Ruhe. Andererseits: Sollte mir irgendwas zustoßen, ist niemand da, der helfen könnte ...

Neben mir gurgelt der Halblech, ein mit viel Beton gebändigter Gebirgsfluss. Ich laufe frohgemut nach rechts in das Lobenbachtal hinein und gelange zum Wankerfleck, einer äußerst malerischen Hochebene mit nordisch wirkender Holzkapelle. An einem kleinen Stausee geht es steil bergauf zum Geiselstein, dem meisterklommenen Klettergipfel der Gegend. Nein, nein, keine Sorge, ich will mir heute mitnichten meinen Hals brechen, sondern nur bis zum Geiselsteinsattel laufen, um von dort aus am Osthang der Gumpenkarspitze entlang zum 2010 m hohen Gabelschrofen zu gelangen. Ein ganz normaler Bergwanderweg, auch senioren- und schulkindertauglich. Die würden jedoch wahrscheinlich nicht hochjoggen. Aber egal. Eine Karte habe ich nicht dabei. Brauche ich nicht. Kenne die Gegend wie meine Westentasche – denke ich jedenfalls. Tatsächlich ist mir diese Gebirgsgruppe im Norden der Ammergauer Alpen ganz geläufig, und zwar im Wortsinne. Die meisten Gipfel habe ich bereits besucht, und vom Wohnzimmer aus fällt mein Blick genau auf die Hochplatte, links vom Grubenkopf, rechts von Krähe und Geiselstein flankiert. Ist sozusagen mein erweiterter Wohnbereich.

Zu meiner Rechten geht es steil bergauf. Das Terrain ist schroff und felsig, nur mühsam gelingt es vereinzelten Zwergkoniferen, ihr mageres Geäst in der Wand zu verankern. Bis zum Kamm sind es noch etwa fünfzig Höhenmeter. Der Hang ist vor der Sonne geschützt und darum dick mit körnigem Altschnee bedeckt, der Kamm selber jedoch ist schneefrei und schimmert gelbgrau in der Vormittagssonne. Ich verlangsame meine Schritte und schaue mich um. Nanu, wo ist denn der Weg geblieben? Denk, guck, such. Hm.

«Geht sicher rauf zu dem Kamm dort oben und ist vom Schnee zugedeckt. Kein Problem. Ich kenne doch die Gegend. Klar, da rechts geht's hoch. Dann auf dem Kamm weiter. Ist doch babyeierleicht.»

Ohne dieser kurzen Irritation weitere Beachtung zu schenken, wende ich mich nach rechts und gehe langsam den Hang hinauf. Meine Vorsicht ist angebracht, denn an den Füßen trage ich lediglich profilarme Laufschuhe, und die sind keineswegs besonders wintertauglich. Um sicher im Hang zu stehen, schlage ich mit der Fußspitze vor jedem Schritt eine kleine Stufe in den Schnee. Gar nicht so einfach; Stahlkappenschuhe wären hier hilfreich, dann könnte man die Stufen mit mehr Wucht ins Gefrorene hämmern, schmunzele ich. Nach einigen Minuten habe ich bereits zwei Drittel des Schneefeldes hinter mich gebracht. Nur noch 30 Meter, dann bin ich auf dem Kamm.

«Aaah!» Ich schreie auf. Mein linker Fuß ist plötzlich nach unten gerutscht, etwa 20 Zentimeter. Reflexartig kralle ich meine Hände, meinen Körper, meine Knie so fest es geht in den Schnee. Ein Eimer Adrenalin durchflutet mich. Denken in Höchstgeschwindigkeit.

Erstens: Obwohl ich mich mit Maximalkraft in den Hang drücke, stehe ich nicht stabil. Vielmehr habe ich den Eindruck, ich könnte jeden Moment den Halt verlieren und bäuchlings abwärts rutschen.

Zweitens: Der Hang ist, ohne dass ich es bemerkt hätte, sachte und kontinuierlich steiler geworden. Es ist anzunehmen, dass die

Steilheit weiter zunehmen wird. Also sofort umkehren und wieder runter.

Drittens: Sollte ich auf meinem Weg bergab ins Rutschen geraten, werde ich erst etwa hundert Höhenmeter tiefer zum Stillstand kommen, und zwar äußerst abrupt. Dort unten liegen nämlich allerhand scharfkantige Felsbrocken herum, groß wie VW-Käfer. Erste Hilfe wird in diesem Fall nicht mehr nötig sein.

Viertens, und diese Einsicht macht mir besonders zu schaffen: Ich habe nicht den Mut, mich zu bewegen.

Dafür zittere ich wie das berühmte bayerische Saiteninstrument. Und ich keuche laut. Jetzt bloß nicht hyperventilieren. Davon wird's nicht besser.

Ich zwinge mich, die linke Fußspitze aus dem Schnee zu heben, um die nächsttiefere Stufe zu erreichen. Nicht möglich; dazu ist mein Körper bereits zu gestreckt. Ich kann höchstens den Fuß anziehen und eine neue Stufe schlagen, eine Handbreit weiter oben. Aha. Das geht. Löst aber nicht mein Problem.

Die Minuten vergehen. Ich versuche, meiner Panik Herr zu werden, und fordere mich zum Nachdenken auf. Das Resultat des Denkvorgangs ist jedoch lediglich, dass es kaum etwas zu bedenken gibt. Runter geht nicht. Rauf ist eine Einbahnstraße. Na super. Komme ich ans Handy? Im Zeitlupentempo ziehe ich die rotgefrorenen Finger aus dem Schnee, angele mein Telefon aus der Trikottasche und blicke aufs Display. Kein Empfang. Natürlich; ich befinde mich hier in einem Kessel, und alles ist bestens abgeschirmt. Oben auf dem Kamm jedoch müsste das Ding funktionieren …

Mein Entschluss steht fest. Ich werde versuchen, im Zickzack den Kamm zu erreichen. Erscheint mir sicherer als die Umkehrvariante. Oben werde ich wieder auf den Weg stoßen. Hoffe ich jedenfalls.

Ich atme noch einmal tief durch und lege los. Je steiler der Hang wird, desto gezickzackter schlage ich meine Stufen in den

Schnee. Mittlerweile schmerzen meine Finger, die ich gestreckt, mit Wucht und im rechten Winkel in den Schnee ramme, um nach Art eines Heftklammerntackers möglichst weit in die weiße Pracht einzudringen und für Halt zu sorgen. Leider ist der Schnee von grobem Eisgrieß durchsetzt, was meinen Fingern stark zusetzt. Aua, tut das weh! Dabei weiß ich: Zerschundene oder – im schlimmsten Fall – erfrorene Finger wären ein durchaus akzeptables Tagesresultat, besser als Absturz und Tod.

Gleich bin ich oben! Noch zwei Meter! Noch einer! Juchhu! Zwischen Schneedecke und Felskrone befindet sich jetzt im Frühsommer bereits ein tiefer Spalt, mehr als einen halben Meter breit. Die Tiefe lässt sich nicht schätzen, der Blick verliert sich in der Dunkelheit. Ich stemme meine Beine in die Kluft und hieve mich auf die andere Seite.

Gelbgrauer Fels, in dessen Nischen Alpenastern und Enzian blühen. Ich lande auf einem kleinen Absatz, auf dem man bequem sitzen kann. Geschafft. Erst mal durchatmen. Die Beine lasse ich in den Spalt zwischen Schnee und Fels baumeln. Ein warmer Wind zieht über den scharf gezackten Kalk, es ist richtig urlaubshaft. Man könnte sich am Mittelmeer wähnen.

Bis zum Kamm sind es gerade mal acht Höhenmeter, allerdings fast senkrecht aufwärts. Für Kletterer: eine glatte «fünf plus». Für den Profi Schnickschnack, für mich aber, ohne Seil, alleine und im Freien: ganz und gar nicht empfehlenswert. Kombiniere: Selbst wenn dort oben ein Pfad verläuft, so werde ich ihn sicher nicht ohne Absturzgefahr erreichen können. Dabei bin ich doch sonst so vorsichtig, geh immer nur bei Grün über die Ampel und habe gerade erst eine nigelnagelneue Haftpflichtversicherung erworben!

BILD-Schlagzeilen schießen mir durch den Kopf. «Es waren die Turnschuhe!» Unterzeile: «Unvorsichtiger Komiker verunglückt auf Bergtour». Igitt. Zu Lebzeiten als Vollidiot zu gelten, damit habe ich kein Problem, solange der Dilettantismus von Originalität, vielleicht sogar von Sympathie begleitet wird, aber als turnschuhtragender Ignorant zu sterben wie ein törichter Touri, ohne sich medial wehren zu können, das ist keine schöne Vorstellung. Wer weiß schon, dass der geübte Bergläufer, so weit kenne ich mich in diesem Metier bereits aus, immer in Laufschuhen unterwegs ist (aber der wahrhaft geübte Bergläufer versucht sich darin eher selten an übersteilen Schneefeldern).

Wenn ich schon sterben muss, dann bitte so, dass meine Familie sich meiner nicht zu schämen braucht. Was für ein Schlamassel! Und wer ist schuld? Ich! Ich! Ich! Auweia. Gerade fällt mir ein, dass ich Ines nicht einmal erzählt habe, wo ich mich an diesem Vormittag herumtreibe. Man wird mich also gar nicht so schnell finden können. Womöglich wird dereinst nur mein Skelett geborgen, nebst Brille. Immerhin. Gibt ein gutes Foto in der Zeitung, Totenkopf mit Boning-Brille. Und macht die Identifizierung leicht ...

Was ist mit dem Telefon? Aha, hier oben habe ich Empfang. Schön. Wählen, tüt-tüt. Und bitte lächeln.

«Hallo?»

«Hallo, Ines, hast du gerade mal einen Moment Zeit?»

Blödes Tremolo in der Stimme. Hoffentlich merkt sie nichts.

«Klar, worum geht's?»

«Kannst du mal in mein Zimmer gehen und auf der Ostallgäukarte was für mich nachschauen?»

Ines geht in mein Arbeitszimmer, fischt die Karte aus der grauen Kartenschachtel heraus und meldet sich am Hörer zurück.

«Siehst du den Gabelschrofen? Nördlich der Krähe, bei der Kenzenhütte?»

«Hab ich. Was ist denn los? Du klingst so komisch. Stimmt was nicht?»

Scheibenkleister. Jetzt hat sie doch was bemerkt.

«Ich hab mich ein bisschen verfranst. Guck doch mal, ob oben auf dem Kamm zwischen Gumpenkarspitze und Krähe ein Weg ist.»

«Doch, da sind Wege. Einer führt zwischen Gabelschrofen und Krähe durch.»

«Aha. Und auf dem Kamm? Oder auf der Westseite des Kamms? Da muss doch auch ein Weg sein!»

«Nein, da ist gar nichts.»

Verstehe. Tja, hüstel, hüstel, da ist mir wohl ein Fehler unterlaufen.

«Ines, ich hab hier ein Problemchen. Kannst du mir einen Gefallen tun?»

«Klar. Schieß los.»

«Ich habe mich verklettert und weiß nicht weiter. Wenn ich mich in einer Stunde noch nicht wieder bei dir gemeldet habe, ruf bitte bei der Bergwacht an. Ich sitze an der Gabelschrofenostseite und versuche, jetzt runterzugehen. Leider habe ich auf dem Weg keinen Empfang.»

Einen Moment lang ist Stille in der Leitung. Wie verabschiedet man sich in einem solchen Fall?

«Hallo? Ines? Bist du noch da?»

«Jaja. Die Bergrettung. In einer Stunde. Ab jetzt?»

«Genau. Drück mir beide Daumen. Bitte!»

Mist, das «Bitte!» ist etwas sehr flehentlich geraten. Was soll Ines mit derlei Gefühlsausbrüchen anfangen? Reicht doch schon, dass ich mich in so eine vertrackte Lage hineinmanövriert habe. Ich schaue auf die Uhr. Es ist 9.43 Uhr.

Beidseitige Liebesbeteuerungen, dann küsse ich meine Geliebte fernmündlich, lege auf und schalte das Handy aus. Strom sparen.

Ich blicke nach unten. Steiler als eine Sprungschanze. Dann ein Blick nach oben. Über mir kreist ein gedrungener Großvogel. Ein Gänsegeier mit knurrendem Magen? Nein, sicher nur eine dicke Dohle. Gaaaanz ruhig, Wigald. Ein schöner Gedanke schießt mir durch den Kopf: Warum bleibe ich nicht einfach hier sitzen? Ich habe ein komfortables Plätzchen mit grandiosem Blick auf Kenzenkopf und Hochplatte, die Sonne scheint, es ist warm, mein

Trinkrucksack ist noch drei viertel voll, und in spätestens eineinhalb Stunden kommt der Helikopter und sammelt mich ein. Kostet jedoch 20 000 Euro, hab ich mal irgendwo gelesen, und was schwerer wiegt: Gerettet werden will ich frühestens nach einem offenen Beinbruch. Noch aber ist alles intakt.

Kurze Präventivtoilette, dann hole ich tief Luft und mache mich auf den Weg in den Abgrund. Ich drehe mich, sodass ich bäuchlings auf dem Fels liege, und schiebe mich langsam zurück über den Spalt zwischen Fels und Schnee. Mit den Füßen boxe ich einen Absatz, ergreife die hartgefrorene Oberkante des Schneefeldes und verlagere meinen linken Fuß auf die Stufe. Hält. Nächste Stufe. Gewichtsverlagerung, hält auch. Uff. Jetzt sind die Hände dran. Finger starr, wie eine draculische Geste, ausholen und tief in den Schnee wuchten. Tackermethode. Stufe, Tacker, Stufe, Tacker, Stufe. Durchatmen. Nicht nach unten schauen. Stufe, Tacker, Stufe. Bibber, ist das kalt an den Händen. Stufe, Tacker, Stufe.

Ich schöpfe Hoffnung; die Sonne hat den Schnee jetzt etwas aufgeweicht, sodass Stufeschlagen und Tackern leichter fallen als beim Aufstieg. Weiter. Tacker, Stufe, Tacker. Langsam werden die Schmerzen ernsthaft lästig, und ich phantasiere mir Handschuhe herbei, fett wattierte, mit irgendeiner 1a-Warmhaltefunktion, elektrisch oder auf Aktivkohle-Basis. Sollte ich heil hier runterkommen, fahre ich direkt in ein sündhaft teures Fachgeschäft und kaufe die besten Handschuhe, die es gibt, nehme ich mir vor.

Als die Schmerzen sich langsam der Erträglichkeitsgrenze nähern, taucht plötzlich in meinem engen Gesichtsfeld (denn ich klettere ja bäuchlings bergab, und mein Gesicht ist nie weiter als 20 cm vom Schnee entfernt) ein schwarzer Gegenstand auf. Nanu. Was mag denn das sein? Eine abgebrochene Stockspitze, etwa 10 cm lang. Wohl von einem Tourenskifahrer. Ich versuche, das Ding in die rechte Hand zu nehmen. Geht nicht, die Finger sind zu steif zum Greifen. Anhauchen, warten. Ein Blick auf die Uhr: Ich bin bereits 25 Minuten unterwegs. Weiterhauchen.

Endlich packe ich unter schockierenden Schmerzen die schwarz schimmernde Stockspitze und ramme sie, schallend scheußliche Urlaute brüllend, in den Schnee.

Ein knirschendes Geräusch. Das griffige Aluminium ist bis zum Geröllgrund des Hanges eingedrungen.

Stille. Hurra! Ich bin gerettet! Plötzlich geht alles ganz schnell. Einerseits lässt die Neigung des Hanges nach, andererseits habe ich nun ein großartiges Werkzeug, das ich wie einen Eispickel einsetze. Keine zehn Minuten später bin ich unten. Handy an. Immer noch kein Empfang. Noch fünfundzwanzig Minuten, dann startet der Hubschrauber. Schnell zur Kenzenhütte! Der Wirt hat bestimmt ein Telefon. Nie zuvor bin ich so schnell gelaufen, mit einem Auge den Bergpfad, mit dem anderen Auge das Display im Blick. Dann, nach zehn Minuten, signalisiert mein Telefon den Wiedereintritt in die telekommunikative Zivilisation.

Ich rufe Ines an, trabe zum Auto und fahre direkt zum Handschuhgeschäft, in dem ich ein besonders hochwertiges Paar erstehe. Diese Handschuhe deponiere ich dankbar auf meinem Trophäenregal neben dem neuen Grimme-Preis.

Fazit: Als kleiner Bub wurde ich mal im Kurort Bensersiel von einem bissigen Bernhardiner bedrängt. Seitdem sind mir Großhunde suspekt. Durch den geschilderten Vorfall ist sommerlicher Schnee an die Seite der kapitalen Köter gerückt: Ich mag beide nicht und begegne beiden mit besonderem Respekt.

Nackt und hungrig

Ich bin gerne nackt.

Kein Wunder, wenn man jahrelang berufsbedingt Anzüge aus Polyurethan, Kunstrasen oder Kartoffelschalen trug. Sobald ich die Gelegenheit habe, ziehe ich mich ratzeputz aus. Zu Auftritten als Flitzer, etwa im Fußballstadion, fehlt mir jedoch der Mumm, und die klassische FKK-Szene ist mir zu verkrampft unverkrampft. Meiner privaten Vorliebe für die Textillosigkeit fröne ich lieber im privaten Kreis. Alltägliche Motivation für das Ausziehen bietet meine heimische Sauna. Bereits mit 10 Jahren entdeckte ich die Vorzüge der finnischen Schwitzkultur, und inzwischen habe ich einen Großteil meines Lebens im überheizten Holzraum verbracht. Diese Passion verbindet mich übrigens mit meinem alten Weggefährten Olli Dittrich; diverse Doofen-Titel wie «Magenkrank» oder «In der Hitze der Nacht» entstanden bei Hotelsauna-Besuchen.

Stolzer Nutzer einer eigenen Kellersauna bin ich seit 1996, und inzwischen habe ich, wie eine kurze Durchsicht meines Kalenders verrät, jährlich etwa 120 Abende darin verschwitzt. Bei grob gemittelten 2,3 Gängen bedeutet dies, dass ich im Zeitraum von 10 Jahren 2760-mal die verglaste Tür hinter mir verschlossen habe. Bei einer durchschnittlichen Aufenthaltsdauer von 35 Minuten pro Abend habe ich also bereits 700 Stunden daheim sauniert. Klingt heiß, oder?

Der Vorzug einer eher abgelegenen Wohnlage im bayerischen Oberland ist nun, dass der Frischluft suchende Saunagänger nach Einbruch der Dunkelheit nackt durch die Gegend spazieren kann, ohne von irgendwem wahrgenommen, geschweige denn als störend empfunden zu werden. Bis zur nächsten Straßenlaterne sind es deutliche 250 Meter, und nur knapp zweimal im Quartal verirrt sich ein Passant bis zu unserem Haus. Die mit diesem Umstand verbundene Bewegungsfreiheit wird von mir ausgiebig genutzt. Nämlich täglich, sofern ich zu Hause bin. Sollten Sie, liebe Leser, also zufällig Ihren Wanderurlaub bei mir in der Gegend verbringen und gegen Abend einen nackten Brillenträger durchs Gebüsch schlurfen sehen: Das bin ich.

Übrigens nutze ich den Saunabesuch mit Vorliebe für die Buch- und Zeitschriftenlektüre. Der sympathische Knuddelboxer und Weltmeister im Mit-Werbebannern-bedruckte-Baseballkappen-Tragen Axel Schulz wies mich am Rande von Fernsehaufnahmen einmal darauf hin, dass das finnische Schwitzlesen eine erhebliche Gesundheitsgefährdung darstellt und daher in den Kinder- und Jugendsportschulen der DDR verpönt war. Das liegt daran, dass die hohe Temperatur einerseits dusselig machende Dämpfe aus den Druckerfarben löst und andererseits die Verleimung geklebter Bücher zerstört. Selbst diese schockierende Nachricht konnte mich jedoch nicht vom Schwitzlesen abbringen.

Meine Freude am Nacktsein beschränkt sich jedoch nicht nur auf die eigenen vier Wände und umzu. Halte ich mich etwa in Köln auf und komme von Fernsehaufnahmen ins Hotel, dauert es knappe 20 Sekunden, und ich bin enttextiliert. Gerne absolviere ich dann auch mein nächtliches Training unbekleidet. Ich bin dann sozusagen nicht nur Nacht-, sondern auch Nacktsportler.

In meinem Rucksack, unteres Fach, zwischen Kulturbeutel und Akkuladestation, habe ich immer ein Springseil dabei. Das ideale Handgepäck-Sportgerät! Dieses nutze ich, sofern Wetter und Fernsehprogramm es nahelegen, zum hüllenlosen Hotelturnen. Das Seilspringen, oder «Rope-Skipping», als welches es schwachsinnigerweise heutzutage von den Sportseilereien angepriesen wird, ist eine wunderbare Methode, sich einen extremen Waden-

und Fußmuskelkater zuzuziehen, zumal, wenn barfuß und ohne flauschig-dämpfende Teppichunterlage gehüpft wird. Nach meinen Erfahrungen reichen beim Untrainierten ganze 15 Minuten, um eine mehrtägige Gehunfähigkeit hervorzurufen. Andererseits ist der extensive Seilsprung gerade für Bergläufer eine geeignete Methode, der Verschlurfung des Schritts entgegenzuarbeiten und so Trittsicherheit zu erlangen.

Ich bringe es inzwischen an Tagen mit brauchbarem Fernsehprogramm auf eine Dreiviertelstunde, inklusive eingestreuter Zwischenschritt- und Einbeinigkeitsvariationen.

Eine andere schöne Alternative für das Berglauftraining viel reisender Fernsehfachkräfte ist das Treppensteigen.

In den meisten Hotelbauten gibt es Treppenhäuser, die weitgehend unbenutzt sind – jedenfalls, wenn das Hotel über Fahrstühle verfügt. Ganz im Ernst: Bei der Hotelauswahl erkundige ich mich grundsätzlich über die Trainingsmöglichkeiten, die mir das Hoteltreppenhaus bietet. Das «Dorint an der Messe» in Köln z. B. hat sechs schöne hohe Stockwerke, und die Treppenhäuser sind nach meiner langjährigen Beobachtung sehr gering frequentiert, sodass man die großzügigen Fenster ungescholten öffnen kann, um für gute Durchlüftung zu sorgen. Eine Stunde entspanntes Treppauf und Treppab können eine willkommene Abwechslung zum Dauerlauf wie auch zum Hüpfstrick sein.

Wichtig für Nachtsportfreunde, die aus Angst vor Dunkelheit außerhäusige Bewegung scheuen: Die Treppenhäuser fast aller großen Hotels bleiben die ganze Nacht über beleuchtet. Im Gegensatz zum Seilsprung trainiere ich Treppenlauf übrigens grundsätzlich bekleidet.

Die von mir sehr geschätzte Popikone Madonna soll, so erzählte mir mal ein erfahrener Hotelmanager, ebenfalls eine Vorliebe für den Hoteltreppenlauf besitzen. Auch sie lege bei der Buchung angeblich großen Wert auf Stufenschnitt, -anzahl, -höhe, Beleuchtung. Keine Ahnung, ob die Info stimmt. Klingt aber gut.

Treppensteigen kann man natürlich auch draußen trainieren. Zu meinen liebsten Outdoor-Trainingstreppen gehören die Freitreppen vor dem Schloss Sanssouci in Potsdam sowie die hügelige Grünanlage hinterm Media Park in Köln. Dort gibt es einen hübsch halbschattigen 68-Stufer mit 16 Absätzen, den ich schon zu allen Tages- und Nachtzeiten genutzt habe. Vom «Hotel Savoy» aus, in dem ich während der «clever!»- und «Genial daneben»-Dreharbeiten übernachte, jogge ich in 10 Minuten an die unterste Stufe. Dann geht es los, raufrunter, runterrauf, wie eine Mischung aus Standuhrpendel und einem hospitalistischen Pavian – ganz gemächlich, in lockerem Grundlagentempo, ein bis zwei Stunden lang. Ich gebe zu, das klingt etwas balla-balla, und man mag meinen, das sei ein eher fades Vergnügen. Weit gefehlt! Gerade am Media Park macht man nach kurzer Zeit interessante Beobachtungen: Auf diesem kleinen Hügel am Nordwestrand der Innenstadt, umgeben von Bahngleisen, Mercedes-Niederlassung und allerhand Ausfallstraßen, sind zu allen Tages- und Nachtzeiten auch andere Freizeitsportler unterwegs, die dem Drehen kleiner und kleinster Runden frönen. Viele auch mit Wauwau. Mein liebster Athlet in dieser Anlage ist ein Mann von deutlich osmanischer Herkunft mit starkem Oberlippenbartwuchs, Ballonseide-Dress, gänzlich verlebtem, dabei ausgeprägt indifferentem Gesichtsausdruck sowie folkloristischer Wollbemützung. Er trägt saloppe Freizeitschuhe und dürfte sich seiner sechsten Daseinsdekade nähern.

Ich laufe also die Treppe rauf, wieder runter, es ist Frühsommer, abends kurz nach halb elf, ich komme gerade von einer «Genial daneben»-Aufzeichnung, habe nur schnell meinen Rucksack ins Hotel gebracht und meine Laufschuhe angezogen, Stirnlampe dagelassen ('s ist Vollmond und somit hell genug), bin rüber zum Hügel, Treppe rauf, Treppe runter, da kommt mir ebendieser Herr entgegen. Strammes Walking-Tempo. Ah, noch ein Nachtsportler. Soso.

Ich mache weiter, raufrunterraufrunterraufrunter, da kommt er wieder an mir vorbei. Hm. Der sieht ja aus wie derjenige, der hier eben schon mal durchgelaufen ist ... Tripp-trepp-tripp-trepp – da kommt er wieder.

Erst jetzt merke ich, dass sich der unauffällige Türke offenbar auch mit nächtlicher Rundensammelei beschäftigt. Auch er nutzt die Treppe, aber nur für den Hinabweg, um dann per Parkpfad wieder zum höchsten Punkt zu gelangen. Orthopädisch übrigens ziemlich gewagt: besser wäre Treppe rauf und Parkweg runter, aber das nur nebenbei; muss ja auch jeder selber wissen, wie er seine Knieknorpel zum Knacken bringt.

Jedes Mal ist er etwa drei Minuten unterwegs. Eine Stunde vergeht. Er passiert mich zum 20. Mal. Ein erstes zartes Lächeln huscht über unsere Gesichter. Respekt, der Mann hat nicht nur offenbar um diese Zeit überhaupt nichts zu tun (aber das habe ich ja auch nicht), sondern auch eine gute Ausdauer (und die habe ich schließlich auch).

Als wir uns das nächste Mal begegnen, lächeln wir nicht mehr, sondern sind wieder ganz in unserer Schlafsubstitutions-Meditation versunken.

In der Ferne höre ich Kirchenglocken. Mitternacht. Plötzlich kommt Leben in die Bude: Ein bulliges Muttchen mit braunmeliertem Kopftuch und knöchellangem Kamelhaarmantel nähert sich dem Treppenabsatz.

Sie wartet ein Weilchen, dann erscheint wieder der verlebte Schnauzbartträger. Er bremst ab, die beiden begrüßen sich und plauschen kurz auf Türkisch. Kombiniere: Die beiden sind wohl ein Ehepaar. Gemeinsam trotten sie zu einem warnblinkbeleuchteten Ford Granada am Straßenrand und fahren davon. Scheint ein eingeschliffenes Ritual zu sein.

Ist Nachtsport etwa typisch türkisch? Vollmond-Treppenrundlauf ein uralter anatolischer Brauch? Oder ist er der letzte Mohikaner einer kurdischen Separatistengruppe, die ihre Forderungen per Walk-in durchsetzen wollte und ihre Aktivitäten aus Furcht vor überharten Reaktionen der Sicherheitskräfte in die Dunkelheit verlegt hat? Hierüber grübelnd, tripple ich noch ein paarmal meine Treppe auf und ab, dann mache ich mich wieder auf den Weg zum Hotel.

In der Bar des «Savoy» sitzen wie jeden Abend allerhand Showgeschäftsleute und frönen der Geselligkeit. Ich ducke mich und husche hurtig zum Treppenhaus, um unerkannt zu bleiben. Nur keine Einladung zum Feierabendbierchen, ich bin angenehm ermattet, Alkohol würde mich um meinen spärlichen Schlaf bringen, und morgen früh, noch vor dem Frühstück und der anschließenden Heimreise, will ich doch noch auf jeden Fall eine Runde am Rhein entlangjoggen.

«Der Boooning! Ich glaub's nicht! Moment mal!» Aus dem Augenwinkel sehe ich, wie ein angeheiterter Kabel-1-Kollege aus dem roten Plüschsessel springt und mir nachsetzt. Schnell, ein Fahrstuhl. Rein. Dritte Etage. Los! Gerade noch rechtzeitig.

Mein Bewegungsdrang ist auch mir selbst mittlerweile unheimlich. Meinen Kollegen erzähle ich so wenig wie möglich über meine sportlichen Aktivitäten, höchstens mit anderen Mattscheiben-Marathonis wie Johannes B. Kerner, Joey Kelly oder Guido Cantz plausche ich bisweilen über Strecken und Zeiten. Sonst halte ich mich zurück. Wieso eigentlich? Im Regelfall sind professionelle Komiker gemütliche Pummels mit allerlei körperlichen, seelischen und sozialen Defekten, ich jedoch fühle mich in der Blüte meiner Jahre, energiegeladen wie ein Druckwasserreaktor, sexy und begehrenswert, ein besonders glänzender Zacken in der Krone der Schöpfung. Kurz: Das geilste Stück Fernsehen seit Erfindung der Gummilinse. Diese Selbstbewertung öffentlich auszusprechen ist, das werden Sie sicher zugeben, ziemlich peinlich, und für jemanden, der seine Brötchen mit etwas verdient, was gemeinhin für komisch gehalten wird, ist ein solches Bekenntnis nichts anderes als beruflicher Suizid. Wer will sich schon mit einem Druckwasserreaktor identifizieren? Also: Immer schön die Klappe halten. Um keine Missverständnisse aufkommen zu lassen: Auch ein geiles Stück hat mitunter existenzielle Sorgen. Was mir in diesem Sommer 2004 besonders zu schaffen macht, sind trainingsfreie Tage. Diese entstehen entweder durch Krankheit bzw. Verletzung, durch besondere Arbeitsbelastung oder durch Spezialwetterlagen wie Taifun, Hurrikan oder Solarsturm. Einen sportlosen Tag pro Woche kann ich einigermaßen verknusen, zwei davon versetzen mich in einen unangenehm panischen Zustand; zwei aufeinanderfolgende Ruhetage empfinde ich als schmerzhafte Niederlage, bedeutet dies doch, dass ich in der Spezialdisziplin «Zeitmanagement» jämmerlich versagt habe. Natürlich: Trainingsmethodisch ist meine diesbezügliche Peniblität eher überflüssig und dem typischen Übereifer eines spätberufenen Konvertiten geschuldet – eine «reine Psycho-Kiste», ums zur Abwechslung mal im RAF-Jargon auszudrücken.

Eine weitere Wahnvorstellung, die ich heimlich mit mir herumtrage, ist die, mich während der TV-Produktionszeiten nicht ausreichend, regelmäßig und kohlehydratreich genug ernähren zu können. An manchen Studiotagen fehlt schlichtweg die Zeit zum Essen – ein Problem, dass es in vielen anderen Branchen auch gibt. Diese Tage hasse ich. Habe ich bis ein Uhr mittags nichts zu futtern gekriegt, werde ich furchtbar aggressiv und schlage alles kurz und klein. Verschärft wird dieser Umstand dadurch, dass ich mir aus Fleisch immer weniger mache und ich mich dafür immer mehr auf Nudeln, Kartoffeln, Reis konzentriere, ja Sättigungsbeilagen pur bevorzuge. Die Zubereitungsweise ist mir egal, aber Qualität und vor allem Menge entscheiden über mein Wohlbefinden. Herr Ober, schnell, einen Extraeimer Risi-Pisi für Herrn Boning bitte! Er zertrümmert gerade die Dekoration!

In der Woche vor einer geplanten sportlichen Großtat lege ich besonderen Wert auf Kalorienkontrolle, sprich: Ich achte darauf, ja nicht zu wenig von den wichtigen Sachen zu essen. Klar, dass ich dann auf das berühmte «Arbeitsessen» keinen Wert lege. Kochmützendekorierte Etepetete-Restaurants sind kein wirklicher Genuss, wenn man die dargereichten Kreationen vor allem nach ihren biochemischen Qualitäten beurteilt ... Und jetzt erklären Sie diesen Sachverhalt mal einem Fernsehproduzenten, der einen mit Leckereien locken will; der meint dann natürlich, man wolle nichts mit ihm zu tun haben. Oder das Etepetete-Restaurant sei für den Etepetete-Künstler nicht etepetete genug. Zu Hause habe ich ernährungstechnisch kein Problem. Ines ist eine begabte Köchin und zudem beim Vegetariertum geblieben. Sie weiß inzwischen, wie einfach es ist, mich zu einem zufriedenen, ausgeglichenen, liebevollen Partner zu machen: einfach einen riesigen Topf Nudeln kochen. Ein Klacks Soße ist schön, muss aber gar nicht sein. Gemüsepfannen mag ich auch gerne, diese sind jedoch nicht so kohlehydratlastig wie Nudeln, was mich dazu zwingt, die drei- bis neunfache Menge zu verzehren, denn die langkettigen Kohlehydrate sind immerhin, neben Talent, Training und Erholung, die entscheidenden Erfolgsfaktoren im Ausdauersport.

Auf Reisen versuche ich bereits bei der Planung etwaige Versorgungsengpässe aufzuspüren; bin ich mir nicht ganz sicher, führe ich im Rucksack einen Kocher sowie ein Paket Couscous mit. So kann ich zur Not auch nachts um drei im Hotelzimmer deftig frühstücken, um anschließend bis zum Morgengrauen joggen zu gehen.

Wie? Geht der Boning überhaupt nie mehr essen?, werden Sie vielleicht vogelzeigend fragen; doch, doch: Meine Lieblingslokale sind die Raucherecken der großen Kaufhäuser. Für die Kantinen von Kaufhof und Co. hatte ich schon immer ein etwas dubioses Faible, und als ich als Twen in Hamburg wohnte, habe ich einen Großteil meiner Zeit zwischen Buffet und Geschirrförderband bei Karstadt in der Osterstraße verbracht.

Markanter Vorteil derartiger Lokale: Ich muss dort keinem verdutzten Kellner erklären, warum ich drei Teller mit dicken Bohnen, Salzkartoffeln und Reissalat dem Tagesgericht vorziehe und werde auch ansonsten in Ruhe gelassen – sofern ich aufgegessen habe, bevor die eigentliche Mittagszeit beginnt.

Zu meinem Lieblingsgetränk ist inzwischen Wasser geworden. Leitungswasser. Dies hat weniger geschmackliche, sondern vor allem praktische Gründe: Wo immer ich mich aufhalte, habe ich eine Trinkflasche in Griffweite, meistens eine halblitrige Alubuddel. Da ich Reinigungstätigkeiten eher reserviert gegenüberstehe, versuche ich, eine Verschmutzung der Flasche von vorneherein zu vermeiden – darum bevorzuge ich das Leitungswasser (klar, einmal im Quartal wandern die Flaschen trotzdem in die Geschirrspülmaschine). So schlecht, wie manch überzeugter Evianer oder unverbesserlicher Apollinarist meint, schmeckt Leitungswasser gar nicht, zumal in Mitteleuropa. Überdies ist frisches Wasser eines der wenigen Lebensmittel, die man sich völlig kostenfrei und dabei legal an vielen Orten besorgen kann, auf öffentlichen Toiletten etwa, auf Kunden-WCs oder auf dem Friedhof. Vor dem dort angebotenen Gießwasser wird zwar oftmals per Schild gewarnt, es sei «kein Trinkwasser», aber mir und meinem Darm ist auch nach inzwischen hektoliterweisem Verzehr nie etwas passiert.

Auf längeren Ausflügen bevorzuge ich den bei der Beschreibung meiner Bergtouren bereits mehrfach freudig erwähnten Trinkrucksack, aus dem man sich unterwegs durch einen Schlauch mit Wasser versorgen kann. Solch ein Hydrationssystem ist vergleichsweise keimanfällig, und darum reinige ich meine Trinkblase ab und zu mit Kukident-Tabletten. Einfüllen, eine Weile warten, ausspülen. Problematisch ist die Trocknung der Kunststoffblase, weil sie zur innerlichen Verklebung neigt; man kann sich für enormes Geld spezielle Trockner zulegen, welche die Innenwände auseinanderspreizen. Ich habe aber exzellente Erfahrungen mit zurechtgebogenen Metallkleiderbügeln gemacht, die denselben Zweck erfüllen und satte 99 Prozent billiger sind.

Sättigungsbeilagen, Leitungswasser: Bin ich etwa ein radikaler Asket? Nicht wirklich. Ich bin immerhin weltführende Elitefachkraft, wenn's um den Verzehr von Speiseeis geht. Omo-Trommel-große Familienpackungen vertilge ich im Laufe eines einzigen «heute-journals».

Auch Schokoladentafeln kann ich essen wie andere Menschen Erbseneintopf. Daher bin ich als Vorbild ungeeignet, wenn's um gesunde Ernährung geht. Igitt! Soeben muss ich an den grauen Hans Mohl und sein «Gesundheitsmagazin Praxis» denken, den Vater aller Spaßbremsen. Der personifizierte erhobene Zeigefinger unter den öffentlich-rechtlichen Fernsehbeamten. So will ich nicht sein. Hilfe! Brrrr. Schluss, aus, Themenwechsel!

«Hitgiganten» in Berlin. Im Anschluss kurzer Besuch der After-Show-Party, dann hetze ich in die Heia, «Hilton Hotel» am Gendarmenmarkt. Am nächsten Morgen schaue ich auf die Friedrichstraße und werde ob des strahlenden Morgens von akutem Veloweh gepackt. Jetzt locker durch den Morgen pedalieren, wäre das schön! Leider habe ich mit Regen gerechnet und kein Klapprad dabei. Für solche Fälle gibt es hier in Berlin jedoch «Call-a-bike»-Räder. Für die, die's nicht kennen: «Call-a-bike» ist eine Firma, die Fahrräder vermietet. Gibt es in Frankfurt, Berlin, Köln, Stuttgart und München. Die Räder stehen an vielen Kreuzungen in den Innenstädten, und indem man auf dem Handy eine bestimmte Nummer wählt, erhält man einen Code, mit dem sich das Schloss öffnen lässt. Super Geschäftsidee, empfehle ich gerne weiter. Anbei: Vielleicht kommt's ja mal zu einem Werbevertrag mit denen; einen glaubwürdigeren Werbepartner als mich werden die nicht finden. Ich habe sogar schon mal als ganz privater Kunde per E-Mail ein paar Anregungen an «Call-a-bike» geschickt, unter anderem, dass die soliden Boliden auch an den Flughäfen in München, Berlin und Köln stationiert werden sollten. Dies würde meine Arbeitswege sehr erleichtern, und ich wäre auch bereit, hierfür eine satte Preiserhöhung in Kauf zu nehmen. Die Antwort-Mail war freundlich im Ton, aber verständnislos in der Sache.

Also. Das Wetter ist prächtig, ich entriegele voller Vorfreude das Rad meiner Wahl und fahre nordwärts. Nach einem halben Stündchen stoße ich auf den Flusslauf der Panke. Dieses knapp kanutaugliche Fließgewässer wird vom Panke-Radweg begleitet, der den Großstadtflüchtling auf direktem Wege ins Grüne führt. Ich habe den ganzen Vormittag frei; erst um 16 Uhr muss ich nach Köln fliegen, um abends an der «Genial daneben»-Aufzeichnung mitzuwirken, eine meiner absoluten Lieblingssendungen. Abgesehen von den tollen Kollegen und der stammtischig-privaten Atmosphäre gibt es zwei Hauptgründe für mich, diese Sendung besonders zu schätzen. Erstens: Proben entfallen komplett, da ja alles improvisiert wird. Herrlich. Und zweitens: Das Catering ist tippi-toppi! Schon alleine wegen des delikaten, besonders kohlehydrathaltigen Buffets läuft mir jedes Mal das Wasser im Mund zusammen, wenn Hugo mich zur Teilnahme an seinem Bildungsquiz auffordert.

Zurück an die Panke. Mit Udo Lindenbergs «Sonderzug nach Pankow» auf den Lippen nähere ich mich dem Städtchen Bernau. Satte 25 Grad. Die Sonne sticht immer mehr. Vielleicht hätte ich mir wenigstens eine Mütze auf den Kopf setzen sollen, wenn schon keinen Helm? Hatte aber keine dabei. Und extra eine kaufen? Nur wegen einer kleinen Radtour? Och nö …

Kurs Nordnordwest. Resopalglatter Asphalt. Der Fahrtwind kühlt angenehm. Leider habe ich nur eine grobe Übersichtskarte von der Hotelrezeption, ärmlich fotokopiert, mit Verfahr-Garantie. Und so irre ich irritiert mit Brutzelbirne zwischen Oranienburg und Mitte, bis ich schließlich nach vier Stunden vor der Max-Schmeling-Halle erschöpft vom Rad falle und dehydriert wie eine Portion Zierfischfutter im blühenden Grün liegenbleibe. Ein Blick zur Uhr: noch drei Stunden bis zum Abflug. Das bedeutet, ich habe noch Zeit für ein kleines Nickerchen.

Also Augen zu und schnarch.

Ein Saunabesuch. Mitternacht. Der 2761. Gang. Die Wände des Schwitzraumes sind rot glühend, ebenso mein Körper. Axel Schulz ist auch da. Auch er ist nackt und leuchtet rot, bis auf die «Fackelmann»-Mütze. Er hockt auf der Bretterbank und blättert in einem Buch über Brat-, Bier- und Bockwürste. Der Boxer beißt ins Buch und schlingt den Ausbiss hungrig hinab. Ein paar Buchseiten segeln zu Boden. Plötzlich kommt der türkische Treppenläufer im Ballonseidedress aus dem Ofen getrippelt. «Aufguss gefällig?» Er tröpfelt Wasser aus einem Trinkrucksack in den Ofen. Schließlich braust ein Ford Granada in die rote Schwitzhölle und rammt Sanduhr und Ofen. Große Explosion.

Ich schrecke hoch und reiße die Augen auf. Grelles Licht blendet mich; ich blicke direkt in die Sonne. Schweiß rinnt mir aus allen Poren. Wie lange mag ich geschlafen haben? Zehn Minuten? Eine halbe Stunde? Uhrenblick. Hilfe. Es ist 15 Uhr. Noch eine Stunde bis zum Abflug. Mist. Auf zum nächsten Taxistand. Rad abschließen, rein ins Taxi, «Bitte drücken Sie auf die Tube», einchecken im letzten Moment. Ich atme schwer und öffne mein Hemd bis auf Brustwarzenhöhe.

Im Flieger konstatiere ich, dass meine «Call-a-bike»-Ausflüge in Berlin überproportional oft in dramatischen Wendungen enden: Im Frühsommer 2003, also ein Jahr zuvor, war ich an einem freien Tag zwischen zwei «WIB-Schaukel»-Drehs jenen Radweg abgefahren, der heute den Verlauf der Berliner Mauer markiert. Besser gesagt: Ich hatte es versucht. Nach zwei Dritteln der Strecke klingelte mein Handy. Meine Freundin Gaby war dran.

«Hallo, Wigald, was machst du gerade?»

«Eine Radtour. Warum?»

«Fahr mal rechts ran.»

«Ich stehe. Und jetzt?»

«Jürgen Möllemann ist tot.»

Im berühmten FAZ-Fragebogen hatte ich 1996 auf die Frage «Wer ist Ihr Held in der Gegenwart?» ebenjenen unberechenbar-burschikosen Erzliberalen genannt. Natürlich eine ernstzunehmende Respektsbekundung, allerdings mit scherzhafter Sekundärbedeutung. Wenig später meldete Möllemann sich bei mir und dankte artig.

Bald darauf war er Stargast bei «RTL Samstag Nacht». Aus diesem Anlass führte ich mit ihm ein Nonsense-Interview während eines Fallschirmsprungs. Beziehungsweise: Das Interview wurde aus vier verschiedenen Sprüngen zusammengeschnitten. Er sprang alleine, ich am Bauch eines «Tandem-Masters» befestigt (ist «Tandem-Master» die korrekte Bezeichnung? Ist schon eine ganze Weile her ...).

Schnell war klar: Aufgrund des starken Fahrtwindes ist eine derartige Interviewidee ziemlicher Kokolores. Man hört nämlich nur ein lautes Brausen. Egal. Man kann ja nachvertonen.

In der Mittagspause an einem Imbiss irgendwo im Münsteraner Hinterland fragte Möllemann mich, was ich denn von der angekündigten Erhöhung der Mineralölsteuer hielte. Als ich sagte, hierzu hätte ich mir noch keine abschließende Meinung gebildet, wurde ich von ihm verbal zusammengefaltet: «Sie sind doch kein Dummkopf und werden doch wohl in der Lage sein, zu diesem Thema Stellung zu beziehen, ohne vorher groß rumzueiern?»

Egal, ob man Möllemann mochte oder nicht: Auf jeden Fall war er eine höchst originelle Persönlichkeit. Ein bisschen wie meine Schwiegermutter. Aber die kennen Sie wahrscheinlich nicht.

Der letzte der Interviewsprünge endete auf dem Rasen des Gelsenkirchener Parkstadions, unmittelbar vor Anpfiff eines UEFA-Cup-Spiels des FC Schalke 04. Beim Landeanflug verfehlten wir um ein Haar einen der Flutlichtmasten, was von vielen Fußballfans zunächst mit lautstarkem Jubel bedacht wurde. Als sich herausstellte, dass wir heil unten ankommen würden, schlug der Jubel in Buhrufe um, was wiederum Möllemann dazu veranlasste, die Buhrufer mit triumphaler Siegesgestik zu provozieren. Eine ziemlich ulkige Showeinlage, während deren ich mich darüber freute, vor Angst nicht in die Hose gemacht zu haben. Jürgen W. Möllemann. Nun war er tot. Und ich stand neben meinem Mietrad und starrte mit weißer Nase auf den ehemaligen Todesstreifen.

Rummms. Harte Landung. Wo bin ich? Ach ja, Köln. Was will ich hier? «Genial daneben». Ich fasse mir an den Kopf. Heiß. Ich wanke ins Flughafengebäude, sehe schemenhaft den Fahrer, grüße lallend, trotte ihm fiebrig hinterher, sinke auf die Rückbank und brüte stumm klagend vor mich hin. Klarer Fall: ein Sonnenstich.

Angekommen im Hürther Studio, begebe ich mich schnurstracks auf die Toilette und halte meinen Kopf unter den Wasserhahn. Ich Idiot. Vier Stunden Überbelichtung, freiwillig, am Tag vor einer Aufzeichnung, wie unterbelichtet von mir! Auf dem Flur begegne ich Hella von Sinnen. «Wigald», brüllt sie mir burschikos entgegen, «warst du im Urlaub? Du hast so unverschämt viel Farbe gekriegt!»

Um nicht umzukippen, stütze ich mich unauffällig an der Wand ab und nuschele mit belegter Stimme «jaja».

Im Studio. Verschwommen sehe ich Hugo, dem vom Maskenbildner die Stirn gepudert wird. Tontest, Pegelprobe. Appläuse. Aus meinem Tunnelblick wird ein Mauselochblick, und mein Herzschlag klingt wie ein kaputter Traktor von 1910.

Jingle, erste Frage. Bernhard Hoëcker macht einen ersten Lösungsvorschlag, und zwar so schnell, dass ich ihm nicht folgen kann. Macht nichts, ich habe die Frage sowieso schon wieder vergessen. Irgendwas mit Muscheln ... oder ging's um Muttern? Eine Technikfrage? Tja, Muscheln, Muttern, Kutter? Ist die Nordsee das Thema? Himmelherrgott nochmal ... irgendwas stimmt mit meinen Ohren nicht ... ich trinke einen Schluck Wasser und schütte die Hälfte auf meine überbreite Krawatte. Am liebsten würde ich mir das klare Nass jetzt komplett in den Nacken fließen lassen, zu Kühlungszwecken, aber das wäre zu gefährlich für den Tonsender, der in meinem Hohlkreuz am Hosenbund befestigt ist.

Hella gelingt offenbar eine große Pointe. Gelächter allenthalben. Ich blinzle mit albinoroten Augen gen Hugo. Er blickt mich aufmunternd an. War was? Stille. Hugo hakt nach: «Und, Wigald? Wir hören!» Hä? Hat er mich was gefragt? Ein Schweißtropfen plumpst vor mir auf den Quiztisch. Räuspern. Dann: «Muschel, äh, Muttern am, äh, Kutter. Kuttermuttern. Nordsee? Ja. Nordsee. Nordsee ist Mordsee.»

Noch ein Tropfen klatscht in Zeitlupe auf den Tisch und bildet ein salziges Pfützchen, in das ich müde hineinglotze.

Pause. Hugo nimmt die Brille ab und kommentiert leise und langsam: «Nein, das ist es nicht. Falsche Antwort.» Kommt noch was? Alle warten. Ich glotze weiter in die Pfütze. Dann springt Bernhard ins Vakuum und präsentiert einen neuen Lösungsvorschlag. Riesenlacher, richtige Lösung.

Für den Rest des Abends halte ich mich mit Wortmeldungen zurück. Als die Aufzeichnung vorbei ist, zwinkert mir Hugo zu. «War ganz schön heiß heute, stimmt's?» Er klingt dabei wie jemand, der einen Freund auf dessen geheime Liebschaft anspricht, ganz diskret – und damit liegt er ja gar nicht so falsch. Ich nicke schuldbewusst und wandele mit Wackelknien aus dem Studio. So was darf mir nicht nochmal passieren. Ich nehme mir vor, mehrstündige Radtouren nur noch an showfreien Tagen zu absolvieren – oder eben nachts.

Glücklicherweise habe ich den Eindruck, dass mein Sport sich nur selten negativ auf mein berufliches Wirken auswirkt. Eigentlich ist es eher umgekehrt. Früher war ich z. B. viel häufiger von lästigen Erkältungen gepeinigt, auch entfielen bisweilen ganze Vormittage, weil Körper und Geist mit dem Alkoholabbau beschäftigt waren. Ferner habe ich durch die langen Trainingsvorbereitungen gelernt, geduldiger zu werden und Rückschläge, etwa durch Verletzungen, stoisch hinzunehmen, ohne mich großartig drüber aufzuregen. Hilft ja nichts. Es ist, wie es ist. Ein bisschen Schwund ist immer. Es kann nicht immer Sonntag sein.

Das Wichtigste, was ich gelernt habe: Es lohnt sich, große Ziele anzusteuern. Je größer das Ziel, desto größer die Motivation (hatte Möllemann auch begriffen). Wenn's am Ende für das ganz große Ziel nicht reicht, ist man trotzdem weit gekommen. Dieses Muster lässt sich bedenkenlos aufs Berufsleben übertragen. Heidewitzka, klingt das BWLeresk; vielleicht darf ich aufgrund dieser Zeilen ja mal ein Referat vor Siemens-Führungskräften halten ...

Mein großes Ziel in diesem Sommer lautet jedenfalls: zu Fuß über die Alpen. Wie bereits erwähnt, durchgeistert mich dieses Vorhaben seit 1984, und auch in gänzlich sportfreien Lebensabschnitten lagen passende Karten, Wanderführer, Reiseberichte jederzeit stapelweise auf meinem Nachttisch. Ich meine mich sogar erinnern zu können, dass ich in jenem FAZ-Fragebogen, in dem ich auch Jürgen Möllemann erwähnte, die Frage «Welchen Traum möchten Sie sich unbedingt noch erfüllen?» mit «zu Fuß über die Alpen» beantwortete. Warum habe ich mich nicht schon früher auf den Weg gemacht? Ganz einfach: Zeitmangel.

Eine der Standard-Wanderstrecken ist der sogenannte Traumpfad von München nach Venedig. In der einschlägigen Literatur wird für den durchschnittlichen Wandervogel eine Gesamtgehzeit von 28 Tagen veranschlagt, zuzüglich Ruhetage je nach Gusto und Schwielenstärke. So viele Tage, zumal hintereinanderweg, kann ich mir nicht leisten. Ich bin schließlich Teil des modernen Medienproletariats und als solcher zwar vorzüglich bezahlt, aber ohne großen Einfluss auf die Gestaltung meines Terminplans.

Ich nehme mir vor, keine 28 Tage unterwegs zu sein, sondern nur drei, was bei meinen Fernsehkollegen für betont mitleidige Mienen sorgt. Der arme Kerl. Früher war er hip, jetzt ist er irre. Manch einer versucht sogar, mich mit einem herzlichen «Kopf hoch, das wird schon wieder!» aufzumöbeln, so als läge ich im

Krankenbett, um dann hinterherzuschicken: «Und wo soll's hingehen?»

Nun ja. Venedig wäre zwar schön; mir jedoch reicht das schließliche Betreten des italienischen Staatsgebietes, um mir einbilden zu können, ich hätte die große europäische Kultur-, Wasser- und Wetterscheide überwunden. Hauptsache, ich kann endlich meine Alpen-Ambitionen mit einem Häkchen versehen. Immerhin befinde ich mich mindestens körperlich in der Form meines Lebens.

Ein kurzes Telefonat. Hannes ist auf jeden Fall dabei. Ob ich was dagegen hätte, wenn er noch Freunde einlüde? Nein, immer gerne. Sollen alle mitkommen. Termin? Passt. In Ordnung. Wird gemacht. Grüße an Geli und Alex. Ich komm vorbei, wenn ich einen Streckenvorschlag ausbaldowert habe. Hallo? Funkloch. Horrido!

Um die Strecke festzulegen, nehme ich mir einfach ein Lineal und lege es auf einer österreichischen Generalkarte auf die kürzestmögliche Verbindung zwischen Deutschland und Italien. Dann verbinde ich per Textmarker jene Wanderwege, die der «Lineal-Linie» am nächsten verlaufen. «Direttissima» sozusagen. Fertig.

In Marktoberdorf kaufe ich mir einen besonders leichten Laufrucksack, extrem leichte Regenkleidung und ebensolche Teleskop-Trekkingstöcke. Mit dieser Ausrüstung laufe ich in den folgenden Tagen jeweils ein bis drei Stunden, vor allem, um Rücken und Füße an die ungewohnte Rucksackbelastung zu gewöhnen. In den einschlägigen Laufbüchern wird ja grundsätzlich vor Rucksackläufen gewarnt. Sehnen, Bänder und Knochen mögen keine Zusatzlasten. Aber mit ausgefuchstem Gewichtstuning (vom Zahnbürstengriff lässt sich z.B. getrost das untere Drittel absägen, ohne dass die Zahngesundheit leidet) erscheint mir das Vorhaben auch orthopädisch vertretbar.

In den letzten Tagen vor meiner großen Meisterprüfung als Selbstbeweger laufe ich dann erholungshalber so gut wie gar nicht mehr. Passt gut, da ich mit Vorproduktionen für die kommende «clever!»-Staffel beschäftigt bin. Anstatt zu trainieren, esse ich wie der vielzitierte Scheunendrescher (habe solch ein Gerät übrigens noch nie gesehen. Gibt's die überhaupt noch? Oder wird so was heutzutage übers Internet erledigt?).

Am Tag vor unserer Abreise liege ich bereits um neun Uhr im Bett, mit einer Vorfreude, wie ich sie das letzte Mal entwickelte, als ich im Alter von acht Jahren in der Vorweihnachtszeit das Geschenkeversteck meiner Mutter entdeckte (im Kleiderschrank nämlich, bei den langen Röcken, der Klassiker), und frohlockend feststellen konnte, dass ich das heißersehnte Winnetoukostüm tatsächlich auf dem Gabentisch würde vorfinden können.

PS: Am ersten Weihnachtstag stellte sich heraus, dass ich in unserer Reihenhaussiedlung nicht der einzige Bub gewesen bin, der sich danach sehnte, den Häuptling der Apachen zu geben. Mindestens sechs weitere Jungs und ein Mädchen aus der Nachbarschaft trugen ebenfalls den weißen Fransenoverall, als wir Kinder uns vormittags bei den Garagentoren trafen, um unsere Geschenke miteinander zu vergleichen. Dieser Häuptlingsüberschuss führte bei unseren Indianerspielen zu erbitterten Rivalitäten und allgemeiner Ernüchterung, was das Realwerden großer Träume angeht. Würde mich meine Alpentour in ähnlicher Weise desillusionieren?

Deutschland–Italien, diretissima

Ein Taxi nähert sich Einödsbach, einem winzigen Weiler südlich von Oberstdorf. 1114 m über Nordseeniveau: Hier endet die Befahrbarkeit Deutschlands. Aussteigen und Anpfiff. Drei Männer begeben sich auf Lineal-Kurs: Hannes, Markus, seines Zeichens Bauleiter auf einer Münchener Großbaustelle, und ich. Langsam geht die Sonne auf und bescheint Kanzelwand und Hammerspitzen. Feuerwehrdämmerung: Knallrot leuchtet der Kalk. Der Tag wird warm. Unsere Regenjacken wandern in die Rucksäcke, und wir steigen hinauf zur Rappenseehütte, einem viktorianisch anmutenden Monumentalbau.

Wir kreuzen den «Heilbronner Weg», eine der bedeutenden Allgäuer Großwandertrassen, und erreichen um sieben Uhr die große Steinscharte, 2262 m hoch. Hier ist endgültig Schluss mit Deutschland. Ein letzter Blick Richtung Ebene, dann rutschen wir eifrig plaudernd ins Lechtal hinab. Rutschen? Ja: Hier im Wiesleskar, das, wie Hannes beteuert, auf alten Karten noch als Gletscher geführt wird, liegt eine dicke Lage weicher Schnee, den wir geschwind hinabgleiten. Ein sanfter, hindernisfreier Hang, auf dem man sich nicht verletzen kann und der mich daher nicht in Panik versetzt.

Unterhalb des Schnees heißt es: Aufgepasst! Auf vielen Trittsteinen sitzen schwarze Alpensalamander. Das Lieblingstier aller Lackfetischisten. Hannes und Markus tauschen Regionalnamen dieser wunderschönen Amphibie aus: «Bergmännle» etwa oder, weil sie so verdattert zu gucken scheint, «Dattermann».

Der Abstieg zum Lech zieht sich. Nach einem windungsreichen Waldweg stoßen wir auf die alte Fahrstraße zwischen Steeg und Warth. Eine postzivilisatorische Transportbrache; aus dem Asphalt wachsen Birken.

Nach angenehm kurzem Straßenlauf erreichen wir das etwas marode Örtchen Steeg. Viele leere Häuser mit verbretterten Fenstern. Es riecht nach Landflucht. Vor dem Gasthof «Adler» besetzen wir einen Tisch und gönnen uns ein ausführliches Frühstück.

Direkt hinter dem Gasthof beginnt die Teerstraße hinauf zum lillipüttischen Örtchen Kaisers. Viereinhalb Kilometer Bergaufjogging durch ein hyperidyllisches Quertal. Die Hochsommersonne lässt mir den Döz dampfen. Puh. Erfrischung durch kühlen Luftzug widerfährt uns unter den Betonabdeckungen, die das Sträßchen vor Lawinen schützen sollen.

Das kleine Kaisers sieht aus wie jene überdachten Miniaturdörfchen im Märchenwald, bei denen man auf ein Knöpfchen drückt, woraufhin sich Spinnräder und Froschkönige in drosselbärtigen Glassärgen gegenseitig aus dem Schlaf küssen. Die Hauptattraktion in Kaisers ist eine kleine Schnapsbrennerei mit drolligem Info-Schaukasten sowie Außenboxen zwecks Discobeschallung.

Weiter, immer dem Kaiserbach folgend. Wir befinden uns mitten in den Lechtaler Alpen, jener Berggruppe, die durch besondere geologische Wildheit betört. Rot, braun, gelb, grau, quer, längs, oben, unten, übereinander, untereinander und schließlich alles nochmal mit einem gigantischen Stabmixer püriert. Der liebe Gott muss mit dieser Gegend den Action Painter Jackson Pollock vorweggenommen haben wollen. Äh ... ist der Satz korrekt? Grübel, grübel. Ja. Doch, doch.

Im Kaiserjochhaus vertilgen wir literweise Skiwasser (für Norddeutsche: eine dünne Trinkplörre aus Wasser und irgendwelchem Zitrusaroma) sowie Erbsensuppe. Markus erzählt von seiner Zeit als Burgerbrater in einer US-Esskette, die ihre Frittierdienste ausschließlich in amerikanischen Nationalparks anbietet, und wir witzeln, dass es nicht mehr lange dauern kann, bis das Kettenwesen auch im Bereich der Alpenhütten Einzug hält. Eine passende Gattungsbezeichnung weiß ich auch schon: «Berg-Kette». Lustig! (Schreib ich vorsichtshalber mal extra dazu.)

Nach dem Essen erklimmen wir den direkt am Kaiserjochhaus gelegenen bauschutthaldenhaften Grießkopf (2581 m) und legen uns auf die kühlen Felsen am Gipfelkreuz. Mittagsschlaf. Das Einnicken fällt mir nicht schwer, es ist ein Uhr mittags, und ich bin schon seit 12 Stunden wach. Knack-weg-schnarch. Nach einigen Minuten erwachen wir, blinzeln in den blauweißen Himmel, hören Motorengeräusche ... Wo sind wir? Ach ja. Oben auf'm Berg. Aus der Tiefe dröhnt die Arlberg-Autobahn herauf. Voll. Reisezeit.

Auf dem Weg hinab nach Pettneu versuche ich, das geographisch-touristische Prinzip dieser Spezialwanderung in Formelform zu fassen. Hier das Ergebnis: Steht man in einer Scharte, fällt der Blick auf die nächste Bergkette. Diese ist immer einen Tick imposanter als die vorherige. Logisch: Die Berge werden umso höher, je weiter man sich dem Alpenhauptkamm nähert. Diesen dramaturgischen Verlauf taufe ich hiermit den «negativen Russischen-Holzpuppen-Effekt», kurz: «– RHE». Man öffnet eine Puppe, und wieder steckt eine drin. Und noch eine. Und noch eine. Nur: Auf unserem Weg werden die Berge nicht immer kleiner, sondern größer. Deshalb «negativ».

Nach acht Stunden Netto-Laufzeit erreichen wir um 15 Uhr Pettneu. Der ganze Ort ist komplett untertunnelt, darum ist von der Autobahn nichts zu erahnen. Irre. Kennt man die Gegend nur von der Passage per Pkw, käme man nie auf die Idee, dass sich über der Fahrbahn derartig idyllische Plätzchen finden lassen.

Pettneu liegt am Flüsschen «Rosanna». Seltsamer Name. Sicher eine Idee der örtlichen Tourismuswerbung, entstanden, als die Band «Toto» ihren Mega-Hit hatte.

Kaffee, Kuchen, Zimmersuche. In der Pension «Zauner» verzieren mit Uhu fixierte Puzzles mit kunterbuntesten Bergmotiven aus den 70ern die Wände. Gepflegte Gastlichkeit. Wir stretchen ausführlich unsere Leiber und fallen dann in die Liegestühle auf dem Balkon, von dem aus man einen dollen Blick auf die Verwall-Gruppe hat. Unter dem höchsten Gipfel, dem Hohen Riffler (3168 m), gleißt ein Gletscher im Sonnenlicht.

Am Abend bekommt unsere Wandergruppe Zuwachs: Sven, hochgewachsener Physiotherapeut aus Eisenberg, wird von seiner Freundin per Auto angeliefert. Am heutigen Freitag musste er noch arbeiten. Prima, morgen wird er mit frischer Kraft das Tempo konstant halten helfen. Svens Freundin fährt schnurstracks wieder nach Hause und nimmt unser überschüssiges Gepäck mit, Stirnlampe etc. Vor allem Markus' Rucksack litt ein bisserl unter Fettsucht.

Zum Abendessen schleppen wir uns in den Gasthof «Adler» (... ob der wirklich so heißt, habe ich vergessen, aber auf unserer Reise hieß jedes zweite Lokal «Adler», mit 50%iger Wahrscheinlichkeit liege ich also richtig). Verdreckte Funktionskleidung stinkt entsetzlich, und so werden wir direkt hinterm Eingang in einen Nebenraum geschleust, der offenbar für kinderreiche Familien und andere Störquellen reserviert ist.

Der Koch gesellt sich zu uns. Gemütliches Bäuchlein, darüber ein frittiertes Skilehrergesicht. Seine Augen leuchten, als wir ihm von unserer Reise berichten. Klarer Fall von Fernweh: Am liebsten würde der Koch sofort die Schürze ausziehen und mit uns mitdackeln. Er legt uns die Besteigung des «Hohen Rifflers» ans Herz.

«Im Herbst kann man vom Gipfel aus sogar den Bodensee sehen. Da müsst ihr rauf, wenn das Wetter so ist wie heute! Selbst wenn ihr euer Tagespensum dann nicht mehr ganz schaffen werdet. Übernachtet einfach in Kappl!»

Samstagmorgen. Steife Glieder, juckende Füße. Das Wetter ist noch besser als gestern. Ein wolkenfreier Hochsommertag. Durch das heute Vormittag zu durchjoggende Quertal gurgelt der Malfonbach.

Am Einstieg zum Rifflermassiv hängen einige Gedenktafeln für abgestürzte Bergsteiger. «Being on top of the World» steht auf einer, daneben sieht man das Foto eines Niederländers, Jahrgang 1969. Zwei Jahre jünger als ich. Ich versenke mich kurz in seine Gesichtszüge und verspreche mir, die Augen aufzuhalten.

Hannes befragt die Hüttenwirtin nach den Schneeverhältnissen. «Kein Problem», erhält er zur Antwort, nur der Steig vom Gipfel hinunter in den Ort Kappl, unser nächstes Teilziel, sei gesperrt. Zu viele Tote in letzter Zeit.

Es geht los. Wir kommen zügig bergauf, und tatsächlich sind sämtliche Schneefelder mit Hilfe unserer Stöcke gefahrlos zu queren, und ich freue mich über das Ausbleiben jedweder Panikattacke. Problematisch sind höchstens die vielen, vielen Menschen, die mit uns zum Gipfel wollen. Männer mit Ballonbäuchen und hausratkompatiblen Monsterrucksäcken, die schnaufend im Hang stehen und abfällig auf unsere Turnschuhe gucken. Gelangweilte 10-Jährige, die Kaugummi kauend ihren ehrgeizigen Eltern folgen (bei dem Gedanken, meine Kinder hier herumkraxeln zu lassen, wird mir ganz blümerant). Sie verschleppen das Tempo und sind nur schwer zu überholen.

Immerhin: Beim Riffler handelt es sich offenbar um ein echtes 1a-Angeberziel, so 'ne Art Paradeberg. Wer weiß, vielleicht hilft einem so was nochmal auf dem späteren Lebensweg; möglicherweise hat man ja irgendwann einen Chef, der sich beim Einstellungsgespräch, Wo-haben-Sie-gedient?, artig nach absolvierten Gipfelzielen erkundigt.

Neben unserem Zeitplan, der durch diesen Spontan-Gipfelsturm in Gefahr gerät, plagt mich inzwischen etwas anderes: Mein Magen ist leer. «Blödsinn», keuche ich mir zu, «es ist gerade mal halb zehn! Das ist nur die suggestive Wirkung der Wampen, die hier von den Stiefelträgern zum Gletscher geschleppt werden.»

Flaubäuchig tapse ich am Gletscher vorüber, stelle meine Stöcke ab, klettere konzentriert auf die etwas ausgesetzte dunkle Felspyramide, gebe meinen Freunden die Hand und stopfe einen Riegel in mich hinein. Hamm. Berg Heil! Glück gehabt.

Der Koch hatte recht: Die Aussicht lässt uns dahinschmelzen. 3168 Meter! Auf einem so hohen Berg war ich noch nie. Vor allem nicht so hungrig. Der Blick hinunter auf den Gletscher provoziert Demut.

Elegante Wolkenschiffe ziehen unter mir vorüber. In der Ferne erahne ich München, Hamburg, New York. Vorsichtig prüfe ich mein Befinden; in dieser Höhe kann es durchaus schon mal zu Krankheitssymptomen wie Kopfschmerz kommen. Aber, nix da, ich fühle mich so gesund wie Hademar Bankhofer höchstpersönlich. Noch ein feuchter Blick, dann geht es wieder runter, im Laufschritt und die zahllosen Entgegenkommenden dauergrüßend.

In der Edmund-Graf-Hütte essen wir Nudel- und Gulaschsuppe aus grotesk kleinen Tassen. «Richtiges» Essen gibt's nicht. Entweder es ist noch zu früh, oder man möchte den übergewichtigen Bergsteigern beim Abnehmen helfen. Keine Zeit, um nachzufragen. Wir müssen weiter. In die Schweiz. Vor Einbruch der Dunkelheit, und es ist schon fast Mittag.

Einem weiteren guten Rat des Pettneuer Kochs folgend, wählen wir den (wiederum etwas längeren) Schmalzgrubenweg. Er führt uns am Schmalzgrubensee vorbei, der in jeden Disney-Kitsch passen und auch real gefilmt wie eine allzu glatte Animation wirken würde. Zu türkis, zu symmetrisch, zu schmalzig. Wir steigen hinauf zur Schmalzgrubenscharte, 2697 m hoch. Da ist er wieder, der – RHE: Im Süden lacht uns die Samnaungruppe entgegen, unser Nachmittagsprogramm. Aber erst mal rufe ich, so wie seinerzeit beim «Extreme Mountain Running», meine Großmutter an. Gehört sich so.

«Hallo, Oma, hier ist Wigald! Wie geht es dir? ... Prima, ich habe dieses Wochenende frei ... mit meinen Kindern? Äh, ja, äh, das heißt nein, äh, bin gerade spazieren ...» Sven, Hannes und Markus grinsen.

Nach Kappl sind es fast 1450 Höhenmeter bergab. Da klappern die Kniescheiben. Wir hocken uns in ein ödes Straßencafé, dessen Juniorchef offenbar kürzlich beim Motorradfahren verunglückt ist. Mit hierzu passenden aschgrauen Gesichtern bestellen wir uns Eiskaffee. So im Eimer sind wir bereits, so ausgepowert, dass wir in unserer Gier nach billigem Aufgeputschtwerden auf Koffein, stichige Dosensahne und fettes Vanilleeis setzen. Hastig saugen wir die süße Soße aus dem Glas, dann wanken wir auf die Straße. Satte 30 Grad. Kein Wunder, dass die ersten Verzweiflungswitze die Runde machen, als wir am Ortsausgang nach dem Beginn des Wanderweges suchen. Hinter der Brücke über den Fluss Trisanna finden wir schließlich einen Wegweiser. Darauf steht «Samnaun: Sechs Stunden».

Hurra! Das packen wir! Puppig! Das hinken wir auf der linken Pobacke weg! Geschafft! Ein unerhörter Auftrieb erfasst uns und trägt uns in das Tal der Visnitz. Hätten wir dieses Schild nicht erspäht: auweia!

Zunächst geht es eine steile Schotterstraße bergauf. Staubfahnen folgen uns. Wir ziehen unsere Mützen tief über die müden Augen und lassen die Plaudereien verebben. Hannes drückt aufs Tempo (wie immer, wenn's ans Eingemachte geht), ich versuche mich, wie sagt der Laufsportler doch gleich?, «an seine Fersen zu heften», und versinke ganz in Rhythmus und Schweiß. Die Steigung lässt nach, der Hunger nimmt zu. Ein Hütebub in kurzer Krachlederner und mit ausrasiertem Nacken auf einem grauen Vorkriegsmoped knattert an mir vorbei. Ob er mich mitnimmt? Bevor ich ihn fragen könnte, ist er schon davon. Mein Mund ist trocken. Ich stolpere hinab zum Bach und fülle – zum x-ten Mal heute – die Trinkblase.

Es wird dunstig. Wieder wird aus dem Sträßchen ein Schotterweg, der in einem steilen Pfad endet. Inzwischen ein bekanntes

Muster. Nur: Diesmal zieht sich die Sache … HALT! STOPP! Jetzt muss ich erst mal was essen. Mit zittrigen Händen versuche ich, meinen Rucksack loszuwerden. Hierzu muss man einen Schnappverschluss öffnen. Kann jeder 3-Jährige. Ohh, ist das schwer. Ich zittere. Wo ist der blöde Riegel? Schnell! Ich wühle trocken schluckend zwischen den Klamotten. In der Ferne pfeift ein Murmeltier. FUCK! Wo ist das verdammte Ding? Ich leere den gesamten Inhalt aus und hocke zwischen Zahnbürste, Handy, Geld und Regenhose. SIND DIE ETWA ALLE ALLE? Tränen schießen mir in die Augen. Unter lautem Schluchzen, völlig außer mir, suche ich weiter, unkoordiniert, hektisch, Millimeter vom Nervenzusammenbruch entfernt. DA! DA ISSER! Ich grapsche wild nach dem braunen Barren und schiebe ihn mir am Stück in den Mund. Sofort geht es mir besser.

Die anderen sind inzwischen weit enteilt. Als sie am Talabschluss stehenbleiben müssen, um die Karte zu studieren, kann ich aufschließen. Ich blicke in faltige Fratzen. Sonnengegerbt und staubverkrustet. Dreißig Jahre gealtert. O Gott, sehe ich etwa auch so aus? Plötzlich: Heiterkeit. Und wie! Wir gackern wie die Hühner! Worüber? Z.B. über die Idee, dass man unsere Hunger-Methode an die «Brigitte» schicken sollte: «Die Transalp-Diät». Man nehme: Eine Tagesetappe von 55 km Länge, würze sie mit 3738 Höhenmetern, garniere sie mit 45 km Vorbelastung, einem Gulaschsüppchen sowie einem Eiskaffee. Wer da nicht abnimmt, der … ach, was weiß ich … hihihi … hahaha … Wir lachen uns kaputt, bis die Zwerchfelleruptionen unsere Leisten zum Schmerzen bringen.

Überall an den steilen Hängen kleben kleine Hütten, Unterkünfte für Zollbeamte. War einst eine Schmugglergegend hier. Merkwürdige Vorstellung, nächtens diesen Pfad zu belaufen, auf dem Rücken eine Kraxe mit Zigaretten, Brandwein, Orientteppichen, Gaultier-Skihosen, goldenen Silberlöffeln, ganzen Muskatnüssen, belgischen Zuchtrammlern, blauen Mauritziüssen, Flachbildschirmen made in China ... Sie ahnen schon: Da ich keinen Schimmer habe, was hier geschmuggelt worden ist, flüchte ich mich in eine gewisse Beliebigkeit.

Breiter als 20 cm wird der Steig hier selten. Knapp unterhalb der Scharte komme ich sogar an eine besonders schmale Stelle, an der ich mir mit der gesamten Macht meiner inneren Exekutive den Blick hinab in den Abgrund verbiete. Obwohl ich sonst eher schwindelfrei bin – aber was heißt das schon in meinem Zustand fortgeschrittener Entsaftung?!

Starr den Pfad vor mir fixierend, überwinde ich dieses horrible Hindernis, atme tief durch und nehme die letzten Meter zum Östlichen Visnitzjoch, 2654 m hoch, im Schweinsgalopp. Dann – Sie können es schon ahnen: – RHE.

Oben steht ein Wegweiser. «Wanderweg des Jahres», offenbar so eine Art Qualitätssiegel, ist drauf zu lesen. «Ist was dran», lautet die einhellige Meinung. Wanderwegetester: Was für ein Traumjob.

Ein langes Weilchen sitzen wir müde und nachdenklich herum und blicken hinab auf die Schweiz. Gelöst laufen wir dann den Skihang hinab nach Graubünden, in den Ort Compatsch, einem fremdenzimmerlastigen Straßendorf im Samnauner Zollausschlussgebiet. Markus erzählt uns aufgekratzt Anekdoten vom Bau, z.B. die Geschichte von den polnischen Arbeitern, die nach harter Arbeitswoche am Freitagnachmittag in die Heimat fahren und in ihrem kleinen Pritschenwagen eine Wodkaflasche kreisen lassen. Mitten in der Nacht sehen sie, irgendwo auf der Fahrbahn einer einsamen Landstraße, einen Fahrradfahrer neben seinem Rad liegen. Die Bauarbeiter halten an, steigen aus und stellen fest, dass der Radler offenbar gerade einen starken Rausch ausschläft. «So können wir den Zecher hier unmöglich liegen lassen», befinden sie, «wir laden ihn in unseren Wagen und bringen ihn in den nächsten Ort.» Der Radler schläft so fest, dass er nicht bemerkt, wie er von den Arbeitern nebst Rad auf die Ladefläche gehievt wird. Dann geht die nächtliche Fahrt weiter, die Bauarbeiter widmen sich wieder ihrer Wodkaflasche, und der Radler gerät in Vergessenheit. Erst im Morgengrauen, kurz vor der weißrussischen Grenze, fällt ihnen ihr immer noch schlafender Reisegast wieder ein. O Schreck. Was tun? Kurz entschlossen heben sie den selig weiterschlafenden Radler von der Pritsche und deponieren ihn vorsichtig am Straßenrand. Dann fahren sie weiter. Ende der Geschichte.

Um 18.45 Uhr betreten wir das «Hotel Edi» in Compatsch. Direkt an der Rezeption stehen Vitrinen, in denen Zigaretten, Schnaps und Skipullis im 80er-Jahre-Look auf den Zugriff des Konsumenten warten. Schade, aber mein Rucksack ist bereits voll.

Der Abend steht ganz im Zeichen der Nahrungsaufnahme. Wir bestellen viermal das Menü, stürmen sogleich ans Salatbuffet, laden die Schalen bis obenhin voll und putzen alles weg. Dann serviert die stutzende Kellnerin die Amuse Gueules: carpaccioeske Mini-Melonenscheiben mit hauchfeinem Schinken. Auf riesigen Tellern. Wieder lachen wir uns kaputt, dann geht alles ganz schnell. Ein Happs, und der Gruß aus der Küche ist weg. Meiner sogar mit Schale, nicht, weil ich ein Banause bin, sondern heißhungergeplagt. Dann, zack, zack wieder ans Buffet, nächste Ladung. Ein Pfund Kartoffelsalat. Happs, weg. Im Lokal wird getuschelt. Jetzt eine Fuhre Mais. Happs, weg. Namentlich Sven schafft es, die Salatschalen mit Bergen zu füllen, welche dem Hohen Riffler nicht unähnlich sind. Mit säuerlichem Gesicht erscheint die Kellnerin. «Kann ich die Salatschalen jetzt abräumen?» – «Nein!», erschallt es brüsk und unisono. Brotsuppe. Schnitzel. Nudeln. Nochmal Salat. Eis. Und, als das Menü-Eis gegessen ist, nochmal Eis, diesmal à la carte. Der barbarische Duktus wird fett unterstrichen, indem Markus die Bedienung herzlich duzt. «Was willst du, wir machen hier eine Bergtour! Da wird geduzt, fertig! Und bei Gelegenheit bringst mir bitte nochmal Kiwi-Vanille, eine Kugel Cappuccino und Rivella rot. Apropos: Habt ihr auch Rivella blau? Und, ach ja, ab wann gibt's bei euch eigentlich Frühstück?»

Sven kommt gebürtig aus Achim bei Bremen, und als zugereiste Norddeutsche teilen wir uns ein Zimmer. Markus und Hannes als begeisterte Urallgäuer schlafen am anderen Ende des Ganges. Sonst wohnt niemand auf unserer braunverholzten Etage, und das ist auch gut so, denn die von uns ausgehende Geruchsbelästigung ist höllisch und erfordert weitgehende Isolierung. Selbst auf den Balkon legen wir unsere Socken nur mit Vorbehalt; Gelbkreuzgranaten lässt man ja auch nur ungern offen herumliegen.

Sonntag. Spätes Frühstück um sieben. Vorsichtshalber packe ich mir ein paar Wurstbrötchen in den Rucksack. Und Honig-Hotel-Portionspackungen, für den extremen Notfall. Ich bin ja lernfähig.

Die Wirtin fragt uns, ob wir nicht noch ein bisschen bleiben möchten. Heute sei Schweizer Nationalfeiertag und Edmund Stoiber würde nach Samnaun kommen, um eine Festrede zu halten. «Ach nö, danke.» Und schon sind wir weg. Wobei «schon sind wir weg» irgendwie nach Tempo klingt, und davon kann wahrlich keine Rede sein. Auf den ersten drei Kilometern, die wir ostwärts auf der Spisser Talstraße zurücklegen, wechseln sich müdes Gejogge, schleichendes Gehen und Standpausen ab.

Erstmals haben wir ein Problem mit der Wegfindung. Die Karte gibt sich eindeutig, aber die Realität sieht anders aus. Wir verpassen den Einstieg ins Val Sampuoir und begeben uns auf einen Umweg via Funtana Buna. Mit halbstündiger Verspätung stoßen wir auf den richtigen Weg, der uns über die Fuorcla Salet ins Inntal bringen soll («Fuorcla salet» ist rätoromanisch und dürfte wohl «Salzscharte» heißen).

Doch auch im Val Sampouir lässt uns die Karte im Stich. Um die uralten, verwitterten roten Markierungen zu finden, teilen wir uns auf und durchstreifen in 100-Meter-Abständen das Tal. Klar, es dauert nicht lange, und wir haben den Kontakt untereinander verloren.

Gut, dass wir gestern so viel gefuttert haben und es noch früh am Tag ist. Da fließen die Verzweiflungstränen nicht gar so schnell. «Haaaallloooo!!!!!» ... «aallllo», echot es steinern zurück. Dann Stille. In weiten Schlingerbewegungen streife ich südwärts und komme mir ein bisschen vor wie damals, als ich als Sechsjähriger im Oldenburger Kaufhaus Horten meine Mama verlor. «Der kleine Wigald wartet im Pixi-Fotostudio auf seine Mutter», krächzte kurz darauf die Lautsprecheranlage, und wenig später nahm mich meine aufgeregte Mama in den Arm.

Solch eine Lautsprecheranlage wünsche ich mir in diesem Moment: Auf den Gipfeln stehen Rundum-Boxen, und das System ist alpenweit verkabelt. Aber: jibbet nicht. Erfreulicherweise treffe ich nach zehn Minuten Markus auch ohne Boxennetz wieder. Wir rufen gemeinsam. Nochmal, und nochmal lauter. Nix. Guck mal, da! Ein dicker Findling mit rotem Pfeil! Heißa! Problem gelöst! Jetzt fehlen nur noch die anderen. «Soll ich meine Trillerpfeife rausholen?» Markus schüttelt mit dem Kopf. Diese Norddeutschen, denkt er wahrscheinlich, ts ts. Eine Trillerpfeife wendet man ausschließlich in höchster Not an, im Falle eines akuten Genickbruchs zum Beispiel. Und uns geht's doch Gold. Die Sonne knattert. Erst mal zweites Frühstück, dann sehen wir weiter.

Das Val Sampuoir ist wesentlich weniger erschlossen als die bisher von uns durchlaufenen Quertäler; hier kommt selten jemand durch. Es fällt leicht, sich vorzustellen, wir schrieben das Jahr 5000 v. Chr. Hm. Ob Ötzi wohl auch nach Markierungen gesucht hat? Oder Steinhäufchen? Oder hatte er, so wie wir, eine Kompass-Karte dabei? Das wäre eine Erklärung für sein jähes Ende ...

Hannes taucht plötzlich in 200 m Entfernung auf. Er steht auf einem Hügel und winkt ausladend. Was will er? Aha, wir sollen rechts hochkraxeln.

Die Bergriesen Muttler und Piz Mundin kann man sich folgendermaßen vorstellen: Vor langer Zeit hat ein Hersteller von braunen handtellergroßen Schiefertäfelchen pleite gemacht und seine Restbestände (ein paar Trilliarden Exemplare) hier in Graubünden aufgetürmt. Bei jedem Schritt macht es «palöng-plöng-löng-löng-ng-ng». Zum Gehen oder gar Klettern absolut ungeeignet. Hält man sich irgendwo fest, macht es «plöng», und man hat ein Täfelchen in der Hand. Und ohne Klettern kommt man hier leider nicht vorwärts, denn eine gewaltige Täfelchen-Lawine hat wohl im letzten Winter den Weg unsichtbar gemacht. Da heißt es vorsichtig und mutig balancieren.

Einmal versteige ich mich heftig. Sven kommt zu mir und redet beruhigend auf mich ein: «Probier mal, einen Meter nach links zu klettern, und dann halt dich an dem großen Stein fest, ab da wird's leichter ...»

Seine Stimme ist sanft und leise. Verbales Händchenhalten. «Verflixt und zugenäht», denke ich mir, «wenn er so mit mir spricht, bin ich offenbar in keiner guten Lage.»

Aber es ist wie immer: Irgendwie geht's dann doch, adrenalingedopt hüpfe ich hinterher, sehe Hannes bereits ein mächtiges Schneefeld passieren, die Fuorcla Salet erreichen und den – RHE genießen.

Ein paar Minuten später stehe auch ich oben.

Neben uns hockt der Muttler (3294 m), massig wie ein Sumoringer, mit grimmigem Gesichtsausdruck. Man meint ihn drohend knurren zu hören. «Sollen wir da schnell noch rauf?», fragen wir uns gegenseitig. Nein. Unsere Verschleißgrenze ist langsam erreicht, und wir haben genug damit zu tun, die roten Markierungen für den Weg runter ins Inntal zu finden.

An dieser Suche kann ich mich kaum mehr beteiligen. Meine Konzentrationsfähigkeit lässt nach, und ich beschränke mich auf das Stammeln unverständlicher Satzruinen.

Auf unserem Weg begegnen wir Ameisenhügeln. Hunderte, dicht an dicht. Schwer, nicht aus Versehen draufzutreten. Warum sich die Ameisen hier so wohl fühlen? Keine Ahnung. Ein magischer Hang? Eine ameisenanziehende Wasserader? Eine lokale Unterart, eine die-Nähe-ihresgleichen-suchende Engadin-Ameise? Oder handelt es sich doch nur um eine billige Kollektiv-Halluzination?

Der Pfad wird zum Forstweg. Ein Wandervogel sitzt am Fahrbahnrand und kackt. Wir laufen grußlos vorbei, tun so, als sähen wir ihn nicht, und reden übers Wetter.

Schwitz. Ein Hauch von Süd. Schon am Ortseingang von Tschlin liest man auf der hiesigen, rätoromanischen Variante der «Achtung Kinder»-Schilder: «Attenziun». Prickelnde Sprachexotik im Herzen Europas.

Gott sei Dank: Sven setzt sich mit seinem Wunsch nach einem Mittagessen durch (ich bin bereits zu willenlos, als dass ich mich an dieser Diskussion beteiligen könnte, und wäre auch «trocken» weitergelaufen, nach Rom, zum Mond oder in den Untergang zwei Ecken weiter). Daher hocken wir uns in ein mit Schweizer Nationalfähnchen geschmücktes Lokal, bestellen Nudeln Bolognese und freuen uns über den lustigen Wirt.

Jeder von uns verzehrt neun Kilo Spaghetti. Das ist notwendig, denn langsam wird uns ein kleiner Kartenlesefehler klar: Tschlin liegt keineswegs am Inn, wie von uns leichtfertig angenommen, sondern vom noch frisch brabbelnden Fluss trennen uns gute 500 Höhenmeter. Die joggen wir runter, schleppen uns durch die Talhitze nach San Nicla dal Rom, freuen uns auf der Innbrücke über die Frischluftkühlung und beginnen mit der Umlaufung der Sesvennagruppe; für eine Überquerung fehlt uns nun die Zeit. In Reschen wartet bereits Markus' Freundin Verena mit dem Kleinbus, der uns heimbringen soll.

Nun gut, Umlaufung klingt wie ein milder Spaziergang, aber hierfür geht es nochmal in flotter Nordic-Walking-Manier 20 km steile Waldpfade entlang. Durstig sauge ich an meinem Trinkrucksack; der heiße Tag hat mich dehydriert. Die Flüssigkeitszufuhr endet jedoch mit einem jähen «Pfft»-Geräusch. Die Blase ist leer. Hm. Jetzt nur keine Panik. Sven bietet mir ein Schlückchen aus seinem Schlauch an. Während wir weitertraben, werde ich von ekligen Verdurstungsphantasien überflutet. Ich sehe mich bereits am Wegesrand liegen, nur noch aus Knochen und Kunstfaserkleidung bestehend. Durst ist mir unter allen Entbehrungen die unangenehmste. Hannes bietet mir trocken seinen Wasserrest an. «Mir macht Durst nichts aus, ich bin da hart», erklärt er mir. Seine Großzügigkeit beschämt mich, und ich nehme mir vor, zukünftig Durst ganz planmäßig zu trainieren. Nach einiger Zeit wird meine Wahrnehmung seltsam verzerrt; alle Landschaftsbestandteile werden von mir ausschließlich auf ihre potenzielle Wasserhaltigkeit hin gemustert. Als wir auf einer verwegenen Bretterkonstruktion eine schattige Moorfläche überqueren, erfüllt mich unsagbar schlechte Laune, eine aggressive Stimmung gegen alles und jeden, denn einerseits ist der Durst mittlerweile äußerst unangenehm, andererseits ist die Lethargie inzwischen so groß, dass ich außerstande bin, mir eine Methode zur Trinkbarmachung des schlammigen Moorbodens auszudenken. Außerdem schäme ich mich meines Durstes. Die anderen haben noch kleine Wasserreste – sie haben sich ihre Vorräte offenbar besser eingeteilt als ich. Hilflos wanke ich ihnen also hinterher. Bald erreichen wir den Grünen See. Endlich. Ran ans Ufer.

Als ich meinen Plastiksack gefüllt habe, macht mich Hannes auf einige im giftgrünen Wasser treibende tote Fische aufmerksam, nur einen knappen Meter vom Ufer entfernt. Pech gehabt. Oder Glück.

Erst knapp unterhalb der «Dreiländerecke», dem letzten Hochpunkt unserer Reise (ca. 2000 m Seehöhe), kann ich meine Liquidität wiederherstellen, nachdem Hannes ein winziges Rinnsal auf einer Wiese entdeckt hat. Höchste Zeit. Wie lautet eines der Lieblingszitate meines Vaters? «Drum höre, Knabe, was der Vater spricht: Alles kann der Deutsche tragen, nur den Durst erträgt er nicht.» – Wobei mein Vater diesen Spruch in der Regel im Smalltalk mit Wirtsleuten zur Anwendung brachte.

Als wir um 17.41 Uhr einen kleinen weißen Grenzstein mit der Markierung «I» entdecken, strahlen unsere Gesichter. «I» wie «Italia». JAAA! Wow, sind wir coole Säue. Wir nicken und zwinkern uns zu. Ein Sattelschlepper voller Genugtuung hält neben uns und lädt seine Ladung über uns aus. Ein paar Minuten beschwingter Dauerlauf bergab, und wir erblicken in der Tiefe den Reschensee. Juhu! Da ist er, der legendäre Kirchturm des in den Fluten versunkenen Graun, der alte Römerpass, die Pforte zum Vinschgau, der Weg Richtung Rom, das Schlupfloch nach Afrika. Auf diesen letzten Metern schmieden wir bereits neue Pläne: Das Stichwort lautet «Hannibal». Wir machen eine «to do»-Liste. Wer besorgt die Elefanten? Was dürfen die kosten? Wie alt sollten die sein? Afro oder Inder, welche sind besser? Wann geht's los: nächstes Jahr oder nächste Woche?

Wir hoppeln hinab zum Reschener Skigebiet, erstöbern bereits Kilometer vor dem Ziel geeignete Orte für unser offizielles Zielfoto, rufen die Lieben daheim an und melden Vollzug, saufen die Wasserreste weg und erreichen um 18 Uhr und fünfzig Minuten das Reschenseeufer. Allgemeines Geherze und Geknuddel. Dann treffen wir Verena und ihre Freundin, die uns bereits in einem urigen Seelokal einen hübschen Tisch reserviert haben.

Mit dem Finger auf der Karte führen wir unsere charmanten Abholerinnen wortreich durch das Dach Europas und präsentieren unsere Abenteuer, lassen uns feiern und feiern selber. Herr Ober! Grillplatte! Bier! Schnaps! Hat es je Helden wie uns gegeben? Leute, die uns auch nur gaaanz annähernd das Wasser hätten reichen können? Nein, nein, nein. Sind wir nicht irre tolle Hechte? Ja, ja, ja! Es ist dunkel. Abfahrt, Feierabend, danke schön.

Am nächsten Tag steht ein «clever!»-Vordreh in Ismaning bei München auf dem Programm. Zugegeben: Diese Planung war einigermaßen riskant, aber termintaktisch ohne Alternative. Nicht das winzigste Textpartikelchen will mir fehlerfrei über die Lippen flutschen. Mein Kurzzeitgedächtnis, ansonsten zuverlässig und sturmerprobt, entpuppt sich als defekt. Nix klappt. Zu allem Überfluss reagiere ich auf meine Unzulänglichkeit auch noch cholerisch, zische «Scheiße» nach jedem vergrützten Take, brülle mich und andere an und gebe mich wie ein echtes Arschloch. Das Team ist ratlos. Was hat er denn? Dass die letzten Tage wohl doch ein bisschen ville gewesen sein könnten, mag ich mir und den anderen nicht eingestehen. Nur schnell nach Hause.

Tags darauf klingelt mein Telefon. Johann Mühlegg fragt, ob ich nicht mitkommen wolle, auf die Zugspitze. Logopinski – der «Superkompensationseffekt», der nach ernsthafter Belastung und darauffolgender Erholung für eine Steigerung der Leistungsfähigkeit sorgt, müsste mir momentan eine Tour mit meinem Idol erlauben.

Ob ich das Höllental kenne? Nein. Das sei aber ein ziemlich ausgesetzter Klettersteig; ob ich damit ein Problem habe? Nö. Das man unter «ausgesetzten» Klettersteigen dieses, aber eben auch jenes verstehen kann, ist mir in diesem Moment nicht ausreichend klar ... Letzte Frage: Stöcke oder nicht? Nein, so Mühlegg, die seien bei der Kletterei nur im Wege.

Bis zum Samstag erhole ich mich gründlich, dann setze ich mich nichtsahnend ins Auto und fahre am frühen Morgen nach Grainau. Zugspitze. Kein Problem, wische ich aufkeimende Bedenken beiseite, bin ich doch schon mal raufgelaufen, beim «Zugspitz-Extrem-Berglauf» im Jahr zuvor, durchs Reintal, sozusagen von hinten.

Das Rennen ging damals nicht ganz bis zum Gipfel, sondern nur bis zum «Sonnalpin», der Bergstation der Zahnradbahn, ein langer, jedoch unschwerer Weg, den ich in knapp drei Stunden hinter mich brachte.

Vom Ziel aus war ich mit dem netten Fachjournalisten Udo

Möller aus Hannover noch zum Gipfel raufgekraxelt. Alles ganz easy. «Ausgesetzter Klettersteig?» Pah. Was soll schon sein.

Also. Bei meinem Helden in Grainau. Wieder so ein toller Tag mit Heidelbeerhimmel. Wir füllen unsere Trinkrucksäcke und legen los. Bis zur Pforte gehen wir, dann beginne ich zu traben. Mühlegg stutzt. «Was? Du willst laufen? Ich dachte, wir gehen auf die Zugspitze. Klar, wir können gerne laufen, kein Problem.»

Drei Sekunden später: Johann ist zwanzig Meter entfernt, und ich hetze hinterher. Für mich sehr knapp an der anaeroben Schwelle, an welcher der Körper sich nicht mehr in der Lage sieht, eine der Bewegungsintensität angemessene Sauerstoffversorgung zu gewährleisten, und damit beginnt, Milchsäure im Übermaß zu produzieren. Kennt jeder. Tut weh und macht keinen Spaß. Leider geht es nur mir so, Mühlegg hingegen befindet sich offenkundig im besten Plaudertempo. Er referiert über den Erzabbau am Fuß der Zugspitze, der 1918 eingestellt wurde, über Klettertouren mit seinem Bruder und über das angespannte Verhältnis zwischen Garmischern und Partenkirchenern. Mit hochrotem Kopf sprinte ich ihm nach, laut keuchend. Der Abstand zwischen uns bleibt konstant. So eine gequirlte Kacke! Das ist alles, was mir durch den Kopf geht. Warum nur? Wer hatte die Idee? Wie kann ich ihn zu einer Temporeduzierung bringen? Ich könnte ihn anbetteln, aber das wäre erstens peinlich, und zweitens würde er mich gar nicht hören, weil er so weit voraus läuft ... Es gibt nur eine Möglichkeit: Sofort stehenbleiben, umkehren, nach Hause fahren – mit seinem rabiaten Vorwärtsdrang würde er erst spät bemerken, dass ich mich nicht mehr hinter ihm herquäle. Ja, so könnte man's machen. Grußlos abhauen. Und dann: nie wieder anrufen. Sicher, das wäre ein bisschen arm, aber wenigstens bliebe mir der Tod durch Übersäuerung erspart.

Plötzlich: Mühlegg bleibt stehen. Vor ihm beginnt die Höllentalklamm, eine enge, lichtlose Schlucht. Den Einstieg markiert eine schmale Holzbrücke.

«So. Das war zum Warmlaufen. Hier geht's los ...»

Wie meint er das denn? Will er jetzt etwa ordentlich Tempo machen? «Aber erst mal», grinst er mich an, «wird gepinkelt. Das ist so Tradition.» Nebeneinander strullen wir von der Brücke hinab in den sprudelnden Hammersbach. Herrlich. Nicht das Pinkeln, ich muss gar nicht so sehr. Nein, herrlich finde ich, dass ich wieder Luft kriege.

Diese Strecke ist Mühleggs Zuhause. Es gab Jahre, erzählt er mir, in denen er mehrmals wöchentlich durch die enge Schlucht in Richtung Himmel stürmte. «Und jetzt schauen wir auf die Uhr. Ab hier wird nämlich erst gezählt.»

Wie gezählt?! Soll das ein Rennen werden? Ich kann ihn nicht fragen, er ist bereits davongehüpft. Allerdings in etwas moderaterem Tempo, immerhin ist das Gelände nicht mehr joggingkompatibel. Zu viele Leitern, Treppen, Kletterstücke. Bald darauf beginnt auch der eigentliche Steig, der von halbwegs vernünftigen Menschen natürlich nur mit Karabinersicherung und Schutzhelm gegen Steinschlag begangen wird.

Wir passieren eine Klettergruppe, etwa zwölf Personen, die von einem drahtigen Instrukteur in die Sicherungsmethodik eingewiesen werden. Gerade beendet er seinen Vortrag mit: «... und vor allem möchte ich nie, wirklich niemals einen von euch dabei erwischen, wie er sich ohne eingehängten Karabiner vorwärtsbewegt!», als Mühlegg mit Riesenschritten locker parlierend am Kletterlehrer vorbeistürmt, die Augen rückwärts zu mir gerichtet, das Gelände nur durch die Kraft der Intuition seiner Füße ertastend, eher er zu einem gewaltigen Sprung ansetzt, der ihn über einen feuchten Kamin hinweg vier Meter weiter auf einem winzigen Vorsprung landen lässt. Nun passiere auch ich die Klettergruppe. Der Instrukteur hat seinen Vortrag unterbrochen, sein Mund steht sperrangelweit geöffnet, ebenso die Münder seiner Eleven. Völlige Ruhe.

Verbindlich flöte ich: «Darf ich mal vorbei? Danke!» Auweia, der Kamin. Und jetzt? «Gell, da kannst locker rüberspringen! Ich mach dir Platz», ruft mir Mühlegg zu, mein Herz rutscht hosenwärts, und im selben Moment befinde ich mich auch schon in der Luft, greife nach dem in den Fels getackerten Stahlseil und lande mit den Füßen à point auf dem lächerlich kleinen Sims. Mühlegg ist bereits einige Meter weiter, erzählt irgendetwas über Jogging im nächtlichen Moskau. Was genau, weiß ich nicht mehr, denn erstmals wage ich einen schüchternen Blick zwischen meinen Füßen hindurch in die Tiefe. Schock. Hilfe. Wo bin ich. Nein. Das geht nicht. Mama. Ein Tritt daneben, und ich bin mausetot. Schnell wieder nach oben schauen. Mühlegg ist schon wieder fast zwanzig Meter voraus. Ein unfassbares Naturschauspiel. Mit der selbstverständlichen Sicherheit eines Orang-Utans und der unwiderstehlichen Dynamik einer großkubikrigen Motocrossmaschine turnt er sich den Wettersteinkalk empor. Als hätte er die Bewegungsabläufe, die Griffabfolgen, den Wechsel zwischen Sprung und Klettern bereits tausendmal hier vor Ort geübt – und das hat er ja auch. Ich dackele hinterher. Über das Tempo denke ich gar nicht mehr nach. Das ist zwar höllisch hoch, strengt mich aber nicht mehr so an wie der Tempodauerlauf zum Einstieg am Hammersbach. Der Anstrengungsschweiß ist sozusagen von Angstschweiß weggespült: Nur hier nicht sterben müssen. Keinen Fehler machen. Heute ist absolute Perfektion gefragt.

Mein Glück: Immer wieder versperren Kletterer die Route, Touristen mit Helm und Gurt, die sich zu Mühlegg verhalten wie Eselskarren zu einem Ferrari. Lustig: Jedem Einzelnen rückt er nicht nur mit einer derartigen Geschwindigkeit in den Nacken, dass dieser sich bedrängt, ja gedemütigt fühlen mag, nein, für jeden hat er auch ein paar flockige Bonmots parat. Fast wie auf der Autobahn; der Drängler fährt sozusagen nicht nur mit 240 Sachen bis auf Kirschkernspuckweite heran, sondern erschreckt die lahme Ente auch noch mit einer melodiösen Mehrtonhupe. Zu einer sportlichen Seniorin, die offenbar gerade mit äußerster

Anstrengung eine besonders ausgesetzte Passage meistert, ruft er gar: «Gell?! Lassen Sie sich nicht stören, ich klettere einfach über Sie drüber, das geht einfacher, als wenn Sie Platz machen.» Mit drei, vier beherzten Klimmzügen übersteigt er das perplexe Muttchen und stürmt scherzend weiter. Die Frau zieht den Kopf ein und verharrt noch lange in gebückter Haltung, mit jenem klassischen Gesichtsausdruck, der zu fragen scheint, wo sich wohl die versteckte Kamera befinde ...

Als ich die Dame erreiche, verharrt sie noch immer in äußerster Verdutzung in ihrer Position.

«Ähem», begrüße ich sie kleinlaut, «könnten Sie für mich doch ein kleines bisschen zur Seite rücken? Ich muss dringend hinter dem Herrn dort vorne hinterher.»

Nur wenige Menschen habe ich in meinem Leben kennengelernt, die in mir ob ihres Talents eine nahezu religiöse Bewunderung hervorrufen konnten, und das Wort «religiös» ist hier nicht einmal nur so dahingesagt.

Mirko Nontschew etwa: Es gab Proben bei «RTL Samstag Nacht», in denen Mirko so agierte, als wäre er eine Marionette, geführt vom lieben Gott höchstpersönlich. Mit übermenschlicher Präzision jagten sich in solchen Momenten originelle Einfälle, und atemlose, espritdurchtränkte Improvisation paarte sich mit makellosem Timing. Unbegreiflich. Sollte er seine perfekte Performance abends wiederholen, war er meistens völlig überfordert – was den Eindruck der «göttlichen» Fremdeinwirkung nur weiter unterstrich. Diesen Effekt des «Übermenschlichen» kenne ich auch von Helge Schneider, Prince sowie von einigen Jazzmusikern – gemeinhin spricht man in solchen Fällen wohl von Genialität. Johann Mühlegg auf dem Weg zum Zugspitzgipfel, August 2004: Das ist genau dieser Effekt. Ein grandioses Naturschauspiel, wie die Niagarafälle oder wie ein Erdbeben, oder wie ein Kunstwerk, hm, oder doch eher wie eine Marionette? – Ach Gott, seufz, ich will nicht langweilen. Jedenfalls: Schön ist es, auf der Welt zu sein.

Wir passieren die Riffelköpfe. Vor uns: der Höllentalferner, ein kleiner Gletscher. Prost Mahlzeit. Einige hundert Meter Eis und Schnee, im oberen Teil ziemlich steil die Schose. Zaghaft eröffne ich ihm, dass ich in Turnschuhen ja nur sehr ungerne über solchen Boden laufe. «Klar, wer macht das schon gerne?», lächelt er und stapft dampfmaschinig bergan. Ich hinterher, immer schön in seinen Spuren.

«Wenn's ganz steil wird, kann man die Schuhe übrigens auch ausziehen!», ruft er mir zu.

Häh? «In Socken ist die Haftreibung größer!» Kurze Pause. Dann: «Stört es dich eigentlich, wenn ich so viel rede? Tut mir leid, aber wenn ich die Klappe halte, bin ich nicht mehr abgelenkt und kriege Angst!»

Aha, so geht das also. Immer locker plaudern, dann ist man abgelenkt. Hihi. Auf halber Höhe des Schneefeldes haben wir eine tolle Idee: Man müsste mal in Stöckelschuhen auf die Zugspitze kraxeln. Klingt debil, hat aber Hand und Fuß: Beim Klettern stört der Stöckel nicht weiter, aber mit der Schuhspitze kommt man gut auch in kleinste Felsspalten. Auf dem Gletscher zieht man die Schuhe aus, nutzt die Haftreibung der Socken und verwendet die Stöckel wie Eisbeile. Eine feine Idee, keine Frage.

Am Ende des Höllentalferners gilt es, nochmal knieschlottrig eine breite Randkluft zu überwinden, dann sind es nur noch wenige Minuten, ehe wir oben stehen. Geschafft. Mühlegg schaut auf die Uhr: «Unter drei Stunden, nicht schlecht!»

Das Zugspitzplatt ist voll wie immer in der Ferienzeit. Die Bahn macht's möglich; Getümmel wie auf'm Hauptbahnhof. Souvenirshops, Geldautomat, «Deutschlands höchstes Postamt». Dutzende Sprachen schwirren durcheinander. Jeder kriegt von Johann Mühlegg ein Gespräch ins Kreuz geschraubt. Erst jetzt fällt mir sein beachtliches Sprachtalent auf. Ob Japanisch, Spanisch, Russisch – mühelos switcht er von einem ins andere, sodass ich ganz neidisch werde.

«Och, ich habe halt in allen Ländern, in denen ich langlaufen war, a bisserl was aufgeschnappt!»

Eine Frau aus Israel möchte wissen, wie sie von hier zu Fuß zum Jubiläumsweg kommt, einer nicht unheiklen Kletterroute, die die Alpspitze mit der Zugspitze verbindet. Sie trägt ein Fischgrätkostüm, raucht eine «Kim»-Zigarette durch eine extralange Zigarettenspitze und trägt an den Füßen rote Pumps. Freundlich, aber bestimmt raten wir ihr ab.

Hemdenwechsel, Bierbank. Der Wirt lacht. «Na? Hast du endlich einen Dummen gefunden, den du raufhetzen kannst?»

Ich bestelle eine Apfelschorle und ein Süppchen, Mühlegg eine Bratwurst, eine Cola und einen Schnaps – «Ich hab's nicht so mit dem gesunden Essen.»

Talwärts geht's unter der Seilbahntrasse der Tiroler Zugspitzbahn entlang, vorbei an der Wiener-Neustädter Hütte. Mehrfach klingelt Mühleggs Handy. Dann bleibt er stehen und telefoniert, spanisch, portugiesisch, rätoromanisch. Jedes Mal denke ich: Dies ist eine gute Gelegenheit, um auch einmal die Führung zu übernehmen, und laufe flott voraus. Immer ist es das Gleiche: Nach einigen Minuten trennen uns ein paar Dutzend Meter, in der Ferne höre ich noch «Ci vediamo la prossima settimana. Sto faccendo arrabbiare un comico. Ciao! (Dann bis nächste Woche, ich mache gerade einen Komiker fertig, Tschüs!)», und nur wenige Augenblicke später steht mein Lieblingssportheld wieder neben mir, ganz Hase-und-Igel.

An einem breiten Schotterband sagt Mühlegg: «Jetzt machen wir Musik!», und springt in das grobe Gestein. «Musikmachen», soso. Wieder ein neuer Fachbegriff. Ich hüpfe unreflektiert hinterher. Prost Mahlzeit. Der Schotter kommt ins Rutschen, und wir surfen mit ausgebreiteten Armen talwärts. Nur nicht das Gleichgewicht verlieren. Ein Himmelbett fühlt sich anders an. Ein paar hundert Meter weiter unten beruhigt sich die Schotterlawine wieder, und meine Schuhe sind Schrott.

Mit ziemlich verspannten Oberschenkelmuskeln erreichen wir nach knapp fünf Stunden wieder die Pension «Zum Jeremia» in Grainau. Beziehungsweise: Meine Oberschenkelmuskeln sind verspannt, seine wohl weniger.

«Mama, haben wir noch den Kuchen von gestern da?» Mutter Mühlegg bringt uns große, saftige Torten, die wir voller Inbrunst verzehren.

Es ist früher Nachmittag, als ich mich ins Auto setze und vom Grundstück rolle.

Zwei Straßen weiter fahre ich jedoch erst mal rechts ran und sinke mit dem Kopf aufs Lenkrad: Dies war fürwahr die schnellste, härteste und gefährlichste Prüfung, der ich mich jemals unterzogen habe. Prüfung bestanden.

Ein guter Zeitpunkt, um mit dem Laufen aufzuhören.

Saturday Night Fever

Aufhören? Wie? Jetzt, wo's doch gerade so schön ist? Doch, doch, jedenfalls mit der exzessiven Lauferei. Nach Österreich-Durchquerung und Mühlegg-Besuch ist die Luft raus; auch bei ausgiebigem Studium der Laufveranstaltungs-Kalender finde ich nichts, was mich motivieren könnte. So lasse ich die Saison langsam ausklingen, mit Zigaretten, Bier, Schnaps, Schweinebraten und wilden Tanzabenden. Diese Art Nachtsport macht ja ebenfalls enorm Spaß, vor allem, wenn man mal längere Zeit darauf verzichtet hat.

Als es zu herbsteln beginnt, treffe ich mich mit Hannes in seinem Laden. Hannes hat mittlerweile ein professionelles Mountainbike-Team gegründet, zu dem internationale Spitzenfahrer wie der sechsfache österreichische Cyclecross-Meister Peter Presslauer und das MTB-Marathon-Ass Andy Weiss gehören. Der Name des Teams lautet ... Achtung, Fanfaren, Laserstrahl an, Vorhang auf, volle Pulle einnebeln, also, der Name des Teams lautet: «Team Wigald Boning». Dolle Sache, was? Nach anderen Leuten wird eine Straße benannt oder eine neu entdeckte Papageienart, ich bin stolzer Namensgeber eines Radteams. Warum? Hannes und Peter Presslauer haben mich bei einer Gulaschsuppe gefragt, ob ich was dagegen hätte, Namensgeber zu werden, und ich habe «Ganz und gar nicht!» geschmettert. Dahinter steckt natürlich die berechtigte Hoffnung, dass sich ein Team mit einem solch schönen Namen bei der Sponsorensuche leichter tut als etwa eine Mannschaft namens «Team Karl-Heinz Schreiber». Jetzt nur mal als blödes Beispiel. Von etwaigen Erträgen kriege ich übrigens keinen müden Cent ab (könnte einem Karl-Heinz Schreiber kaum passieren).

Auf meine diesbezügliche Ertragslosigkeit möchte ich an dieser Stelle einmal in aller Form hinweisen, schon für den Fall, dass dieses Buch auch von den für mich zuständigen Steuerbeamten gelesen wird. Nicht einen Cent kriege ich. Im Gegenteil: Als Namensgeber bin ich ja sozusagen selber Sponsor und müsste meine Namensgabe folglich als Werbekosten von der Steuer absetzen können. Solch eine Namensgabe ist zweifelsohne eine sogenannte geldwerte Leistung. Aber lassen wir das. Wer sich für derlei Steuerfachfragen interessiert, kauft sich wahrscheinlich eher «1000 Steuertricks» als dieses Buch. Was soll's.

Zurück in Hannes' Radladen, in dem sich auch Spitzenpedaleur Peter Presslauer gerade einen Kaffee einflößt. Gemeinsam grübeln wir, welche Tour bzw. Tortur ein geeigneter Höhepunkt für die kommende Saison sein könnte. Hannes senkt seine Stimme. Ob ich nicht Lust hätte, mal an einem Mountainbike-Rennen teilzunehmen? «Nein danke!», wiegele ich brüsk ab, «nichts stelle ich mir schlimmer vor, als einen Platten mitten im Rennen; Ausdauer mag ich ja inzwischen besitzen, aber Lust, mit meinen zwei linken Händen unter Zeitdruck am Bike (so sagt man ja in Bergradlerkreisen) rumzubasteln, während von hinten hastige Sportsfreunde «Aus dem Weg!» brüllen: Das kann mir wahrlich gestohlen bleiben. Außerdem bin ich, was Mountainbike-Fahrtechnik angeht, eine absolute Null. Niemand steigt früher vom Rad als ich, niemand umklammert panischer seine Bremsen, wenn es mal steil bergab geht. Igitt. MTB um Ruhm und Ehre? Nicht mit mir!»

Hannes und Peter grinsen. «In München gibt es im Juni ein sehr schönes 24-Stunden-Rennen. Schon mal was von gehört? Im Olympiapark. Eine 5-km-Runde; man fährt immer im Kreis, einen lieben langen Tag lang. Wir nehmen ein Wohnmobil mit und haben eine Betreuungsmannschaft dabei. Wenn du da eine Panne haben solltest, was übrigens so gut wie nie vorkommt, schiebst du einfach die Runde zu Ende, gibst dein Bike dem Mechaniker, und der kümmert sich um alles, während du gemütlich einen Nudelteller ist. Und wenn du gar keine Lust mehr hast, hörst du einfach auf. Außerdem ist der Rundkurs pupp-o-meter. Stürzen praktisch unmöglich. Und? Klingt das nicht gut?»

Meine Augen leuchten. Nicht selber schrauben. Aufhören, wann man will. Nudelteller. Stürzen unmöglich. In einem Moment völligen intellektuellen Versagens blöke ich: «Au ja, ich bin dabei. Ihr auch?»

Hannes und Peter nicken. 2005 kann kommen.

Ein Ziel, ein gutes Ziel, das ist das Schönste, was es gibt auf der Welt. Trallalala. Vor allem, wenn es so angenehm weit weg ist und man ganz in Ruhe planen kann, wie man sich diesem Ziel annähert. Also. Zunächst studiere ich gründlich meinen Kalender und trage Trainingsetappen mit abschließenden Teilzielen ein. Als Erstes ist Erholung angesagt, also noch eine Weile Kneipendunst und Discodancing.

Dann «unspezifisches Grundlagentraining». Darunter versteht der Trainingswissenschaftler, dass die Sportskanone möglichst regelmäßig und vielseitig seine Grundlagenausdauer trainiert, bei moderater Intensität. «Trainingsmittel» (noch so ein formidabler Fachbegriff) sind Inlineskates mit Stöcken, also jene Bewegungsform, der irgendwelche Werbeschwachmaten den fast schon programmatischen Namen «Nordic Blading» gegeben haben, ferner Laufschuhe, Rad, Tretboot, Boxbirne. Dann fällt Schnee, und der Wintersport rückt in den Vordergrund. Am Ende dieser Trainingsetappe möchte ich den «König-Ludwig-Skimarathon» über 50 km absolvieren. Der findet am letzten Februarwochenende statt. Anfang März werde ich nach Köln müssen, drei Wochen «clever!» drehen. Dort wird nur Laufen möglich sein. Wieder zu Hause gilt es dann, auf dem Rennrad möglichst viele Kilometer zu sammeln und parallel dazu auf dem Mountainbike an der Fahrtechnik zu feilen. Und, ganz wichtig: Schließlich werde ich das «Durchmachen» üben müssen. Also noch mehr Nachtfahrten, noch mehr Schlaflosigkeit. Ende dieser Trainingsetappe: Einmal von Sonnenunter- bis Sonnenaufgang im Fahrradsattel sitzen, möglichst nonstop.

Letzte Etappe: Im kommenden Juni ein oder zwei Mountainbike-Rennen fahren, um atmosphärische Eindrücke zu sammeln und den Umgang mit dem Rad im Wettkampfgetümmel einzuüben, ganz ohne Ehrgeiz und mit dem festen Vorsatz, sich im Pannenfalle nervlich unbeeindruckt zu zeigen. Hilft ja nix, und «Von null auf vierundzwanzig» ist ja denn doch etwas seeehr burschikos. Mein Vorteil: In Hannes und Peter habe ich erstklassige Lehrmeister. Diesen Vorteil gilt es zu nutzen. So weit der Plan.

Mit dem ersten Schnee kommt ein Geschenk: Hannes überreicht mir stolz eine Skitourenausrüstung (für Flachländer: Bei einer Skitour geht man mit Spezialskiern bergauf, die unterseitig mit so 'ner Art Anti-Rutsch-Fell beklebt sind. Ist man oben, zieht man sich trockene Sachen an, reißt die Felle von den Pommes und rauscht runter). Amüsant: Die Skier kommen vom Flohmarkt, stammen aus den späten Siebzigern und sind tolldreist designed. Nicht so amüsant: Mit den untaillierten Brettern komme ich bergab überhaupt nicht zurecht. Bei einem ersten Test am Breitenberg stürze ich nach knappen fünf Metern und ziehe mir eine schmerzhafte Dehnung im rechten Knie zu.

Nach drei Tagen Krückstock kann ich zwar wieder laufen, aber in all meinen Arbeitsverträgen steht, dass im Falle einer Sportverletzung durch sogenannte Risikosportarten wie z. B. Skifahren keine Versicherung den durch meinen Ausfall entstehenden Schaden übernimmt. Sprich: Im schlimmsten Fall würden Produktionsfirmen mit Regressforderungen an mich herantreten, und so kann man blitzschnell mal zur ganz armen Kirchenmaus werden. Vor diesem Hintergrund hat mir mein – immerhin glimpflicher – Skiunfall einen gehörigen Schrecken eingejagt.

Andererseits: Für Hannes sind Skitouren die Krönung sämtlicher Freizeitaktivitäten, und er besteht darauf, dass er mich in deren Schön- und Feinheiten einführen darf. Was also tun?

Wir finden einen sehr lustigen Kompromiss: Gemeinsam steigen wir auf die Berge (null Sturzgefahr), nutzen hierbei Skipisten (null Lawinengefahr) und trennen uns an der Bergstation der Seilbahn. Hannes schießt dann bergab, und ich lasse mich von der Seilbahn abwärts tragen. Das Drolligste an dieser Variante sind die Gesichter der Skifahrer, wenn ich ihnen erstens entgegenkomme und dann zweitens über ihre Köpfe hinweg nach unten gondele. «Upside down» sozusagen. Schöner Nebeneffekt: An der Seilbahn muss ich nicht Schlange stehen (die ist ja talwärts leer, während man sich unten eine halbe Stunde die Beine in den Bauch steht, bis man endlich nach oben befördert wird). Nach wenigen Ausflügen gelte ich in der Gegend als besonders innovationsfreudiger Trendsetter, und ein Gondelführer raunt mir verstohlen zu: «Na, ob sich diese Idee durchsetzt? Ich weiß nicht …»

Im Frühwinter besuche ich eine Versammlung des örtlichen Turn- und Sportvereins und werde prompt und einstimmig zum «Obmann Ski Nordisch» gewählt. Von dieser natürlich im Vorhinein raffiniert eingefädelten Volte völlig überfallen, nehme ich die Wahl an. Meine Aufgabe: Ich soll die Loipen in Schuss halten. Mein Arbeitsgerät: ein Motorschlitten Marke «Ski-Doo», von der Wiener Firma Bombardier 1980 gebaut.

Die «Ski Nordisch»-Abteilung des TSV ist nicht eben groß; ganze vier Personen gehören dazu. Karl, Hans, Clemens und ich. Clemens hat 20 Jahre Loipendienst im Auftrag der Gemeinde hinter sich und endgültig die Schnauze voll. Vor allem unser Loipenspurgerät hat seine Tücken. Binnen kurzer Zeit lerne ich mindestens 17 Gründe kennen, warum die Kiste nicht anspringt. Choke kaputt, Choke zu lange gezogen, Benzinpumpe defekt, Vergaser im Eimer, Benzin alle, falsche Mischung im Tank und so weiter und so fort.

Stunde um Stunde stehe ich frierend mit Schraubenschlüsseln hantierend in der Garage, schimpfe wie der berühmte Rohrspatz und fange mir immer grauer werdende Haare ein. Außerdem, so lerne ich, gibt es mindestens siebzehn weitere Gründe, aufgrund deren es nicht ratsam ist, überhaupt eine Loipe anzulegen: zu wenig Schnee (ruiniert die Wiesen). Zu viel Schnee (der Schlitten bleibt stecken). Zu nasser Schnee (Schlitten lässt sich nicht lenken). Zu trockener Schnee (Pulverschnee wird angesaugt und die Maschine säuft ab). Oder: Tauwetter folgt in Kürze. Oder: Direkt nach dem Anlegen der Loipe fängt es heftig an zu schneien, und alles ist hin. Oder: Reiter missdeutet die plattgewalzte «Skatingloipe» und meint, es handele sich um einen Winter-Reitweg. Oder: Hundekackalarm (schlecht für Skier und Kettenglieder der Schlittenraupe) oder, oder, oder.

Und manchmal (sehr selten) ist alles super, 1a-Schnee, tolle Spur, und was passiert? Gar nichts. Keiner kommt, und ich muss zur Arbeit. Scheißehrenamt. Der Lohn? Man wird beschimpft, weil die Loipe a) gar nicht gemacht ist oder b) zu weich oder c) zu hart oder d) zu schwer oder e) zu langweilig oder f), g), h), i) … Schließlich: Mehr als einmal lande ich bei meiner Loipenspurerei im Graben und muss mich von Clemens per Traktor herausziehen lassen.

Alles in allem: Der Obmannsposten ist nicht wirklich einer der Glanzpunkte meines bürgerlichen Engagements. Als ich eines Tages dem Ski-Urgestein Hans mein Leid klage, witzelt der: «Freu dich! Als Loipenmacher bist du immer der Arsch. So wirst du nie in den Gemeinderat gewählt!» (Denn, für Außenstehende: Die Mitarbeit im Gemeinderat frisst noch mehr Zeit und schafft noch mehr Feinde.)

Immerhin hat mein Ehrenamt einen Vorteil: Die Loipe verläuft direkt an meinem Haus vorbei, was ziemlich gute Trainingsmöglichkeiten garantiert.

Und so nehme ich gut präpariert im Januar 2005 an einer großartigen Fernsehveranstaltung teil, dem «Starbiathlon» in der ARD. Unter anderem am Start: Costa Cordalis, Sabrina Setlur, Henry Maske und Heike Drechsler. Heike Drechsler – Sie erinnern sich? Gold in Sydney, und ich saß vorm Fernsehapparat. Der Beginn meiner Ausdauerobsession. Da alle «Promisportler» in einem gemeinsamen Hotel in der Nähe von Ruhpolding wohnen, gibt es ausreichend Gelegenheit zu Gesprächen über dit & dat; welche besondere Bedeutung Heike Drechsler jedoch in meinem Leben spielt, mag ich ihr nicht verraten. Blöde Schüchternheit. Ob ich die wohl nochmal loswerde, bevor ich den Löffel abgebe?

Promi-Sport im TV. Eine merkwürdige Entwicklung der ersten Dekade des zweiten Jahrtausends. Stefan Raab hat damit angefangen, Wok, Turmspringen und so weiter. Bei Stefans Spektakeln habe ich nie mitgemacht; ich springe nur ungerne vom Dreier, und Wokken geht mir zu schnell. Da kriege ich schon vom bloßen Drandenken Dünnpfiff. Biathlon jedoch: Her damit! In der Lüneburger Heide wohnt mein Freund Jeopard. In einer idyllischen Ortschaft mit dem klangvollen Namen «Sprötze» besitzt er ein Tonstudio und war u.a. Coproduzent der «Doofen». Schon lange vor dem eigenen Biathlon-Boom lief in Jeos Studio ein Fernseher, wenn Weltcuprennen übertragen wurden. Er wies mich als Erster auf die enorme TV-Tauglichkeit dieser Sportart hin, auch und vor allem wegen der sympathischen Athleten. Sobald das Rennen vorbei war und Uschi Disl zum Interview antrat, bestand Jeopard auf einer Arbeitspause. «Die lacht immer so nett – das will ich mir anschauen!»

2001 habe ich Uschi Disl dann selber kennengelernt; für die «WIB-Schaukel» drehten wir bei ihr zu Hause im Tuxer Tal, fuhren auf eine Berghütte und spielten Billard in einer Après-Ski-Pinte. Ich konnte und kann Jeos Eindruck nur bestätigen: So scharf ihre Waffe, so sanft ist ihr Wesen, offen und liebenswert, herzlich und gut (Hilfe, was für ein billiger Blindtext. Aber immerhin sachlich korrekt).

Und nun: «Star-Biathlon» in der ARD. Hochinteressant, wie sich meine Fernsehkollegen auf diese Prüfung einstimmen. Faszinierend z. B. ist die unbedingte Professionalität, mit der Henry Maske sich dem Ziel widmet, hier so erfolgreich wie nur möglich abzuschneiden. Gemeinsam mit Frank-Peter Roetsch, der in den 80ern x-mal Gold für die DDR holte, wird die Situation akribisch analysiert. Ausgangslage: Henry kann leidlich schießen, aber nicht Ski laufen. Dafür verfügt er über starke Schultern und Arme. Diese gilt es zu nutzen. Roetsch entscheidet: Konzentration auf den sogenannten Doppelstockschub, bei dem der Körper mit beiden Armen gleichzeitig nach vorne gedrückt wird. Um den Wirkungsgrad zu erhöhen, empfehlen sich hierbei möglichst lange Stöcke. Roetsch hantiert mit ein paar biomechanischen Formeln und bringt von zu Hause ein Paar extralange Skistöcke mit. Mit diesen soll sich Maske über den kurzen Kurs schieben, und zwar auch an den Bergauf-Strecken (was kein echter Langläufer je erwägen würde, aber in diesem Spezialfall am meisten Erfolg verspricht). Chapeau. So machte man das damals in der DDR. Und gelernt ist gelernt. Nix mit «Schaun mer mal», sondern glasklare, erfolgsorientierte Analyse.

Nach drei Tagen ist es so weit. Samstagabend, die große Show. Jörg Pilawa moderiert, Gerd Rubenbauer kommentiert.

Die erste Minute des Damenrennens gehört zu den größten Highlights der Fernsehgeschichte, denen ich persönlich beiwohnen durfte. Ich stehe am Start, neben mir Henry Maske, drei Meter weiter Uschi Disl, die als fachkundige Interviewpartnerin zugegen ist. Ich blicke auf einen Monitor im Zielraum. Startschuss. Bumm. (Fast) alle fallen um; Dominoeffekt. Schauspielerin Claudine Wilde rappelt sich auf und tapst mit einem Gesicht, in dem sich Anmut, Scham und Ehrgeiz paaren, auf und davon. Genauso macht's Griseldis Gwenner, Moderatorin vom MDR, die ansonsten bezaubernde Miene zum verbissenen Kämpferantlitz entstellt.

Ich blicke nach rechts. Henry Maske schreit laut lachend «Super!» und reißt die Arme hoch. Ich gröle «Juhu!», blicke auf den Monitor, auf dem ich live via Satellit im Close-up zu sehen bin. Mist. Sieht so aus, als würde ich mich über das Hinfallen der Frauen freuen. Na ja, stimmt ja auch. Erwachsene Anfänger mit Skiern an den Füßen – das ist quasi automatisch Slapstick pur.

Mein Blick wandert weiter Richtung Uschi Disl, die sich mit einem Lachkrampf in den Schnee sinken lässt. Blick wieder zum Monitor. Griseldis Gwenner vorne. Schnitt. Heike Drechsler steht auf der Loipe, mit übereinandergekreuzten Skiern. Weiß weder vor noch zurück. Eine saubere Valentinade, so als hätte man's wochenlang durchgeprobt. Ich blicke hinüber zum Ruhpoldinger Publikum, das wie entfesselt diese sonderbar staksigen Skijäger anfeuert bzw., genauer gesagt, auslacht.

Übrigens: Das Biathlon-Publikum ist für eine derartige Veranstaltung optimal. Knollennasige Schnauzbartträger mit ganz vielen Buttons und Aufnähern, die in friedlicher Eintracht gemeinsam gegen die Kälte ankämpfen, indem sie abwechselnd doppelt gesüßten Glühwein konsumieren und den «Holzmichel» anstimmen: «Jaaaaaaa, er lebt noch ...»

Ich richte meinen Blick wieder gen Monitor. Sabrina Setlur erreicht soeben als Letzte die «Brücke» – einen kurzen Anstieg mit zwei Metern Höhenunterschied. Sie kommt nicht hoch. Zwei Helfer sprinten heran, schieben die an-und-für-sich doch sonst eher elegant wirkende Hiphopperin bis zum höchsten Punkt, wo man sie dann schadenfroh ihrem Schicksal überlässt. Mit der Motorik einer Marmorplatte nimmt sie die kurze Abfahrt in Angriff und rauscht mit immer stärkerer Rücklage aus dem Bild. Lustig, lustig, tralala. Fernsehen kann so schön sein. Und ich war dabei. Mein Abschneiden ist ohne Belang; ich schieße, wie es von einem Ex-Zivi zu erwarten ist, und lande irgendwo im Mittelfeld. Mein Ziel war: Nur nicht hinfallen – das hätte mein Ansehen als «Obmann Ski Nordisch» aufs unerfreulichste beschädigt. Nach der

Sendung treffen sich alle Beteiligten im Hotel und schauen sich gemeinsam vergnügt die Aufzeichnung an. Alle! Wann hat man das schon mal? Eher selten. Henry Maske, der es tatsächlich geschafft hat, vor mir im Ziel anzukommen, tänzelt noch bis in die frühen Morgenstunden um mich herum und frohlockt: «Besiegt, besiegt, ich habe dich besiegt!» Ist ja gut.

Anfang Februar steht der erste große Formtest für das 24-Stunden-Rennen an. 50 km Skating beim «König-Ludwig-Marathon» in Oberammergau. «Gau» ist dabei eine gute Stichsilbe; der Tag ist ein einziges Fiasko. Ich trete mit Nasennebenhöhlenentzündung an. Ist ja schon mal sowieso Kappes, wegen der hiermit verbundenen Gefahr, sich eine Herzmuskelentzündung einzufangen und den Löffel abzugeben. Meine Nase, so viel möchte ich gerne schon mal vorweg nehmen, ist jedoch weniger das Problem.

Bereits nach zwei Kilometern, irgendwo am Ettaler Sattel, wo sich eine vielhundertköpfige Sportlermasse samt Skiern durch ein enges, ansteigendes Nadelöhr schleppt/stochert/stolpert, tritt mir irgendjemand mit seinen Pommes auf den Teller meines rechten Skistocks. Dieser bricht ab, und fortan schleppe ich ein ziemlich nutzloses Kohlefaserrohr mit mir herum. Der hohle Stängel taugt nur noch dazu, schmale Schneezylinder aus der Loipe auszustanzen. Vortriebswirkung dieser Stanzbewegungen: null Komma null. Nun ja. Für den Profi kein Problem. Er signalisiert das Malheur seinem Betreuer, und flugs kümmert dieser sich um Ersatz. Sekunden später nimmt der Champion wieder Fahrt auf. Was jedoch ist zu tun, wenn keine Betreuungsmannschaft am Start ist und der Veranstalter erst nach 30 km einen «Stockservice» anbietet, an dem gegen Quittung (viel zu lange) Leihstöcke ausgegeben werden? Durchhalten. Zähne zusammenbeißen. Und an irgendetwas Schönes denken (wie z. B. brandneue Skistöcke).

Als ich am Schloss Linderhof den Skiservice erreiche, ist mein

Rücken aufgrund der konstant asymmetrischen Schubbewegung in einem absonderlichen Zustand. Auf der überbeanspruchten linken Seite fühlt er sich an, als ob ein großkalibriger Flammenwerfer mit grober Reepschnur unter der Lederhaut eingenäht worden wäre. Rechts hingegen scheint der Bereich zwischen Schulterblatt und Niere in das Maul eines hungrigen, harthölzernen Nussknackers gekommen zu sein, der mit jeder Schubbewegung herzhaft zubeißt. Knack.

Bei Kilometer 30 habe ich dann endlich einen Ersatzstock und freue mich, dass der zweite Teil des Rennens gemeinhin für den leichteren gehalten wird. Kann ich beim besten Willen nicht beurteilen. Ich hefte meinen Blick an den Hintern einer jungen Ukrainerin und versuche, den Abstand nicht größer werden zu lassen. Langsam vergesse ich die Rückenschmerzen und versinke ganz im Hintern meiner Vorderfrau. Sorry. Ich glaube, jetzt habe ich mich etwas missverständlich ausgedrückt. Richtiger formuliert: Ich versuche, alle negativen Gedanken auszuschalten und mich stattdessen ganz meditativ auf die ukrainischen Wackelbacken zu konzentrieren, deren Besitzerin übrigens auch Probleme zu haben scheint. Mit matter Stimme schimpft sie die ganze Zeit vor sich hin. Was ihr wohl zu schaffen macht? Vielleicht spürt sie die bohrenden Blicke auf ihrem Hinterteil …

Nach knapp vier Stunden rutsche ich über die Ziellinie. Mit der Marmorplattenmotorik einer Sabrina Setlur. Erst mal aufs Klo. Für die 50 Meter zum Athleten-Abort brauche ich zehn Minuten, ehe ich, gebückt wie eine Brockenhexe, den Nassraum betrete. Im Spiegel überm Waschbecken sehe ich den Tod auf Socken. Grüß Gott!

Johann Mühlegg ist ganz vorne mit dabei. In der Halle drückt er mir einen Papp-Kaffee in die Hand und strahlt mich an: «Und? War doch super, oder?» Ich nicke stumm, versuche ein verlogenes Grinsen, nippe am Kaffee und schleiche von dannen.

Am nächsten Tag fahre ich nach Köln zur «clever!»-Staffel. Morgens laufe ich die knappen zehn Kilometer von meinem Hotel am Hauptbahnhof zum Studio nach Ossendorf, abends zurück. Interessante Beobachtung: Während ich morgens fast eine Stunde unterwegs bin, brauche ich nach der Aufzeichnung nur 45 Minuten, bei subjektiv gleicher Belastung. Ich erkläre mir diesen Unterschied mit der Wirkung des Adrenalins, das, im Lampenfieber hochdosiert ausgeschüttet, für eine erhöhte Leistungsbereitschaft des Körpers sorgt.

An den spärlichen freien Tagen besteige ich nach dem Frühstück den nächstbesten Eilzug und laufe in der Kölner Umgebung umher. Eine besonders schöne Tour führt mich vom Bahnhof Wuppertal-Vohwinkel am Ufer der Wupper entlang nach Langenfeld. Fünf Stunden strömender Regen, immer am Hochufer meines Lieblingsflusses entlang. Mein Lieblingsfluss ist die Wupper zum einen aufgrund ihrer herrlich amazonischen Anmutung – wobei ich gerne zugebe, mich noch nie auch nur in der Nähe des Amazonas aufgehalten zu haben – und zum anderen, weil ich die monumentale Müngstener Eisenbahnbrücke, welche die Städte Solingen und Remscheid miteinander verbindet, für eines der schönsten Bauwerke in Deutschland halte, zusammen mit dem Münchener Olympiastadion und ... der Sagrada Familia in Barcelona ... o.k., ich weiß selber, dass Barcelona nicht in Deutschland liegt ... aber mir fällt gerade nichts Passendes ein. Denkblockade, klassischer Fall.

Im Rückenfach meiner Regenjacke habe ich unverpackte Öko-Riegel dabei, die sich zu einer zementartigen Masse umwandeln und mit den Gore-Tex-Molekülen der Joppe eine völlig neuartige chemische Verbindung eingehen. Hopsala, ein Fall für das Nobelpreiskomitee? Nein. Leider handelt es sich um eine Verbindung, für die ich auch nach schärfstem Nachdenken keine Verwendungsmöglichkeit im Alltagsleben finden kann, außer höchstens als Kontaktkleber im Hundehüttenbau.

Nach drei Wochen ist die Staffel im Kasten, und ich darf wieder nach Hause. Zeit für die Radsaison. Allerdings: Noch liegt ein guter Meter Schnee. Das 24-Stunden-Rennen findet jedoch schon im Juni statt, bis dahin sind's gerade mal noch drei Monate. Was also tun, um die speziellen Radmuskeln auf ihr baldiges Schicksal vorzubereiten? Ich entscheide mich für eine Doppelstrategie. Mein Mountainbike statte ich mit Spikes aus, die es mir erlauben, auch auf vereisten Wegen zu fahren. Zwar ist man bei minus fünf Grad ziemlich schnell ein Fall fürs Vollbad, aber dafür wird durch Schneewehen und betonharte Traktorenspuren die Fahrtechnik besonders geschult.

Daneben wandle ich mein Arbeitszimmer in ein komfortables Sportzimmer um, indem ich mein Rennrad in die Rolle einspanne. Rolle? Was ist denn das nun wieder? Eine Rolle ist ein Gerät, in welches man das Hinterrad eines Velos einspannt, um auf der Stelle zu pedalieren. Sozusagen ein Zimmerfahrrad. Das Rollentraining ist unter Radsportlern äußerst gefürchtet, da es sich durch kaum zu ertragende Monotonie auszeichnen kann, wenn, ja wenn man nicht mit Unterhaltungselektronik entschieden gegensteuert.

Ich setze auf einen billigen Beamer, mit dem ich DVDs bzw. TV-Bilder auf ein Bettlaken werfe, welches ich per Reißzweckeneinsatz vor meinem Bücherregal befestige. Im Laufe des Frühjahrs 2005 freunde ich mich mit dieser Trainingsform an.

Endlich habe ich Gelegenheit, all die Filme anzugucken, die sich seit Jahren zu mannshohen Türmen im Niemandsland zwischen Schreibtisch und Altpapiersammlung angesammelt haben. «Hai-Alarm auf Mallorca» (mit Ralf Möller und Carsten Spengemann, das mit Abstand beknackteste RTL-Movie aller Zeiten. Nochmals vielen Dank an Bastian Pastewka für den tollen Tipp.). «Ein seltsames Paar», «The Royal Tennenbaums», alles von und mit Jacques Tati, «American Beauty», «The Miles Davis Story», «Der große Diktator», «Rote Sonne» (mit Uschi Obermaier),

«Blow Up», «Nomaden der Lüfte» und so weiter. An den Samstagabenden kommt Hannes, und gemeinsam radeln wir in die Nacht hinein.

Nach Jahren des, ähem, «Outdoor»-Sports genießen wir diese neue Häuslichkeit sehr. Licht aus, Fenster auf, da man im warmen Zimmer und ohne kühlenden Fahrtwind schnell stark schwitzt, Beamer an und los. Erst ein bisschen TV, dann Vorfilm, Hauptfilm, schließlich hole ich Eis aus der Tiefkühltruhe, das radelnd verzehrt wird. Gerne zeige ich Hannes auch die Piloten, also die Testsendungen jener Shows, an denen ich mitgewirkt habe und über welche die Sendeanstalten beraten. Was meint er: hopp oder topp? So ein Pilot ist natürlich eigentlich streng vertraulich, aber gerade deswegen auch von besonderem Interesse für Außenstehende. Wenn man etwas so Prickelndes anschauen darf, radelt man gerne noch eine Weile weiter. Ist sozusagen mein Motivationsgeschenk an Hannes. Umgekehrt interessiert mich natürlich ganz besonders die Meinung eines Freundes, der beruflich mit der Showbranche nichts am Hut hat. Für meine Vorführungen revanchiert er sich mit handfesten Action-Filmen wie «Four Brothers». Auf diesem Gebiet verfüge ich über Bildungslücken, die ich durchs gemeinsame Zimmerradfahren nun endlich schließen kann. Außerdem sind die Rollen so laut, dass sensible Dialoge im «Ssssss ...» unterzugehen drohen – «Magnolia» ist z.B. ein rollenuntauglicher Film. Bei Action gibt's keine Probleme. Bum bleibt bum. Unser Rollenrekord liegt schließlich bei vier Stunden und fünfunddreißig Minuten. Hierauf sind wir nicht wenig stolz.

Haften bleibt auch unsere Vatertagstour: Eigentlich wollen Hannes und ich von Pfronten aus eine große Alpenpassfahrt unternehmen, aber nachdem ich um drei Uhr nachts bei ihm eintreffe und der Dauerregen die Gesundheitsgefährdungsgrenze überschreitet, schleichen wir in Hannes' Kellerfach und machen dort das, was Väter am Vatertag halt gerne machen: Wir gehen auf die Rolle.

Mai. Löwenzahnblüte. 20 Grad. Das Arbeitszimmer wird wieder zum Arbeitszimmer, und ich lege ein paar Briketts mehr ins Sportfeuer. Nachts um eins wache ich auf, kann nicht wieder einschlafen. Ganz klar, was ich tue, anstatt mich unruhig von einer Seite auf die andere zu wälzen und damit Ines zu wecken. Erst seit kurzem bin ich glücklicher Besitzer eines GPS-Geräts. Großartig, was das kleine Handgerät alles draufhat. Straßennavigation, Höhenmesser und weitere 250 Funktionen, die ich bis heute nicht verstanden habe – und sollte das überhaupt jemals der Fall sein, wird das Gerät hoffnungslos veraltet sein. Komisches Zeitalter, in dem wir leben. Immerhin weiß ich, wie man «Augsburg» als Ziel eingibt. Dies erledige ich, während der Kaffee durchläuft, dann zwänge ich mich in meine stinkenden Klamotten, trinke die braune Brühe auf ex, und los geht's. Die Klamotten stinken übrigens, weil ich sie im Jahr 2005 noch nicht ein einziges Mal gewechselt habe. Meine Nachtfahrgarnitur starrt vor Dreck, aber was soll's? Wer soll mich nachts um zwei auf einer nachrangigen Landstraße im Unterallgäu schon sehen, hören, riechen? Daheim deponiere ich die Sachen auf Wäscheleinen im Heizungskeller, wo der krypto-säuerliche Duft sich aufs sonderbarste mit dem Aroma des Heizöls vermählt.

Eine lauwarme Nacht. In jedem Kaff, das ich durchquere, brennt in mindestens einem Haus Licht. Offenbar stehe ich nicht allein mit meiner Schlaflosigkeit. Durchs Fenster sehe ich einen Mann beim Aktenstudium. Durch ein anderes Fenster erblicke ich eine schwarz gekleidete Oma, die starr auf ihrem Sofa hockt. Blickt sie in einen Fernseher? Nein, dann gäbe es das typische Lichterspiel – sie hockt nur so herum. Weiter geht's.

Landstraße, Wald. Neben der Fahrbahn höre ich merkwürdige Geräusche, ein allgegenwärtiges Klappern. Woher das kommt, wird mir wenig später klar. Die Straße führt mich steil bergab. 60 Sachen.

Plötzlich: Ein Hirsch schreitet in den nur zehn Meter weit reichenden Lichtkegel meines Diodenlichts. Ganz gravitätisch steht er im Weg. Ich reiße den Lenker nach links, gleichzeitig hastet der Hirsch laut klappernd rückwärts zum Fahrbahnrand. Alles geht ganz schnell. Ich verfehle das Geweih nur um eine Sensenmannbreite.

Geschockt rolle ich weiter. Langsam durchspült mich ein Liter Adrenalin. Ich sehe Sterne. Mein Kopfhaar steht aufrecht. Meine Beine wackeln wie Götterspeise. Ich versuche, dem Schockzustand durch eine analytische Nachbereitung der Situation zu begegnen: Aha, daher kam also die ganze Zeit das Geklapper. Wohl eine wildreiche Gegend hier. Glück gehabt; das wäre allerdings ein origineller Tod gewesen. «Stieß nachts um halb drei auf seinem Rennrad mit einem Hirsch zusammen.» Hätte fast Ödön-von-Horvath-Qualität, der 1938 bekanntlich auf dem Boulevard vor einem Pariser Straßencafé von einem herabfallenden Ast erschlagen wurde.

Was mache ich hier? Und ist das, was ich hier mache, etwa gefährlich? Normalerweise bringt dem Rennradler der schneidendschnittige Pkw-Pilot den Tod. Aber, wie sagt mein alter Freund und Kupferstecher Olli Dittrich immer so schön? Der Anschiss lauert überall.

GPS-Geräte machen übrigens erst nachts auf dem Rad richtig Spaß. Man rollt durch die lichtlose Landschaft, bei fehlender Straßenbeleuchtung und wenig Verkehr ziemlich orientierungslos. Plötzlich macht es «piep-püp», und das Display ist beleuchtet. «Links abbiegen in 500 Metern» kann man dann lesen, und die Meterzahl wird recht präzise bis auf null heruntergezählt. Dann biegt man ab, das Display verlischt, weiter geht's. Schon nach kürzester Zeit wird mein GPS-Gerät mein absolutes Lieblingsspielzeug, an dem ich fast genauso oft herumnestele wie an meinem Handy. Besonderer Vorteil: Wird mir auf dem Rad doch einmal langweilig, so drücke ich mich ziellos durch die Menüs oder betrachte mich, wie ich mich als hellblaues Pünktchen über die Landkarte bewege.

Nachts kann Deutschland verdammt dunkel sein; umso heller sind Fabriken beleuchtet, in denen die Nachtschicht absolviert wird. Und die hellste der von mir in dieser Nacht passierten ist, dreimal dürfen sie raten, «Osram». Immer noch ganz schön hell: «Salamander» in Türkheim, ferner eine wuchtige Papierfabrik, in der wache, wackere Wichtel wie die Wirbelwinde werkeln. Weiter geht's, vorbei an «Schöffel», dann, eher unbeleuchtet am Augsburger Stadtrand, die Firma «Trevira». Gibt's die noch? Wenigstens ist der Name an einen ollen Schornstein gekleistert. Als ich die Augsburger Stadtgrenze überrolle, ist es endlich hell. Ein unrasierter Morgen, wolkenverhangen und klamm. Aber immerhin habe ich mein Ziel erreicht.

Ich knipse ein Vollzugsfoto, das mein Rad an ein Augsburger Ortsschild gelehnt zeigt, schicke es per Handy an Hannes, suche sodann ein Stehkaffee auf und gönne mir ein kleines Frühstück. Dann fahre ich wieder nach Hause (die letzten zwei Stunden mit etwas stumpfem Kopfgefühl) und falle um zehn Uhr aufs Sofa. Erstmals mehr als 200 km geradelt. Siehste. Geht doch. Langsam fühle ich mich reif für das nächste Teilziel: eine Komplettnacht auf dem Fahrrad.

Wann habe ich eigentlich das letzte Mal eine Nacht durchgemacht? Da ich mich beim besten Willen überhaupt nicht daran erinnern kann, muss es schon lange her sein. Hm. Mal scharf nachdenken. Silvester 1989, Party auf dem Dach des Berliner «Tagesspiegel»-Hochhauses. Unter uns, auf der Potsdamer Straße, beschießen sich Abertausende gegenseitig mit ihren Feuerwerksraketen. Die Euphorie der Maueröffnung lappt in die Silvesternacht und sorgt für völlige Maßlosigkeit, auch und gerade wenn's um den Verzehr von Genussmitteln aller Art geht. Am Neujahrsmorgen will ich nach Hamburg fliegen (machte man damals noch mit British Airways), fahre per Taxi im Morgengrauen zum Flughafen Tempelhof und erbreche mich auf das Rollfeld. Dann erklettere ich die Gangway. Alles Weitere habe ich vergessen. Nun denn. Durchmachen, das Remake. Erster Take, erste Einstellung. Ton läuft, Kamera ab, Klappe, und bitte.

Aufgeregt gehe ich den ganzen Samstag zwischen Garage und Kleiderkammer hin und her. Lampenfieber. Ich bekämpfe es, indem ich Nudeln, Eiskrem und Bananen in mich hineinstopfe.

Die Sonne brennt maiuntypisch heftig. Nervös konsultiere ich die Bergwettervorhersagen im Internet. Nächtliche Gewitter in Vorarlberg möglich. Hm. Wir wollen ja erst um 23 Uhr losfahren, vielleicht sind die Gewitter ja dann schon durch …

Frische Batterien in die Lampen, Reifen aufpumpen, Riegel einpacken. Dann ab zu Hannes nach Pfronten.

Mein teurer Freund hat für die Routenwahl gesorgt. Als 15-Jähriger ist er in zwei Tagen mit ein paar Kumpels auf einer Strecke unterwegs gewesen, die von großer Schönheit, jedoch auch von – schon damals – erheblicher Verkehrsdichte geprägt war. In Kurzform:Lechtal–Hochtannenbergpass–Hittisau–Riedbergpass–Hindelang–Jochstraße–Pfronten. Drei Pässe, 220 km.

Unsere Überlegung: Bei Nacht würde die Verkehrsdichte kein Problem werden. Am Sonntagmorgen um 9 Uhr muss Hannes wieder zu Hause sein; er ist zu einer Taufe eingeladen. Nun denn. Wir diskutieren ein paar Kleiderfragen, hören noch ein bisserl Popmusik zum Eingrooven und trinken noch einen Milchkaffee, und uns fällt auf, dass dieses Verhalten sehr typisch ist für junge Herren, die sich eine Samstagnacht um die Ohren schlagen wollen. Und junge Herren sind wir ja nun mal.

Um 22.30 Uhr schwingen wir uns auf unsere Rennräder und genießen den lauen Frühsommerabend. In der Tiroler Bezirkshauptstadt Reutte sitzen viele Leute in Straßencafés, zwischen Kübelpalmen, in Bermudas. Karibisches Flair. Rechts geht's ab ins Lechtal.

In jedem Dorf befinden sich Hotelgroßbauten, die von der Form her an urige Jagdhütten erinnern sollen. Wo bei der klassischen Jagdhütte jedoch über dem Eingang Geweihe angebracht sein mögen, dominieren hier Balkone. Und zwar Dutzende, ach, was sage ich: Hunderte!

Weil Samstag ist und die Pfingstferien noch nicht zu Ende sind, zeichnen sich diese Hotels außerdem durch weithin sichtbare Neon-Disco-Beleuchtungen aus. Die schönsten sind blau, und kneift man die Augen ein bisschen zusammen, hat man einen klitzekleinen Moment lang den Eindruck, durch Las Vegas zu radeln.

Dass sich hinter den Hotels nicht die Wüste erstreckt, sondern die Allgäuer Alpen, ist ja nicht zu sehen. Es ist stockduster (woher kommt eigentlich das Wort «stockduster»? Wieder ein Fall für «Genial daneben»).

In der Ortschaft Steeg braust ein tiefergelegter GTI mit quietschenden Reifen an uns vorbei. Der Vokuhileur am Steuer hat seine Anlage voll aufgedreht. Er hört die Bee Gees. «Ha-ha-ha-ha staying alive, staying alive» dröhnt es aus der Fahrgastzelle, Gigahit aus dem Film «Saturday Night Fever». Na, das passt ja. Beim Stichwort «Staying alive» blicke ich Hannes besorgt an. Könnten eine Gefahrenquelle sein, diese besoffenen Discofahrer. Bergtour mal anders; nicht Lawine und Steinschlag trachten nach unserem Leben, sondern der motorisierte Tanzbär. Ulkig.

Hinter Steeg bahnt sich der Talabschluss an, es geht den Hochtannbergpass hinauf. Die Straßenmarkierung wird dürftiger, der Atem lauter. Schönes Gefühl: Es rollt. Der Radsportler benutzt für diesen angenehmen Zustand ja auch gerne den Terminus «die Sonne in den Speichen haben», der des Nachts jedoch irgendwie unangebracht scheint.

Für besondere Abwechslung sorgen die Tunnels. Völlig neue Fahrgefühle. Manche sind erstklassig beleuchtet, und man wähnt sich in einer bladerunnerschen Zauberzivilisation, andere geben einem den Eindruck, in der Kanalisation unterwegs zu sein, alles ist dunkel und riecht modrig. Am besten ist der – erfreulicherweise überaus spärliche – Gegenverkehr: Jeder Motor ist schon sehr lange vorher hörbar, und das Anschwellen der Lautstärke wirkt, äh, befremdlich. Alle diesbezüglichen Assoziationen sind militärischer Natur. Lass ich jetzt mal weg.

Hannes weist mich immer wieder auf die landschaftlichen Schönheiten hin: «Hier rechts, das ist übrigens der Widderstein, und der Gipfel dahinten ist Deutschlands südlichster Punkt ...» Aha. Ich schaue in die Richtung, in die er zeigt. Alles schwarz. Ach ja: Wo kann man sich eigentlich günstige Nachtsichtgeräte kaufen?

Das wäre mal einen Versuch wert: Die nächtliche Verkehrsarmut mit dem Genuss großartiger Alpenpanoramen verbinden: Klingt prima. Wahrscheinliches Problem: Kommt ein Auto von vorne, wird man geblendet ... Hm. Vielleicht funktioniert so was auf dem Mountainbike. Alpencross bei Nacht. Klingt reizvoll.

Keine Ahnung, wann wir auf der baumlosen Passhöhe stehen. Vielleicht zwei Uhr? Das Zeitgefühl ist weg. Saturday Night Fever eben, beim Tanzen guckt man ja auch nicht immer auf die Uhr. Links und rechts sind im fahlen Mondschein Schneefelder zu erahnen, und wir tragen kurze Hosen. Im Mai! Mitten in der Nacht! Über uns Sternenhimmel! Welch ein Wetterglück. Kurze Rast unter jenem Schild, das auf die Passhöhe hindeutet und jeden Bergradler mit Stolz erfüllt. Riegel, Foto, Jacke an.

Dann geht's rasant bergab. Meine hochwertige Diodenlampe entpuppt sich schnell als unbrauchbar, wenn es darum geht, die steil gen Bregenzer Wald führende Straße bei nenneswertem Tempo so auszuleuchten, dass nicht jedem Verkehrserzieher vor Kummer Tränen in die Augen steigen. Die Sache ähnelt sehr einem Computerspiel: Plötzlich taucht eine Leitplanke im Lichtkegelchen auf, und der Lenkvorgang ist umgehend einzuleiten, sonst ... Die schaurige Show wird vom höllenhündischen Geheul unserer Bremsen untermalt, die sich um ihre Nachtruhe scheinbar betrogen fühlen und nun protestieren.

Hannes, gebürtiger Bergbewohner und erfahrener Zweiradpilot fährt vorneweg und erlaubt sich in einem Anfall burschikoser Lebensleichtigkeit, mit seinen Quietschebremsen rhythmische Discopatterns zu erpressen. «Quietsch-qui-qui-qui-quietsch» hallt es durch die Nacht, im Takt von Sabrina Salernos «Boys, Boys, Boys». GTI-Ästhetik. Kennt überhaupt noch jemand Sabrina Salerno? Die war in den 80ern eine ganz große Nummer, und ich war ihr Fan. Habe sogar mal mit Olli und Jeopard in Genua an einer Schallplatte gearbeitet, an einem der erfolglosen Vorgängermodelle der «Doofen». Während des Mischens eröffnete der Studiobesitzer uns, dass im Haus nebenan ebenjene Sabrina Salerno wohnen würde, woraufhin ich mit ihm einen Deal aushandelte: Ich versprach, ihm die Telefonnummer der MTV-Moderatorin Kristiane Backer zu besorgen, von der er ein großer Fan war, wenn er mich im Gegenzug mit seiner Nachbarin bekannt machen würde. Gute Idee, nur leider gelang es mir nicht, die Nummer von Kristiane Backer aufzutreiben. Satz mit X. Schade.

Wo war ich doch gleich? Ach ja. Die Abfahrt vom Hochtannenbergpass. Also. Mein Tacho zeigt eine Höchstgeschwindigkeit von 65 km/h an. Eigentlich nicht allzu dolle, wenn man's mit Armstrong und Konsorten vergleicht, aber die fahren ja bekanntlich auch nicht nachts. Ab und zu fallen mir Schilder ins Auge, erlaubt sind gerade mal 40. Irgendwie unvernünftig: Fünf Sachen mehr, und im Falle eines Geblitztwerdens wäre der Lappen weg. Nun ja, dafür haben wir auch kein Ecstasy dabei und sind auch nicht alkoholisiert, wie viele andere Nachtschwärmer.

In jenen Orten, die die «Bregenzer Wald-Bundesstraße» säumen, scheinen sich die Nachtlokale langsam zu leeren. Überall torkelnde Halbstarkentrupps, kurze Röcke, lautes Lallen. In einem Straßendorf namens Egg werden wir an einer Steigung von zwei nach Bacardi-Cola aussehenden Doofies verfolgt, die «schneller, schneller» röcheln und hinter uns herrennen, um sich kurz darauf in den Straßengraben zu erbrechen. Die Armen. Ich spare mir spöttische Bemerkungen; Sie wissen schon, warum: Tempelhof, Rollfeld, 1990.

Egg, Hittisau, Balderschwang. Ja! Endlich komme ich mal durch Balderschwang! Hugo Egon Balder freut sich immer wieder, wenn sich Gespräche ums Allgäu zu drehen beginnen, denn dann pflegt er beizusteuern, dass unter den Orten Balderschwang ein besonders schöner sei. Und da hat er allerdings recht. Glaube ich jedenfalls, denn noch immer ist es dunkel, wenngleich im Osten eine ganz leichte Lilafärbung die Dämmerung ankündigt.

Kurzer Selbstcheck. Alles o.k. Muss auch, denn nun kommt der Riedbergpass, Deutschlands steilste und höchste Passstraße. Es beginnt moderat. Von Verschnauf-Plateau zu Verschnauf-Plateau, als hätte es beim Bau einen Radler-Beirat gegeben. Kaum stellen wir übermütig fest, dass wir von der Giftigkeit enttäuscht sind, ja, dass es sich geradezu um eine puppige Anfängerpiste handelt, da fahren wir auch schon um die nächste Kurve, und die Route verliert das Lächeln aus ihrem Gesicht. Und wir auch. Denn: Ein aggressives Asphaltmonster fletscht seine Zähne. Eiserne Klauen greifen mir ins Hinterrad und ziehen mich talwärts. Das also sind die berüchtigten 16 % des Riedbergpasses. Aha. Aus den Tiefen des Kalkgesteins höre ich ein höhnisches Lachen.

Ich beginne zu zählen. Bis 20 im Sitzen. Dann im Wiegetritt, also stehend. Nochmal bis 20. Ersten Gang einlegen. Ach so. Ist schon der erste. Scheiße. Absteigen? Nein, erst mal bis 20 zählen. Und nochmal. Und nochmal. Einmal geht noch. Hannes vorneweg. Wie immer, wenn's ernst wird. ... 14, 15, 16, 17, 18, 19, 20. Hinsetzen. 1, 2, 3, 4 ... Vielleicht ist ja hinter der Kurve schon der höchste Punkt? Schnauze, nicht so viel denken, lieber zählen, 9, 10, 11, 12, 13, 14 ...

Als wir oben ankommen, ist es fünf Uhr und taghell. Schade, die ganze Dämmerung quasi verzählt. Nix von mitbekommen. Erst mal die Landschaft studieren. Allgäu. Wiesen. Geschwungene Hänge. Blauer Himmel. Tja, der liebe Gott ist, wenn's um imposante Landschaften geht, ein Teufelskerl. Foto, Riegel, Jacke, und weiter geht's. Bergab kriege ich einen Krampf in den Fingern, vom vielen Bremsen.

Es ist Sonntag, lieber Leser. Sanft aalt (kommt das wirklich vom Aal? Oder doch von Ahle? Und wenn ja, was war doch gleich eine Ahle? Nee, wird wohl der Aal sein), also: Sanft aalt sich ein bezauberndes Prachtsträßchen nach Sonthofen, parallel zur potthässlichen Bundesstraße.

Kommen wir nun zu einem Schwachpunkt unserer Unternehmung: Es ist 6 Uhr. Alles hat zu. Kein Kaffee weit und breit. Ich hatte insgeheim auf eine 24-Stunden-Tanke gehofft, wenigstens in Sonthofen. Oder eine Bäckerei. Zur Not auch McDonald's. Nix da. Schade. Also ab nach Hause. Dazu müssen wir noch einmal fluchen, stöhnen & japsen, denn zwischen Hindelang und Oberjoch gilt es die «Neue Jochstraße» zu erklimmen, die in diesem Jahr ihr einhundertjähriges Jubiläum feiert. Daher wehen neben den Kurven lila Fahnen mit dem Aufdruck «100». Apropos Kurven: Angeblich hat die Jochstraße hiervon genau 106 Stück. Zum Mitzählen komme ich nicht, bin mittlerweile zu müde. Steigungstechnisch ist die Strecke nicht allzu anspruchsvoll, selten wird es steiler als 9 Prozent. Aber der Kurvenreichtum wirkt etwas monoton. Gut, dass es hell ist und man zur Ablenkung das herrliche Panorama studieren kann. Die ersten Motorräder transportieren dicke Ledermänner über den Berg.

In Oberjoch machen wir eine letzte Pause. Schade, kein Höhenmeter-Hinweisschild, vor dem man heroisch grinsend für ein Foto posieren könnte. Ersatzweise verputzen wir unsere Verpflegungsreste, dehnen und gähnen herzhaft und rollen hinunter nach Wertach. Seltsam: Während man von Westen her die besagten 106 Kurven hinter sich zu bringen hat, ist die Abfahrt nach Osten schnurgerade. Das nenne ich unausgewogen.

In Nesselwang wanken wir in eine Tankstelle und kaufen allerhand Sonntagszeitungen, Hannes außerdem die aktuelle

«Procycling». Das nenne ich Leidenschaft: Nach 213 km Nachtfahrt mit 2513 Höhenmetern erst mal Rennradlektüre kaufen. Immer schön beim Thema bleiben. Abgefahren. In Pfronten stürmen wir schließlich noch eine Bäckerei und erstehen 10 Kilo Backwaren aller Art. Ankunft, umziehen, Zeit für ein ausgiebiges Frühstück. Hannes macht sich fein: Bald beginnt die Taufe. Ob man einen aufblasbaren Stützkragen mit in die Kirche nehmen darf? Oder wenigstens eine Sonnenbrille?

Ich verbringe den Tag mit meinen Kindern an einem Badesee. Als ich dort von diversen Badegästen auf eine gewisse Mattheit in meinen Lebensäußerungen hin angesprochen werde, flunkere ich: «Müde? Ich? Kann nicht sein ...» Muss ja nicht jeder wissen, womit man so seine Freizeit verbringt.

2 24 Stunden Mountainbike

In den 80ern gab es in der Oldenburger Schulstraße eine WG, in der ich häufig verkehrte. Einer der Bewohner, ein Student der Geodäsie, also der Wissenschaft von der Ausmessung und Abbildung der Erdoberfläche, war ein besonders großer Verehrer des polnischen Science-Fiction-Autors Stanisław Lem. Er besaß dessen Gesamtwerk, sonst nichts, abgesehen von einer Kiste, die mit Materialien gefüllt war, welche ihren Besitzer im Falle eines Atomkrieges vor dem Strahlentod retten sollten. Soweit ich mich erinnern kann, befanden sich in der Kiste vor allem eine Strickleiter sowie wasserfest verpacktes Toilettenpapier. Kein Wunder, dass ich gerne zusagte, als man mich fragte, ob ich nicht Lust hätte, Lems «Sterntagebücher» für ein Hörbuch einzulesen.

Die Aufnahmen sollen in München stattfinden, der Studiotag beginnt jedoch erst um halb elf, sodass ich mich für den frühen Morgen mit den Organisatoren des Münchener 24-Stunden-Rennens verabredet habe, Michaela und Roland Betzmann. Die beiden betreiben eine Agentur, die sich auf die Organisation derartiger Wettkämpfe spezialisiert hat. Am Telefon hatte Michaela mir, ihrem «Stargast», einen besonderen Service offeriert: Ich solle mir doch mal die Streckenführung des Rennens im Münchner Olympiapark zeigen lassen. So sei ich vor Überraschungen gefeit, außerdem könne man bei dieser Gelegenheit gleich ein paar Fotos für die Pressearbeit knipsen. Gerne sage ich zu, wobei ich denke: Wirklich notwendig ist die Streckenbesichtigung natürlich nicht, denn wie sagten Hannes und Peter? Die Strecke sei kinderleicht, «stürzen unmöglich!».

Direkt vor meiner Münchener Wohnung steige ich auf ein «Call-a-bike»-Mietrad. Ich trage einen grauen Trenchcoat und habe eine rote Aktentasche dabei, in der sich mein Lem-Manuskript befindet. Ganz normale Arbeitskleidung, für eine Streckenbesichtigung brauche ich ja keinen Sportdress. Ein halbes Stündchen später bin ich im Olympiapark, dieser zeitlos-prächtigen Blüte der Schlaghosen-Architektur.

Michaela Betzmann, die, wie man nach kurzem Geplauder zweifelsfrei feststellen kann, für «ihr» Rennen alles an Dynamik und Ideenreichtum in die Waagschale wirft, was möglich ist, hat Franz Kohlsdorfer mitgebracht. Kohlsdorfer? Kenn ich nicht. Michaela raunt mir zu: «Du weißt schon, Franz Kohlsdorfer hat im 24-Stunden-Bereich alles gewonnen, Ruhpolding, Duisburg, nur in München hat's noch nie geklappt. Aber diesmal will er's wissen. Er hat die Strecke in unserem Auftrag nochmal überarbeitet!» Aha. Der Champion also höchstpersönlich. Er trägt natürlich Rennkluft und sitzt auf seinem Fully (für Nichtfreaks: Ein «Fully» ist ein vollgefedertes Mountainbike, im Gegensatz zum «Hardtail», bei dem nur die vordere Gabel mit einer Dämpfung versehen ist). Etwas ungläubig mustert mich der Champion. Trenchcoat. Aktentasche. Klobiges Mietrad. Sein Blick lässt alle Deutungen offen; ich interpretiere jedoch einfach mal aufs Geratewohl, dass er denkt: «Heiliger Bimbam. Was für ignorante Knallköppe, diese Fernsehtypen, von Tuten und Blasen keine Ahnung. Aber 24 Stunden treten wollen. Na warte, der muss nach einer halben Stunde heulkrampfgeschüttelt in die Notaufnahme gebracht werden ...»

Ich lächle ihn freundlich an. Auf geht's. Kohlsdorfer vorneweg. Erst mal auf Pflastersteinen am Olympiastadion vorbei. Hiernach kommt der erste steile Anstieg auf die Nordflanke des Olympiaberges, der, aus Ruinenschutt erbaut, die grandiose Anlage krönt. Der Champ schwingt sich elegant aufwärts, mit einem leichten Grinsen im Gesicht. Ich versuche mich an einem ebenso unbeschwerten Grinsen und strampele entschlossen hinterher.

Ein grasiges Flachstück, dann folgt ein versteckter «Trail» (so nennen die «Biker» einen Trampelpfad) an der Flanke des Berges entlang. Nach einigen Minuten landen wir auf einem Kopfsteinpflasterweg, der steil bergab führt. Ganz schön holprig, knattert es mir durch den Kopf, als ich die Stöße am Allerwertesten spüre. Wieder rauf. Schöner Blick auf München. Lange Erholungsstrecke auf feinem Spazierweg. Nochmal rauf, nochmal runter. Plötzlich: Franz Kohlsdorfer biegt rechts ab, auf eine Treppe, die wohl normalerweise den Fußgängern vorbehalten ist. Treppe? Ich? Ähem. Ich steige vom Mietrad und schiebe es blassgesichtig nach unten. Dort wartet der Champion, offenbar etwas verlegen.

«Ist mir mit dem ‹Call-a-bike-Rad› zu riskant», sage ich mit leicht erhöhter Tonlage. «Nachher geht's noch kaputt.» Kohlsdorfer nickt. «Man kann auch neben der Treppe fahren. Machen viele. Oder man nimmt ein Fully.» O Gott. Treppe. Ich blicke nochmal zurück. Neben der Treppe kann man auch fahren? Ja, wo denn? Ich sehe nur steile Grasflanken ... Weiter geht's. Ziemlich viel Kopfsteinpflaster. Wie sich das wohl anfühlt, wenn man den ganzen Tag so durchgerüttelt wird? Schluck. Nach einigen weiteren Schleifen mit allerlei Auf- und Abfahrten kommen wir an einen wellig gestuften, grasbewachsenen Abhang, der von der Olympia-Schwimmhalle hinunter zum Olympia-See führt. Eieiei, ist das steil. Und wer nicht rechtzeitig bremst, landet im Wasser. Der Champion schießt hinab, hält punktgenau am Seeufer, dreht sich um und schaut zu mir hoch. Igitt! So eine steile Abfahrt bin ich noch nie hinuntergefahren, noch dazu auf Rasen ... Unschlüssig bleibe ich oben stehen. Ein Gefühl wie auf einem Sprungturm im Schwimmbad. Mein Blick fällt auf ein Schild, auf dem steht: «Achtung Rutschgefahr!»

Gut, dass ich einen Trenchcoat trage, sonst könnte man mein Herz klopfen sehen. Ich nehme all meinen Mut zusammen und wage einen Versuch. Einen Meter rolle ich abwärts, werde sofort zu schnell und bremse mit voller Kraft. Das Hinterrad bricht seitwärts aus, und im allerletzten Moment hüpfe ich vom kippenden Drahtesel – immerhin bleibe ich auf den Beinen, und es gelingt mir sogar, meine Unbeholfenheit mit einem Lächeln zu garnieren. Oho. Das Rad rutscht derweil herrenlos ein paar Meter weiter in Richtung See und bleibt dann liegen. Schnell hinterher. Interessante Szene, denke ich, um mein Schamgefühl erträglich werden zu lassen, die Nummer wäre eine Zierde für jeden Charlie-Chaplin-Film. Kohlsdorfer schaut der Performance mit betont neutraler Miene zu, dann untersucht er betreten seine Fingernägel. Ende der Vorstellung. Den Rest schiebe ich. Aber selbst hierbei stelle ich mich mit dem schweren Mietrad unglaublich dämlich an. Immer wieder bricht das Ding auf dem feuchten Rasen zur Seite weg. Welcher Döspaddel, zische ich erbost, hat mich hierhergeschickt? Was, zum Teufel, habe ich hier verloren? Warum kann ich nicht ganz normal koksen und Starlets flachlegen wie alle anderen Fernsehwillis auch?!

Kohlsdorfer ist inzwischen langsam weitergefahren. Konnte das Elend offenbar nicht mehr mit ansehen. Am Seeufer setze ich mich in blümerantem Zustand wieder auf das Mietrad und kurbele ihm hinterher, zum Ausgangspunkt der Runde. Um ihm die Bürde eines Kommentars abzunehmen, analysiere ich: «Na, da werde ich wohl noch ein wenig an meiner Fahrtechnik feilen müssen.»

Der Champion sagt gar nichts, nickt nur betreten und tippt irgendetwas in sein mitgebrachtes GPS-Gerät. Dann verabschiedet er sich. «Ich muss jetzt trainieren!» Weg isser. Ich setze mich noch ein wenig zum Ehepaar Betzmann ins Café, dann fahre ich zum Studio und spreche Lems «Sterntagebücher» auf CD.

Zwei Tage später stehe ich bei Hannes im Laden.

«Und? Hast du dir die Strecke angeschaut?»

«Ja. Alles machbar», flunkere ich, «da gibt's höchstens so eine kleine Treppe. Angeblich kann man auch nebenherfahren, aber auf den Stufen ist's natürlich viel cooler. Das werde ich noch ein bisschen üben, und dann kann die Party losgehen.»

Von der Rasenabfahrt erzähle ich nichts. Schon komisch, wir Männer. Wollen nie zugeben, dass uns der Arsch auf Grundeis geht.

Mittwochvormittag. Erstmals fahren wir zu dritt: Hannes, Peter Presslauer und ich. Sozusagen zweieinhalb unterschiedliche Leistungsklassen gemeinsam on Tour, wobei ich von Anfang an die Nachhut bilde. Netterweise sind meine Teamkollegen gnädig und verzichten darauf, mir zu zeigen, wo der Hammer hängt. Bereits an der ersten steilen Auffahrt hält Peter an.

«Warte mal, du hast zu viel Luft in den Reifen», sagt er freundlich zu mir, und drückt auf meine Ventile, bis die Pneus keinem Daumendruck mehr standhalten. «Mehr als zweieinhalb Bar sollte solch ein Reifen nicht haben.»

Aha. Mit dem Einwand «Steigt so nicht die Gefahr eines Plattens?» versuche ich mich als Connaisseur aufzuspielen, aber Peter schüttelt den Kopf. «Entscheidend beim 24-Stunden-Rennen ist der Komfort. Und der ist höher mit weniger Druck in den Reifen.»

Weiter geht's. Wir orientieren uns an der Strecke des «Pfrontener Bike-Marathons», der Anfang Juni stattfinden wird und mein letzter großer Test vor dem Münchener Himmelfahrtskommando sein soll. Doch liegt oben noch zu viel Schnee, und so fahren wir die Forstwege nur so lange bergauf, wie sie befahrbar sind, um danach wieder rasant in die Tiefe zu schießen. Oder besser: zu eiern, so wie ich. Apropos, am Beginn einer steilen Abfahrt gibt mir Peter einen weiteren wichtigen Tipp: Bergab auf grobem Belag soll ich aus dem Sattel gehen, nur wenige Zentimeter, und den Sattel zwischen die Oberschenkel klemmen. Das verringert die Stoßbelastung, falls ich später nochmal Kinder will (weiß ich zur Stunde noch nicht), sorgt also für mehr Komfort, und mit dem Sattel zwischen den Schenkeln lässt sich das Gefährt präziser steuern.

Nach zwei Stunden kommen wir an die berüchtigte Bärenmoosalm-Abfahrt. Ein steiler Wanderweg in die Tiefe, verziert mit grobem Gestein. Vor einem Jahr hatte mir Hannes schon mal die Stelle gezeigt und mich aufgefordert, ihm zu folgen, aber ich war wortlos vom Rad gestiegen und hatte mein Mountainbike bis hinab ins Tal geschoben.

Diesmal nimmt sich Velo-Pädagoge Peter meiner an: «Versuch, die Füße auf den Pedalen zu lassen. Wenn du fällst, haust du so wenigstens nicht mit dem Gemächte an den Vorbau. Und keine Sorge: Beim Marathon wird die Strecke ziemlich ausgefahren sein. Du kannst dann an den Reifenspuren den besten Weg erkennen.»

Mit unpackbarer Sicherheit rasen meine Kumpane in die Tiefe. Ich warte, bis sie mir garantiert nicht mehr zuschauen können, dann rolle ich mit hochrotem Kopf, angezogenen Bremsen und Stoßgebete murmelnd talwärts. Fühlt sich an wie ein Slalomparcours; immer auf der Suche nach einer brauchbaren Linie zwischen den großen Steinen hindurch. Immerhin halte ich eine gute Minute die Balance, ehe ich mit dem rechten Pedal einen der Steine berühre, eine Panikbremsung durchführe und artistisch saltoesk, wie Miroslav Klose nach erfolgreichem Torschuss, über den Lenker hinwegsegele. Die Landung ist hart, aber glimpflich. Fast möchte ich schon entspannen, als ich wahrnehmen muss, dass nicht nur ich eine beachtliche Wegstrecke auf dem Luftweg absolviert habe, sondern auch mein Fahrrad zum Flugobjekt geworden ist. Ungünstigerweise liege ich sozusagen passgenau in der Landezone. Aua.

100 Meter tiefer haben es sich meine Freunde inzwischen auf einer Parkbank bequem gemacht und genießen den Panoramablick. Ich versuche, mein arges Verprügelungsgefühl hinter einem selbstbewussten Auftritt zu verbergen.

«Und? Gut durchgekommen?», fragt Hannes.

«Kann nicht klagen, alles super. Zumal, wenn man es mit dem letzten Jahr vergleicht. Ich musste nur einmal kurz absteigen.»

«Was hast du denn da für eine Schramme am Bein?»

Achtung, Licht aus, Spot an. Solo.

Mit dem Blick des ganz späten Alain Delon und einer Stimme Richtung Räuber Hotzenplotz schnarre ich: «Wo denn? Ich sehe nichts.»

Hart, härter – hüstel –, Boning.

Zu Hause setze ich mein Fahrtechniktraining fort. Zur Begeisterung meiner Söhne baue ich aus einem langen Brett und einem kurzen Rundholz eine Wippe, über die ich wieder und wieder hinüberfahre.

Bald heizen meine Kinder auf ihren Rädern schneller über das Wackelbrett als ich und versorgen mich mit immer neuen Ideen, wie man im heimischen Garten die Balance trimmen kann. Als besonders förderlich empfinden sie einige etagenartig angelegte Beete, die sie jauchzend durchpflügen. Bald ist von der Blumenpracht nichts mehr zu sehen; ehedem blühende Rabatten sind durch «Trails» ersetzt, die mit jedem Regenguss stärker an die Schlachtfelder des Ersten Weltkriegs erinnern. Tja. Man muss im Leben Prioritäten setzen.

Zwei Tage später stehe ich in Begleitung meines Fahrrades vor der Kirche des Dorfes, in dem ich wohne. Nanu?! Schnell noch das Bike segnen lassen, bevor man von der berüchtigten «Rasenabfahrt» im Olympiapark hinweg geradewegs ins Fegefeuer einrollt? Nein. Nicht die Kirche selber ist es, die mein Interesse geweckt hat, sondern der ebenso breite wie lange, fein gepflasterte Treppenweg, welcher vom Kirchenportal den Kalvarienberg hinab zum Liefereingang des örtlichen Metzgermeisters führt. 30 Meter, breite Absätze, Pi mal Daumen zehn Stufen, also genau das Richtige für einen Schisser wie mich, um Selbstvertrauen zu tanken. Soeben fällt mir jedoch ein, dass es völliger Unfug ist, von einer Treppe zu sagen, sie sei «ebenso breit wie lang.» Hieße nämlich, dass es sich um eine quadratische Treppe handelte, und so was findet man eventuell an Maya-Pyramiden oder im Friedrichstadtpalast, nicht jedoch bei uns im Dorf. Apropos quadratisch: Praktisch und gut an diesem Übungsplatz ist vor allem das Treppenende beim Metzger; sollten während der Abfahrt die Bremsen versagen, landet der Pilot schnurstracks in der Verwurstungsanlage. Ein Problem weniger.

Es ist schon fast sommerlich, Mücken und Fledermäuse umschwirren das rokokone Gotteshaus, ich setze mich voller Mumm auf den Sattel, klicke die Schuhe in die Pedale, lüfte den Popo, klemme das Oberrohr zwischen die Schenkel und rolle die Stufen hinunter. Plopp, plopp, plopp.

Mit leicht angewinkelten Armen federe ich präzise den Stufenstößen entgegen, nutze die Absätze, um mit einer eleganten Stretchbewegung die Spielamplitude meines mantaoid flach im Fahrtwind liegenden Rückens zu manifestieren, wie weiland Evil Knievel vermähle ich Motorik, Muskelspiel und elegante Grandezza in der Luftraumbeherrschung, und dann, ja dann, bin ich auch schon unten. Ohne Sturz. Ohne Schmerz. Einfach so. Hossa, bin ich stolz. Die 24 Stunden können kommen.

Ich belasse es bei dem einen, meisterhaft gelungenen Versuch – nur nicht den Selbstbewusstseinszuwachs wieder gefährden.

Anfang Juni absolviere ich mein erstes Mountainbike-Rennen, den «Auerberg-Marathon», quasi vor meiner Haustür. Wobei ich für den Start erst einmal nach Kaufbeuren fahren muss. Der Auerberg-Marathon gilt als anfängertauglich, ist 60 km lang und hat schlappe 1000 Höhenmeter. Genau das Richtige für den Einstieg. Die Mentalität im Starterfeld ähnelt jener, die ich bei meinen Skilanglaufrennen kennengelernt habe. Hier geht's ums Ganze – «ankommen» als Hauptziel, wie man es oftmals beim modernen Stadtmarathon erlebt, ist unattraktiv; was zählt, ist der Lorbeerkranz auf dem Haupt des Siegers. Die jüngeren Jahrgänge träumen von Olympia, und wer schwächelt und Blut spuckend um

Gnade fleht, muss eben am Wegrand verrotten – old school halt, nix mit Wellness, Anti-Aging und Gurkenmaskenfitness.

Ich trete mich ohne besondere Vorkommnisse durch den Nieselregen. Doch, eine Kleinigkeit weiß ich zu berichten: An der Nordauffahrt zum Auerberg werde ich von einer Gruppe Jungsportler verfolgt. Am Wegrand steht offenbar deren Trainer. Als ich diesen passiere, feuert er seine Schützlinge mit den Worten an: «Schaut mal, vor euch fährt dieser Komiker aus'm Fernsehen. Den schnappt ihr euch jetzt, hopp, hopp, hopp!»

Diese Worte verfehlen ihre Wirkung nicht: Ich lege einen ganzen Zahn zu und enteile den Halbstarken.

Nach 2:32 Stunden erreiche ich das Ziel, fahre zu meinen Lieben und esse zu Mittag. Meine Mama ist zu Besuch. Ich mache sie mit meinem großen 24-Stunden-Vorhaben vertraut.

«Von wo nach wo geht denn die Strecke?»

«Man fährt auf einem Rundkurs im Münchener Olympiapark, fünf Kilometer lang.»

«Wie? Immer im Kreis? Wie ein Hamster? Bist du verrückt geworden?»

Die letzte Frage versucht sie mit einer etwas gemäßigten Satzmelodie zu entschärfen, was ihr jedoch nicht so recht gelingt. Deutlich ist darin die Sorge der Mutter um den Geisteszustand des Sohnes zu vernehmen. Leider habe ich nicht die geringste Ahnung, wie ich meiner Mama diese Sorge nehmen kann, und antworte, indem ich die Sache herunterspiele: «Wenn ich keine Lust mehr habe, steige ich einfach ab und hör auf.» Dass das glatt gelogen ist, weiß meine Mama natürlich. Sie kennt mich gut.

Ein Wochenende später stehe ich wieder am Start. Pfrontener Bike-Marathon. Nur 53 km lang, aber steile 1900 Höhenmeter beinhaltend und technisch wesentlich anspruchsvoller als mein Premierenrennen. Hannes ist einer der Initiatoren und demonstriert eindrucksvoll sein Organisationstalent; kamerabewehrte

Hubschrauber kreisen im Tiefflug über Tausenden Radlern, die am Start auf den Schreckschuss warten.

Ganz vorne an der Startlinie steht Peter, der bei der Erstauflage im Jahr zuvor die Sache für sich entscheiden konnte, gefolgt von Andy Weiss. Ein glorreicher Doppelsieg für unser Team, noch dazu auf unserer «Hausstrecke». Edelsberg–Bärenmoosalm–Breitenberg. Drei Riefenstahl-kompatible Anstiege und genickbruchtaugliche Abfahrten. Auch diesen Test bestehe ich zu meiner vollsten Zufriedenheit. Nur auf der Bärenmoosabfahrt falle ich an derselben Stelle wie beim kürzlichen Training mit Hannes und Peter, allerdings schmerzärmer, was ich auf die autsch-lindernde Eigenschaft des Wettkampf-Adrenalins zurückführe. Nur die starken Rückenschmerzen, die mich an der Breitenbergauffahrt peinigen, lassen mich beim Ausblick auf die 24 Stunden etwas nachdenklich werden. Rückenprobleme jedoch – das habe ich im Laufe vieler Trainingsausfahrten inzwischen begriffen – kommen und gehen, sind unvorhersehbar und gehören zum Leben einfach dazu, so wie schlechtes Wetter, Börsencrashs oder Heiserkeit. Man kann sich zwar durch Schwimmen, Skilanglauf oder, wenn man gerne etwas mehr Geld loswerden möchte, «Kieser-Training» wappnen, aber ein Restrisiko bleibt immer. Der Mensch ist eben eine ziemlich anfällige Konstruktion mit einer fatalen Neigung zu schlechter Gesundheit, schlechter Laune und schlechtem Geschmack. Aber es gibt Hoffnung; die Evolution ist noch in vollem Gange. Wird schon werden.

Im Ziel bin ich nach guten dreieinhalb Stunden. Mittelplatz, wie immer, wenn ich an den hiesigen Sportveranstaltungen teilnehme. Bin eben mittelmäßig. Hat ja auch was.

Eine Woche vor dem großen Tag trifft sich die gesamte Mannschaft im «Burghotel Bären» in Zell-Eisenberg. Der Wirt ist durch und durch radsportbegeistert und eifriger Sponsor des «Teams Wigald Boning». Am Tisch: Hannes, Peter Presslauer, Masseur

Ralf, Rennarzt Stefan und Hannes' Freund David, der als Betreuer für Verpflegung und Material zuständig sein wird. Einerseits finde ich es interessant, wie man in professionellen Kreisen solch ein Vorhaben angeht, andererseits ist unverkennbar, dass auch für erfahrene Profis ein 24-Stunden-Rennen eine Prüfung mit vielen Unbekannten ist. Zur Vorsuppe beginnen Peter und Arzt Stefan eine delikate Diskussion über die Feinjustage zwischen Immodium Akut (gegen Durchfall) und Magnesium (schützt vor Krämpfen, ist überdosiert jedoch ein berüchtigter Durchfallverursacher). Zum Hauptgang fachsimpelt man über verschiedene Betäubungsmittel für wunde Popos, Voltaren, eventuelle Tropfeinsätze bei Dehydration und Sonnenstichmittel. Und zum Dessert lassen wir Fahrer uns noch erklären, mit welchen Brüchen man aus medizinischer Sicht gegebenenfalls weiterfahren darf (Schlüsselbein, Rippe) und mit welchen besser nicht (z. B. Beinbruch; wer hätte das gedacht ...). Schließlich fertigen wir lange Listen, auf denen notiert ist, wer sich um was zu kümmern hat. Ich erkläre mich für die Materialbeschaffung verantwortlich.

Am nächsten Tag fahre ich mit meinem Anhängerfahrrad in den Supermarkt und kaufe zehn Pakete Nudeln, diverse Nudelsoßen, 48 AA-Batterien (für unsere Diodenleuchten), Küchenrolle en masse, Schokolade für psychische Krisen, Erfrischungstücher mit «Kölnisch-Wasser»-Duftnote (angeblich angenehm kühlend), Bier, Cola, Putzmittel und, und, und. Dann miete ich im ortsansässigen Autohaus ein großes Wohnmobil. Bei der Fahrzeugeinweisung durch den Senior-Geschäftsführer fällt schnell auf, dass dieser eine ausgeprägte Angst um die Sauberkeit seines Fahrzeugs hat. Auweia. Da die Autohändler meine Nachbarn sind und ich um ein erstklassiges Verhältnis zu all meinen Nachbarn bemüht bin, schwant mir nichts Gutes. Schon um an der vollständigen Verdreckung des Gefährts nicht aktiv mitzuwirken, nehme ich mir vor, den Liegewagen nicht unnötig zu betreten und stattdessen die 24 Stunden komplett durchzufahren.

Samstagmorgen. München, Olympiapark. Hunderte Radler richten sich, ihre Autos, Wohnmobile und Liegestühle am Rande der Wettkampfstrecke ein. Ein TV-Trupp ist auch da, um unser Team für die SAT.1-Sendung «Blitz» filmisch zu begleiten. In den letzten Jahren habe ich ausreichend Selbstbewusstsein getankt, um auch die Fernsehverwertung eines eventuellen öffentlichen Scheiterns genießen zu können. Ganz unter uns: Die Außenwirkung meines sportlichen Wirkens ist mir inzwischen völlig egal. Ich bin sozusagen asozial geworden. Ein Velozentriker am Rande der Gesellschaft, ein Außenposten der Zivilisation.

Der Startschuss fällt mittags um eins. Vorher werden die Räder geölt, Interviews gegeben, Autogramme geschrieben. Da es sehr heiß ist, gilt es besondere Vorkehrungen zu treffen. So zeigt mir Peter Presslauer, wie man die Ärmelnähte des Trikots aufschlitzt, damit sie sich über die Schultern klappen lassen. Am Beginn der berüchtigten Rasenabfahrt postiert sich unser Verpflegungstrupp mit Getränken und Snacks. Von hier aus sind es auch nur dreißig Meter zu unserem Wohnmobil, unter dessen Vordach unser Mechaniker David seine mobile Werkstatt errichtet.

Kurz vor eins versammeln sich alle Fahrer am Start. Neben 80 Einzelstartern, die die gesamten 24 Stunden alleine absolvieren wollen, Hunderte Staffelfahrer, die an den Konkurrenzen der 2er-, 4er- und 8er-Teams teilnehmen.

Jetzt aber! Bum! Als «Star» gebe ich höchstpersönlich den Star(t)schuss ab. «Star(t)schuss» – igitt, was für ein manieriertes Konsonantenspielchen. Bei «Star(t)schuss» fällt mir ein, dass ich mal als 19-Jähriger in einer Bremer Freejazzband namens «Artspraxis» mitgespielt habe. Ist das nicht ein widerlicher Bandname? Wirkte damals nicht unhip. Heute schon. Aber «Star(t)schuss» ist fast noch schlimmer. Wie dem auch sei: Das Fahrerfeld rauscht los, Peter und Hannes, die sich gewisse Siegchancen ausrechnen, geben Gummi, und schließlich, nachdem ich mich der Wumme entledigt habe, setze auch ich mich in Bewegung.

Im Münchener Olympiapark findet an diesem Wochenende nicht nur das Mountainbike-Rennen statt, sondern auch ein ganz besonderes Opernereignis. «Turandot» wird von chinesischen Gigantomanie-Spezialisten im Olympiastadion gegeben, und die Strecke muss mit den Wegen, auf denen die Opernfreunde zum Stadion gelangen, in Einklang gebracht werden. Dies geschieht mit stählernen Brücken, auf denen die Radler die Musiktheaterfreunde überqueren. «O-Gott-o-Gott» stöhnen die meisten Fahrer, als sie die steilen Bauwerke erstmals erklimmen. Rauf geht's nur mit viel Schwung, und die Runterfahrt auf der anderen Seite endet mit einem kantigen Stauchschlag auf Gabel, Hände und Oberkörper. Die ersten drei Stunden vergehen in backöflicher Hitze. Ralf und David stehen am vereinbarten Verpflegungspunkt und gießen mir nach jeder Runde Kühlwasser über den Kopf, während ich meine Trinkflaschen auffülle.

Peter und Hannes überrunden mich binnen weniger Stunden mehrmals. Wow, haben die einen Zahn drauf. Nun ja, morgen Mittag wollen sie sich den Lorbeerkranz aufs Haupt legen lassen, da geht's wohl nicht anders.

Nach den ersten Runden bin ich sehr erleichtert: Die technischen Knackpunkte Rasenabfahrt, Treppe (ich fahre natürlich neben den Stufen) und die Brücken bewältige ich zwar mit Herzrasen und chronischem Bremseinsatz, aber ohne Sturz – ganz im Gegensatz zu vielen anderen, die vor allem auf der Rasenabfahrt mit äußerst halsbrecherischen Flugeinlagen überzeugen. Tatütata. Um Panikstopps mit anschließendem Überschlag zu vermeiden, bremse ich vorzugsweise mit der Hinterradbremse. Eine gute Idee? Das wird erst der morgige Vormittag zeigen ...

Wer auf dem engen Kurs überholen will, ruft laut «Links!» und fährt dann – na wo wohl? – links am zu Überholenden vorbei. Wer sich einer guten Kinderstube erfreut, schließt den Überholvorgang mit einer kurzen Danksagung ab. Machen aber nur wenige. Da aufgrund der gleichzeitig ausgetragenen unterschiedlichen

Staffel- und Einzelwettbewerbe sehr unterschiedliche Geschwindigkeiten gefahren werden, ertönt ein permanentes «Links!», was an ein Dauer-Froschkonzert zur Paarungszeit erinnert.

Nach drei Stunden lege ich die erste kurze Pause ein. Nudeln mit Magnesium. Guten Appetit.

Am Spätnachmittag kündigt sich das bevorstehende Opernspektakel an: Nach und nach füllen sich die Wege unter den Stahlbrücken mit Musikliebhabern, die interessiert der Dauerdrahteselei zuschauen. Manche Opernfreunde tragen sogar Smoking oder Abendkleid. Auch Operngläser kann ich ausmachen.

Noch verspüre ich keinerlei Ermüdungserscheinungen, und auch die Hochsommerhitze ist kein Problem. Eisern saufe ich gegen den Flüssigkeitsverlust an, wie ein gutes Brauereipferd.

Ab und zu treffe ich auf Michaela Betzmann. Die Veranstalterin turnt unermüdlich zwischen Olympiahalle, Wohnmobildorf und Wettkampfstrecke hin und her, pausenlos Anweisungen in ihr Walkie-Talkie schmetternd. Für die Nacht sind schwere Unwetter angekündigt, was bei ihr für eine gewisse Nervosität sorgt.

Von Runde zu Runde meistere ich die Treppe bzw. den steilen, staubigen Pfad, der sich im Laufe des Nachmittags unter Tausenden Überrollungen bildet, mit immer mehr Sicherheit. An den scharfen Knicks, an denen die Treppenrichtung spitzkehrig ihre Richtung ändert, wage ich es sogar, das Hinterrad zu blockieren, um dieses kontrolliert zur Seite ausbrechen zu lassen und auf diese Weise noch zügiger um die Ecke zu schlittern. An der zweiten Schlüsselstelle, der Rasenabfahrt, lasse ich hingegen weiterhin Vorsicht walten, zumal ich zu Beginn der Passage auch weiterhin regelmäßig von Adrenalin durchspült werde. Nur keinen Krankenhausaufenthalt riskieren.

In einer sandigen Senke springt mir die Kette vom Blatt. Mehrere Runden hintereinander. Immer an der tiefsten Stelle, sodass ich gezwungen bin, abzusteigen, den Weg für die Nachfolgenden frei zu machen und das Malheurchen von Hand zu beheben. Dass ich mich hierüber so gar nicht ärgern kann, werte ich als ein erstes Müdigkeitssignal. Bin halt zu blöd zum Schalten, denke ich. Abgestumpft lege ich die Kette aufs Blatt, warte, bis ich mich wieder einreihen kann, und wuchte mich dann im Wiegetritt den staubigen Hang empor.

Als ich abends um acht eine Essenspause am Wohnmobil einlege, klärt mich Mechaniker David darüber auf, dass die Ursache meines Kettenproblems ein kleiner Defekt sei. Er behebt ihn, während ich Nudelnachschub fasse, und wechselt bei dieser Gelegenheit auch gleich die hinteren Bremsklötze aus. «Bremst du denn nur hinten?», fragt er verblüfft. Kurz erwäge ich, ihm das Kleingedruckte in meinen Arbeitsverträgen zu erläutern, von wegen Überschlagen, Versicherung etc., aber dafür fühle ich mich nicht in der richtigen Stimmung.

Um halb zehn verlasse ich wieder die Strecke, um Lampen zu montieren. Es wird dunkel. Im Vorfeld des Rennens hatte ich verschiedene Lampen ausprobiert, unter anderem wuchtige Spezialscheinwerfer, die zwar filmfähiges Arbeitslicht lieferten, aber nur für zwei Stunden, und dies auch nur, wenn man backsteinartige Akkuklötze mitführte. Hannes formidabler Vorschlag, alle Leuchten per Kabel mit der Spitze des Fernsehturmes zu verbinden, um so eine 1a-Stromversorgung zu gewährleisten, war bei der Olympiapark GmbH leider nicht in Erwägung gezogen worden.

Nein, als Anfänger ohne blassen Schimmer hatte ich aus Gewichtsgründen dem blassen Schimmer einer leichten Diodenleuchte den Vorzug gegeben. Nach nur einer Runde sehe ich mich gezwungen, mein Leuchtchen um den Schein einer Stirnlampe zu erweitern. Im Gestrüpp auf der Rückseite des Olympiaberges ist es schlichtweg stockduster, und ich neige zur Nachtblindheit (warum, um Gottes willen, wird man dann Nachtsportler? Hm. Keine Ahnung).

Immerhin bin ich nun schon seit neun Stunden unterwegs, habe den Olympiapark fast 30-mal durchmessen und kenne die

Strecke daher ganz gut. Herrlich: Hat man den Olympiaberg erklommen, schaut man für einen Moment hinunter ins Stadion, in dem flutlichtbeschienen Tausende die Geschichte der chinesischen Prinzessin Turandot verfolgen. Zu Beginn des dritten Aktes verbietet Turandot allen Bewohnern der Stadt Peking das Schlafen – warum, ist mir jetzt zu anstrengend zu erklären, ich müsste mich vom Bürostuhl erheben und zum Regal mit den Nachschlagewerken laufen; dort befindet sich auch ein Opernführer, aber ich bin zu faul. Jedenfalls: Turandot ist *die* klassische Schlaflosigkeitsoper! Gäbe es ein passenderes Beiprogramm für eine solche Sportveranstaltung? Jeder kennt wohl den eleganten Koloraturschlager «Nessun dorma!». Vergeblich versuche ich, in den vom Wind herübergetragenen Klangpartikeln diese Erfolgsarie auszumachen. Schade, klappt nicht. Drei-, viermal passiere ich den geeigneten Streckenabschnitt, halte meine Ohren in Richtung Oper, dann leert sich das Stadion, und Tausende tendenziell overdresster Musikfreunde machen sich auf den Nachhauseweg. Viele bleiben jedoch auch an der Strecke, in vollem Opernornat, schauen zu und feuern an. Manche verweilen sogar die ganze Nacht, unter anderem eine stolatragende Frau in prächtigem Paillettenkleid, die knapp unterhalb des höchsten Punktes ihre ausgezogenen Stöckelschuhe als Percussionsinstrumente verwendet, um uns Fahrer wach zu halten.

Unter wilden Wolkengebirgen reihe ich Runde an Runde. Es wird immer schwüler, und feiner brauner Staub nutzt die Nacht, um sich in jede Hautpore, in jede Nische der feinen Fahrradmechanik zu zwängen, um dort wie ein Pilotenfisch am Rochenbauch der passiven Kilometersammelei zu frönen.

In der zu durchquerenden Olympiahalle herrscht eine einzigartige Atmosphäre. Hunderte Staffelfahrer warten schweigend im Neonlicht auf ihren Einsatz. Rufe durchhallen die Halle, und hinter dem Fahrerspalier stehen Dutzende Campingliegen, auf denen straffbeinige Sportsmänner herumdösen.

Nachts um eins machen meine Lampenbatterien schwach, außerdem habe ich den Eindruck, dass die Staubschicht das Schalten erschwert. Überdies erscheint mir auch eine Nachtmahlzeit angebracht.

Also verlasse ich an der Olympiaschwimmhalle den Parcours und schiebe meine Mähre zum Wohnmobil. Wie erleichternd, mal ein paar Meter zu gehen! Am Wohnmobil hat unsere großartige Helfertruppe alles grell mit starken Scheinwerfern ausgeleuchtet. Hannes und Peter sitzen stumm auf Klappstühlen. Zur Begrüßung stöhnt Hannes «Mir ist schlecht!» und schließt die Augen. «Heute musst du die Ehre des Teams retten!», murmelt er müde in meine Richtung und schläft augenblicklich ein. Auch Peter hat Probleme. Er verzieht sich mit einem tonlosen «Mir reicht's!» ins Wohnmobil. Ich stolpere hinterher und suche, während sich David meines Rades annimmt, frische Batterien. Kraut und Rüben. Wo sind die Scheißdinger? Ich hatte doch 48 Stück gekauft! Und jetzt braucht man den Mist, und alles liegt durcheinander. Der braune Staub ist auch im Innern des Wohnmobils allgegenwärtig, hat sich zudem mit einigen umgekippten Getränkeflaschen und Nudelsoßen zu einer dickflüssigen Pampe vermählt, die vom Fußboden bis zu den Matratzenunterseiten alles bedeckt. Ich denke an die übermorgige Rückgabe des Wohnmobils und den hygienebewussten Besitzer, und ich erwäge ernsthaft, mich gleich hier an Ort und Stelle zu erschießen. Auf das bisschen Blut und Hirn käme es jetzt auch nicht mehr an; in dieser fies vermüllten Schmierbude würde ich allerdings gewiss keine Knarre finden können – wenn ich denn überhaupt eine hätte. Nach einem mittleren Zusammenbruch hilft mir die besorgte Crew erfolgreich bei der Batteriensuche, flößt mir einen Teller Spaghetti mit jener undefinierbaren Mischsoße ein, die entsteht, wenn man an einem Tag in ein und demselben Topf fünfzehnmal hintereinander verschiedene Soßen erwärmt, ohne den Topf zwischendurch zu reinigen. Sodann hievt mich Masseur Ralf auf den Massagetisch, um meine Beine weich zu kneten.

Nach dem ersten Diagnosegriff reißt er erschrocken die Augenbrauen hoch und kommentiert trocken «Auweia!». Dann gebe ich mich für ein Viertelstündchen der Entspannung hin. Schlechte Idee. So nett Ralf ist, so professionell seine Hände zaubern: Als ich wieder auf dem Rad sitze, brauche ich volle zwei Runden, um den Körper wieder auf Betriebstemperatur zu bringen. Sollte ich jemals wieder an einem 24-Stunden-Mountainbike-Rennen teilnehmen, so analysiere ich, heißt es penible Ordnung halten, um nächtliche Suchaktionen überflüssig zu machen. Außerdem ist auf Massage zu verzichten. Die fühlt sich zwar zunächst fein wellnessmäßig an, die darauffolgende Stunde jedoch ist furchtbar. Wie ein Hardcore-Kater nach durchzechter Nacht. Gut, dass das TV-Team schlafen gegangen ist und mich jetzt, um drei Uhr, nicht mit Fragen traktiert wie «Und? Wie fühlen Sie sich?». Oder: «Ist das nicht anstrengend, immer so im Kreis zu fahren?» Ja. Isses.

Krisenstimmung. Ödnis im Kopf. Meine Fahrgeschwindigkeit rückt immer mehr in Richtung Oma mit Hackenporsche. Das Problem an einer solch allgemeinen Malaise ist, dass man immer aufmerksamer den eigenen Zustand begutachtet und ein Problem nach dem anderen entdeckt. So spüre ich, es mag auf halb vier zugehen, erstmals zwei spezielle Beschwerden, um die sich in den nächsten Stunden meine gesamte Existenz zu drehen beginnt. Das eine Problem ist mein Popo. Irgendein Fremdkörper scheint sich zwischen Damm und Sitzleder geschlichen zu haben. Vielleicht nur ein winziges Sandkörnchen, aber im Laufe der Zeit hat dieses unselige Stück Materie durch stetes Reibmahlen eine kleine offene Stelle verursacht. Genau dort, wo sich die Last meines Körpers und der Sattel guten Tag sagen. Dabei hatte ich alles soo gründlich vaselinesiert! Mit jedem Kopfsteinpflaster, mit jeder Baumwurzel reißt diese Wunde weiter auf. Vorerst ist alles erträglich, wenigstens unter Indianer-Gesichtspunkten. Aber was wird am Vormittag sein? Noch sind neun Stunden zu fahren ...

Das zweite Problem mache ich an meiner rechten Hand aus. Ich meine zu spüren, wie mit jeder Runde die Kraft in der Fingermuskulatur nachlässt. Im Gegensatz zu meinem Dammriss – man gestatte mir diesen etwas martialischen Ausdruck, der bekanntlich aus der Fachsprache der Geburtshelferinnen stammt; aber es gibt nur wenige Männer, die von sich behaupten können, schon mal leibhaftig eine solche Ruptur erlebt zu haben (so wie es ja überhaupt nur wenige Männer gibt, die über aktive Geburtserfahrung verfügen) – im Gegensatz also zu meinem Dammriss ist die Kraftlosigkeit meiner rechten Hand eine echte Gefahr, brauche ich den Flunken doch zum Bremsen. Und ohne Bremsen: oha. Die linke Hand ist okay. Klar, die Vorderradbremse habe ich ja vergleichsweise sparsam eingesetzt. Bewusst versuche ich nun, die rechte Hand zu entlasten, aber sobald die Gedanken wegdriften, erledigt die lädierte rechte Hand wieder die Hauptarbeit. Immerhin ist sie hierauf seit 15 Stunden konditioniert.

Das müdigkeitsbedingte Abdriften der Gedanken hat übrigens den großen Vorteil, dass die Schmerzen weg sind. Völlig. Merke: Schmerz hat sehr mit der Wahrnehmung zu tun. Je mehr man sich auf Schmerzen konzentriert, desto ärger werden sie. Schade, dass ich die schmerzfreien Phasen nicht genießen kann, denn sobald mir dieser Schmerz-Zusammenhang auch nur entfernt in den Sinn kommt, ist der Spaß vorbei, und es tut wieder weh.

Vier Uhr. Die Sonne geht auf und holt mich aus meinem Psychotief. Sonnenaufgänge sind herrlich. «Lebbe geht weider», wie Dragoslav Stepanovic, der serbische Fußballtrainer, immer betonte. Was macht der eigentlich?

Zeit für ein Frühstück. Am Wohnmobil herrscht Ruhe. Hannes liegt auf dem Massagetisch und schnarcht. Arzt Stefan ist wach, drückt mir einen Kaffee und ein Nutella-Croissant in die (linke) Hand und bietet mir an, mein Sitzfleisch mit Betäubungscreme zu versorgen. Ich lehne ab. Warum, weiß ich nicht. Vielleicht weil ich, als er mir die Creme vorschlägt, stehe und daher recht beschwerdefrei bin. Ich wechsle lediglich die Hose und schmiere ein ganzes Fass Vaseline auf meinen Problembereich. Dann begutachtet Stefan meine Hand. Interessant. Mein kleiner Finger steht seitwärts ab und lässt sich nicht mehr bewegen. «Nur eine Nervenirritation. Das legt sich wieder», sagt unser Doktor, füttert mich noch mit einer Handvoll Magnesiumtabletten und schickt mich wieder auf die Reise.

Das Frühstück und die frische Hose haben gutgetan. Die Sonne wärmt mich auf, und plötzlich überholt mich ein gutgelaunter Hannes. «Da bin ich wieder!» Peter hingegen verzichtet auf die Wiederaufnahme des Rennens; der Führende ist uneinholbar davon, und ein Profi ist in einer solchen Lage gezwungen, die Kräfte für den nächsten Einsatz zu schonen. Immerhin lebt Peter vom Siegen; ich als Hobbysportler kann es mir leisten, mich heute mal so richtig müde zu turnen.

Die Strecke ist mittlerweile in einem hanebüchenen Zustand. Wo sich gestern Nachmittag noch ein kleines, sandiges Schlagloch befand, wühlt man sich mittlerweile durch einen grauen, grundlosen Krater mit zwei Metern Durchmesser. Auf den Pflastersteinwegen haben sich allenthalben Steine gelöst, was im Laufe der Nacht zu Kettenreaktionen geführt hat. Wie nach der Schahdemo weiland 68. Was für ein gründliches Zerstörungswerk! Nur wegen ein paar durchgeknallter Radler, die ihre Maßlosigkeit öffentlich ausleben möchten.

Aber nicht nur die Wege leiden. Die «Rasenabfahrt» z.B. verdient ihren Namen auch nicht mehr. Tausende unschuldiger Gräser sind inzwischen von grausamen Grobstollern in den Einkeimblättrigen-Himmel befördert worden. Jeder Gartenfreund beginnt bei diesem Anblick umgehend zu heulen. Und auch meine Tränendrüse gerät langsam außer Kontrolle. «Weine nicht, wenn der Regen fällt, Damm-Damm, Damm-Damm», säusele ich mit schmerzverzerrtem Gesicht, immer wenn ich stehend die Rasenabfahrt absolviert habe und minutenlang versuche, eine halbwegs erträgliche Sitzposition zu finden. Und kaum habe ich ein Fleckchen Haut gefunden, das noch als solches brauchbar ist, beginnt auch schon wieder der Anstieg zum Olympiaberg, den ich ob allgemeiner Schenkelschwäche im Wiegetritt erklettere.

Irre: Hannes, der die Nacht weitgehend schlafend verbracht hat, liegt vor mir. Fährt halt in völlig anderem Tempo. Dafür ruft er mir, als er mich wieder einmal überrundet, zu: «Schnauze voll. Ich hör auf!» Dann verlässt er die Strecke und rollt in Richtung Duschen.

Hadere ich nicht gerade mit meinem Hintern, entwickle ich geradezu paranoide Angstphantasien bezüglich meiner rechten Hand. Werde ich am Ende der Brücke nochmal ausreichend bremsen können? Werde ich meinen kleinen rechten Finger überhaupt jemals wieder bewegen können? Noch zweimal lehne ich Betäubungscreme ab und lasse mir erklären, warum die Fingertaubheit nichts Gravierendes sein *kann*. Noch viermal lege ich Kurzpausen an unserem Verpflegungspunkt ein, um mich gemeinsam mit meinen Betreuern obskuren Rechenspielchen hinzugeben. Wie viele Runden muss ich noch fahren, um 300 Kilometer zu erreichen? Wie viele hat Hannes geschafft? Wann schlägt's endlich dreizehn? Jetzt kommt der demotivierende Charakter des Rundenfahrens voll zum Tragen. Man ist sozusagen nie am Ziel. Sisyphos bestellt beste Grüße. Mama hatte recht. Alles Scheiße, deine Elli.

Um halb eins wird die letzte Runde eingeläutet. Plötzlich fahren die Staffelfahrer wie die Teufel. Ruppig, rücksichtslos, «LIIINKS!!» schreiend. Links. Ich kann's nicht mehr hören. Aus Angst, mich im Endspurt-Getümmel zu verletzen, fahre ich kopfschüttelnd raus und mache Feierabend. 62 Runden. So viel wie Hannes. Um die 300 km. Genug. Kurz ein paar Interviews, Sachen packen und weg. Brumm, brumm. Bitte zügig. Im Auto versichern wir alle uns gegenseitig, nie wieder an einem solchen 24-Stunden-Rennen teilzunehmen. Die Hölle: ein interessanter Ort. Aber warum soll ich mich schon zu Lebzeiten in ihr aufhalten? Nie wieder. Versprochen.

Am nächsten Tag kommt Peter zum Kaffee. Wir stehen auf der Terrasse und überlegen, was man im nächsten Jahr besser machen könnte …

Kleiner Nachtrag: Nach vier Tagen kann ich mich erstmals wieder hinsetzen, den kleinen Finger habe ich eine Woche später wieder im Griff.

Vogelgezwitscher im Iglu

Bin ich Masochist? Immerhin reiße ich mir für mein Hobby ganz buchstäblich den Arsch auf, und zwar freiwillig. So weit, so stimmig. Nun bin ich kein promovierter Sexualwissenschaftler, sondern höchstens interessierter Laie, wage aber zu behaupten, dass für den «echten» Masochismus zwei Zutaten unentbehrlich sind: die sexuelle Erregung und mindestens ein Sexualpartner. Ist mir beides während des Sporttreibens bisher nicht untergekommen. Schade eigentlich. Wäre natürlich mal ein lustiges Experiment: der Einsatz von Dominas, die peitschenschwingend den Ausdauersportler in immer neue Grenzbereiche treiben. «Los! Lauf, du fauler Versager!» Ob wohl russische Sportwissenschaftler diesen motivatorischen Ansatz bereits erforscht haben? Wäre mal ein originelles Thema für eine Doktorarbeit, oder wenigstens für «clever!». Werde ich mal in der Redaktionssitzung vorschlagen.

Nach den schmerzhaften 24 Stunden stelle ich mein Mountainbike ungeputzt in die Garage und würdige es fortan keines Blickes mehr.

«Das Ding werde ich nie wieder anrühren!», beteuere ich voller Pathos, was Ines jedoch nur ein müdes «ist klar» entlockt.

«Wolltest du nicht nach dem Ausflug mit Johann Mühlegg ebenfalls mit dem Sport aufhören?», fügt sie spitz hinzu.

«Nur mit dem Laufen, nicht mit dem Sport insgesamt», antworte ich mit etwas brüchiger Stimme.

In den folgenden Sommerwochen falsifiziere ich mich dann gründlich, unternehme knackige Bergtouren und nehme auch, diesmal ganz und gar ohne Lauftraining, am diesjährigen Marathon in Füssen teil. Nur so aus Daffke, mit einer Kapitänsmütze auf dem Kopf (weil ich in der morgendlichen Hektik keinen anderen Sonnenschutz finde). Immerhin bleibe ich unangestrengt unter vier Stunden.

Der Spätsommer ist wieder «clever!» gewidmet. Probe-Sendung-Probe-Sendung, und das ein Dutzend Mal hintereinander. Macht mir nichts aus, mit Rundenrennen kenne ich mich ja jetzt aus. Am ersten freien Wochenende verabrede ich mich mit dem Kölner Fotografen Stefan Menne, den ich seit 14 Jahren und von unzähligen Fotosessions kenne, zu einer gemeinsamen Radtour. An einem nieseligen Sonntagmorgen nehmen wir die Stadt Brüssel ins Visier, er auf seinem Renn-, ich auf meinem Klapprad, und lassen uns abends per Taxi zurück nach Köln kutschieren. Angetan von dieser Art des Städtetourismus, vereinbaren wir, im nächsten Jahr gemeinsam nach Paris zu strampeln. Da ich in Brüssel frustriert feststellen musste, dass mein Schulfranzösisch vollständig verrottet ist, nehme ich mir vor, dieses bis zur Parisreise gehörig aufzupolieren und mich hierbei nicht, wie in meiner strohfeurigen Italienischphase, durch attraktive Flugbegleiterinnen aus der Bahn werfen zu lassen.

Mitte September begebe ich mich nach Bordeaux, um für «Mega clever! Die NKL-Show» an einem Parabelflug teilzunehmen. Was ist ein Parabelflug? Man nehme einen Airbus A300 Sonderausstattung «Zero G», das dritte überhaupt je gebaute Flugzeug dieses Typs, räume die Sitze aus der Kabine und ersetze diese durch eine Rundumpolsterung aus, äh, Judomatten. Dann lade man eine Fuhre Forscher und allerhand Versuchsaufbauten an Bord und fliege hinaus auf den Atlantik. Dort zieht der Pilot (oder besser «die Piloten», es handelt sich nämlich um deren dreie) die Maschine in einem Winkel von 40 Grad nach oben, drosselt den Schub, bis im Inneren der Maschine die Schwerkraft aufgehoben ist, geht in einen steilen Abwärtsflug über und fängt die Maschine einige tausend Höhenmeter tiefer wieder ab. Die Bahn des Flugzeugs ähnelt während einer solchen Parabel einer «Kerze» beim Fußball, wenn also ein bedrängter Verteidiger die Kulle in die Wolken drischt. Für die Dauer von je 22 Sekunden lässt sich so Schwerelosigkeit erzielen, was Physikern, Weltraummedizinern etc. die Gelegenheit bietet, in der Schwerelosigkeit zu forschen, ohne gleich für viel Geld eine Raumstation aufzusuchen. Während eines dreieinhalbstündigen Fluges werden 31 Parabeln geflogen. So weit die Theorie.

Zunächst stöhne ich. Die ganze Woche in Bordeaux, für einen einzigen Vier-Minuten-Zuspieler, in dem die Frage beantwortet werden soll, wie sich Goldfische in der Schwerelosigkeit verhalten. Zwischendurch nach Köln, zu «Genial daneben». Alle Flüge über Amsterdam, mit fetter Wartezeit. Ob der Aufwand lohnt? In Bordeaux angekommen, beziehen «clever!»-Redakteur Christian und ich zwei verschimmelte Hotelzimmer im Gewerbegebiet am Flughafen. Dann hole ich meine Laufschuhe und mein GPS-Gerät aus dem Rucksack, lasse meine Position lokalisieren, gehe in den «Finde»-Modus und drücke auf «Sehenswürdigkeiten». Mein Gerät offeriert mir daraufhin eine Liste mit touristisch relevanten Zielen in der Umgegend, darunter einen «Tour de Veyrines». Fünf Kilometer entfernt. Macht hin und zurück zehn Kilometer, also eine Stunde Jogging zum Tagesausklang. Genau das Richtige. Was das wohl sein mag, dieser «Tour de Veyrines»? Bestimmt ein Turm, so viel weiß ich noch aus der Schule.

23 Uhr. Ich verlasse meine Pilzbude und laufe kurzhosig auf dem Seitenstreifen jener Ausfallstraße, die den Flughafen mit der Bordelaiser Innenstadt verbindet. «Bordelaise» – da muss ich immer an das berühmte tiefgekühlte Iglo-Fischfilet denken, das wir als Kinder regelmäßig verzehrten und das zu einer gewissen Geschmacksprägung geführt hat – ich esse die goldfarbenen Barren aus der Aluschale nämlich immer noch gerne.

Es ist Sonntagabend und der Verkehr spärlich. Eine warme, atlantische Nacht. Gewerbegebiet beidseitig: Steakhaus, Möbelmarkt, Autobahnbrücke. Dann rechts ab in den Ortskern von Mérignac, eine aufgrund des offenbar wachstumsfördernden ozeanischen Klimas üppig zugeefeute Flachwohngegend. Wuff-Wuff! In jedem zweiten Vorgarten scheint ein Hund darauf zu warten, dass ein ahnungsloser Jogger den Bürgersteig entlangtrabt und sich durch ein plötzliches Lautgeben erschrecken lässt. Für so was bin ich das perfekte Opfer; auch nach dem zwanzigsten Köter zucke ich zusammen, obwohl die stimmstarken Tiere allesamt durch Zäune gesichert sind. Nach einer halben Stunde erreiche ich, immer brav den Anweisungen meines GPS-Gerätes folgend, ein vermülltes Stück Brachland, großräumig durch verrostete Eisengitter abgesperrt. «Ziel erreicht» lese ich im Display. Nanu?! Mein Blick fällt auf einen Stapel alter Autoreifen. Hä? Ist das etwa der sehenswürdige Turm? Ich blinzle in die Düsternis. Zwischen Disteln und Bauschutt äst ein uralter Esel. Im Hintergrund zeichnet sich ein unbeleuchtetes Immobilchen ab, betagt, beschädigt, rund und knappe sechs Meter hoch. Ach so. Verstehe. Ich kneife die Augen noch stärker zusammen und studiere das Backsteinbauwerk. War wohl mal Teil eines Wehrturmes oder Sockel einer Windmühle oder was weiß ich. Der Esel glotzt mich verwundert an. Kommt wahrscheinlich nicht häufig vor, dass sich Touristen hierher verirren, um den «Tour de Veyrines» zu besuchen. Hinweistafeln oder Ähnliches sind nicht zu entdecken. Scheint selbst auf der Liste mit den Highlights des Vorortes Mérignac eher im hinteren Drittel zu rangieren. Während ich kopfschüttelnd den Rückweg antrete, denke ich, dass dies auch ein schöner Zeitvertreib ist: Sightseeing upside down; drei Wochen die belanglosesten Sehenswürdigkeiten Europas studieren. Würde man sicher vieles erfahren, über was auch immer. Zumindest jedoch etwas über die Finde-Sehenswürdigkeit-Funktion in GPS-Geräten.

Montag: Sicherheitsbelehrungen; Gebrauch der Rauchschutzmasken, medizinische Hinweise zu Aufbau und Funktion des Gleichgewichtsorgans, Theorie des Parabelflugs. Die Wissenschaftler stellen ihre Experimente vor. Am Nachmittag besorgt Redakteur Christian unsere Goldfische, deren Verhalten in der Schwerelosigkeit wir filmen wollen. Dann folgen Dreharbeiten am Boden. Am Donnerstag endlich findet der Parabelflug statt. Ich schlüpfe in den schicken blauen Overall vom «Deutschen Zentrum für Luft- und Raumfahrt» und begebe mich zur Medikamentenausgabe. «Scopolamin» heißt der für Erstflieger obligatorische Wirkstoff und steckt in einer kleinen weißen Tablette, auf deren Oberseite eingraviert das Wort «Hope» steht. Ein Hinweis auf eine eventuelle Gefahrenlage? Immerhin fliege ich komplett unversichert mit; falls mir was passiert, muss Ines gucken, wie sie klarkommt – also genau wie beim Mountainbiken, insofern nichts Besonderes. Es ist aber, so erfahre ich halbwegs erleichtert, in der Geschichte der Parabelflüge noch nie zu einem Absturz gekommen (sieht beim Mountainbiken bekanntlich ganz anders aus). «Hope» jedenfalls ist lediglich der Name jener kleinen texanischen Firma, die dieses Spezialmittel gegen Übelkeit herstellt.

Neun Uhr. Der Abflug verschiebt sich wegen Nebels. Die gesamte Reisegruppe trottet nach nebenan in die Kantine der Rüstungsschmiede «Sogerma» und futtert. Ich bin völlig neben der Kappe und gleichzeitig verdächtig guter Laune. Später werde ich bei Wikipedia lesen, dass es sich bei Scopolamin um den synthetisierten Wirkstoff des Fliegenpilzes handelt und dass dieser Angstlöser bis in die 50er Jahre als «Wahrheitsdroge» in der US-amerikanischen Psychiatrie eingesetzt wurde. Nun ja; bei Wikipedia steht alles Mögliche. Muss ja nicht immer stimmen.

Nach dem Start montiere ich meine Kameras, womit ich mich bereits völlig überfordert fühle, und setze mich für die erste Parabel, die aus Sicherheitsgründen angeschnallt zu absolvieren ist, in Positur. Pierre, der französische Spezialkameramann, filmt mich, wie ich zunächst, während des Steigfluges, unter der achterbahnalen 2-G-Belastung meine Lefzen hängen lasse und dann, als die Schwerelosigkeit einsetzt, völlig der Kontrolle über meine Mimik verlustig gehe. Das Blut schießt mir in den Kopf, und ich ringe nach einer Methode, das mir völlig neue Gefühl der Schwerelosigkeit mit irgendetwas in meinem Erfahrungsschatz abgleichen zu können. Erfolglos. Und weil mein Hirn nicht weiß, wie es mit der plötzlichen Leichtigkeit verfahren soll, pendele ich zwischen jener Angst, die man beim freien Fall empfindet, und der Novitätseuphorie, die den Menschen das letzte Mal während der Pubertät ergreift, wenn er nämlich erstmals jene körperlichen Vorgänge kennenlernt, die mit dem unser Menschengeschlecht erhaltenden Hormon-Schwipp-Schwapp zu tun haben.

Nach der ersten Parabel schnalle ich mich geschwind ab und begebe mich in die «Fun Zone», einen aus Netzen bestehenden Käfig, in dem die Wissenschaftler, wenn sie ihre Experimente durchgeführt haben und noch etwas Zeit übrig ist, sich mit Salti und Luftschrauben vergnügen können. Nach einigen ersten verwirrenden Überschlägen nehme ich meine Arbeit auf und filme mein Goldfischpärchen, das in seinem kugelförmigen Spezialaquarium während der Schwerelosigkeitsphasen desorientiert durch die entstehende Wasserblase, aber auch durch die Luft schwimmt. Sobald die Schwerkraft wieder einsetzt, tun die Fische so, als wenn nichts gewesen wäre. «Daran kann man erkennen», klärt mich eine mitfliegende Biologin auf, «wie schlecht das Gedächtnis der kleinen Kärpflinge ist: Sobald's vorbei ist, haben sie's auch schon vergessen.» Faszinierend. Am liebsten würde ich aus der Schwerelosigkeit meine Oma anrufen, um ihr vorzuflunkern, ich unternähme gerade «einen Spaziergang ...».

Nach 31 Parabeln, also nach dreieinhalb Stunden, lande ich wieder kotzfrei in Bordeaux. Das war ohne Zweifel die inspirierendste Reise des Jahres – die 24 Stunden Mountainbike mag ich nur ungerne eine «Reise» nennen. Welch ein Privileg, dass ich hier dabei sein darf! Ich, der kleine Wigald, dessen schwächste Schulfächer stets Chemie und Physik waren. Allein hierfür hat sich meine Mitarbeit an «clever!» gelohnt.

Wieder zu Hause, verschlinge ich alle verfügbaren Bücher zum Thema Weltraummedizin und Geschichte der Raumfahrt. Gepriesen sei Klara von Assisi, die Schutzheilige aller Fernsehschaffenden, sowie Josef von Cupertino, Patron aller Weltraumfahrer, nicht zu vergessen Bona von Pisa, zuständig für alle Flugbegleiter.

«Mega clever! Die NKL-Show» wird in Berlin-Adlershof aufgezeichnet und gerät zu einer wahnwitzigen Monstersause, spektakulärer und umfangreicher als alle Sendungen, mit denen ich bisher zu tun hatte. Die Proben erstrecken sich über eine ganze Woche, und Auftritte von Großwild wie Giraffen und Elefanten werden ergänzt durch gewaltige Kunstwüsten, mit deren Hilfe Treibsandunfälle simuliert werden. Gigantomanie pur. Mein persönliches Highlight ist und bleibt jedoch die Aufnahme, die mein Gesicht beim Erleben der ersten Parabel zeigt. In diesem seltenen Bilddokument bin ich, der seit zwei Jahrzehnten von der kalkulierten Gewalt über seine Gesichtszüge lebt, ausnahmsweise einmal mimisch völlig unkontrolliert zu sehen. Im Rausch der Überforderung.

Nach der Show und der vorangegangenen Probenwoche mit insgesamt zehn Stunden Schlaf entlädt sich die Anspannung aller Beteiligten in einer wilden Party. Ich tanze mit meinen charmanten wissenschaftlichen Mitarbeiterinnen Barbara Eligmann, Verona Pooth, Janine Kunze und NKL-Werbeikone Alexa – und das sind nur die Frauen; die Männer unterschlage ich jetzt einfach mal. Wie die Besessenen hüpfen wir bis zum Morgengrauen, ehe ich auf der Suche nach Erfrischung am Ufer des nahen Müggelsees ein Stündchen joggen gehe. Die Sonne blinzelt durch die Stieleichen, und die Spreeschwäne gähnen mir zu. Auf Schlaf verzichte ich auch in dieser Nacht, stattdessen packe ich frohgemut meinen Rucksack, eile zum Flughafen und fliege am Morgen mit meinen «clever!»-Mitstreitern nach Köln, zur Verleihung des Deutschen Fernsehpreises. Ines kommt aus München angereist und bringt mir meinen Smoking mit. Zittrig und verschwitzt steige ich hinein und wackle den roten Teppich hinab. Als Helge den berühmten Umschlag öffnet und «Der Sieger heißt ‹clever!›» raunt, reiße ich Barbara Eligmann vor Freude fast das zarte Kleid vom Leib, was sie nicht wenig verwirrt. Dann saufen wir uns die Hucke voll, sabbeln dummes Zeug und liegen uns weinend in den Armen. Was man an einem solchen Abend eben so macht.

Erst mal richtig ausschlafen. Dann trabe ich locker durch die Tage, bügel auf Inlineskates über die Hügel, um die Langlaufsaison vorzubereiten, pauke Französisch und warte darauf, dass sich neue sportliche Ziele aufdrängen und mich dazu bewegen, Trainingspläne zu schmieden. Da der November 2005 enorm warm und sonnig gerät, unternehmen Hannes und ich noch kurz vor Sendeschluss eine grandiotastische Radtour: Wir starten Samstagmorgen in Pfronten, essen in Liechtenstein Mittag (draußen! Im November!) und fahren über Chur weiter in die Ortschaft Thusis an der wildromantischen Via Mala. Dort übernachten wir, um am nächsten Tag den Splügenpass zu erklimmen. Die Passhöhe ist 2110 Meter hoch und völlig schneefrei. Nur die Michelin-Männchen-Montur des italienischen Zöllners deutet auf die Jahreszeit hin. Südwärts rollen wir in mildes Sonnenlicht hinein, am Ufer des Comer Sees entlang bis nach Como, wo wir uns am Abend durch die Konditoreien futtern, wo uns ein Freund von Hannes abholt.

Zwei Tage später endet der Traumherbst mit heftigem Schneefall. Loipendienst. Ski-Doo schmieren. Skier wachsen. Neben der fälligen Regeneration bietet der Frühwinter mir auch in diesem Jahr wieder Gelegenheit für sportwissenschaftliche Grundlagenforschung. So treffen sich an einem frühen Sonntagmorgen im Dezember drei Männer am Fuße des Tegelbergs, in Rufweite des Schlosses Neuschwanstein. Hannes, Markus (ja, der Markus, der auch an der legendären Deutschland-Italien-Fußreise teilnahm) und ich haben Kinder-Skibobs dabei, jene Plastikschlitten, die man für neun Euro neunzig im Supermarkt kaufen kann. Die Bobs sind mit Hilfe alter Fahrradschläuche an unseren Hüften befestigt, und auf den Sitzschalen haben wir Rucksäcke mit Thermoskannen und Wechselkleidung festgezurrt. Auf dem Schutzengelweg, jener Strecke, auf der auch jedes Jahr im August der berüchtigt steile «Tegelberglauf» stattfindet, ziehen wir nun unsere Bobs bergauf. Ich habe mir extra für diese Unternehmung in der Woche zuvor bei Obi auf dem Grabbeltisch Minispikes besorgt, die mit Gummibändern um die Schuhe gespannt werden und normalerweise Senioren das Gehen auf vereisten Bürgersteigen erleichtern sollen. Je höher wir steigen, desto höher liegt der Schnee. An der Baumgrenze reicht er uns bereits bis an die Hüfte, und als wir in etwa 1600 m Höhe eine verfallene Hütte erreichen, wechseln wir unsere nassen Klamotten, trinken heißen Tee und blinzeln vergnügt in den winterlich-rosafarbenen Sonnenaufgang. Dann nehmen wir auf unseren Kinderbobs Platz und stürzen uns vergnügt juchzend auf einer Skipiste, auf der in den 70er Jahren Weltcuprennen ausgetragen wurden, in die Tiefe. Das Fahrgefühl ist atemberaubend, man fährt mit doppelter Schallgeschwindigkeit, hat aber ob des pudrigen Tiefschnees jederzeit Gelegenheit, die Schussfahrt mit einer beherzten Seitwärtsrolle abzubremsen. Diese Seitwärtsrolle ergibt sich nach einigen hundert Metern Raserei übrigens ganz von selber, da der feine Puderschnee uns vollständig einstaubt und man in der uns umgebenden Schneewolke völlig die Orientierung verliert, was wiederum zu ebendieser Stopprolle führt. Und so werden wir, drei erwachsene Herren, an diesem frostigen Morgen zu Wahlfünfjährigen, deren spitze Freudenschreie wahrscheinlich bis nach Mekka vernehmbar sind.

Das untere Drittel der Skipiste präsentiert sich dann recht vereist, was unsere Geschwindigkeit nochmals ins Ferrarioide erhöht, aber ob der fehlenden Bremsmöglichkeit zu einer gewissen Mulmigkeit führt. Als ich meinen Bob knappe drei Zentimeter vor meinem Auto zum Stehen bringe, sind die Obi-Spikes vom kraftvollen Dauerbremsen so geschunden, dass ich sie an Ort und Stelle, ein frohes Liedchen pfeifend, in die Mülltonne werfe.

Apropos pfeifen: Einen Sekundäraspekt meiner gesamten Nachtsportlerkarriere habe ich, wie ich soeben verwundert feststelle, noch gar nicht erwähnt. Über die Jahre habe ich festgestellt, dass es einen sehr einfachen Indikator dafür gibt, ob ich mich in guter seelischer und körperlicher Verfassung befinde oder nicht: mein Gepfeife. Auf langen Stunden in der Düsternis ertappe ich mich immer wieder dabei, dass ich im Rhythmus meiner Bewegungen leise Melodien improvisiere und variiere. Je besser es mir geht, desto seltener wechselt das musikalische Motiv. Fühle ich mich gestresst, ungeduldig und abgeschlagen, bleibt mein Mund zu. Normalerweise basiert mein Geflöte nicht aus bekannten Kompositionen, nur ganz selten ertappe ich mich dabei, Versatzstücke aus Mozarts Klarinettenkonzert, aus den großen Hits von Madonna (vorwiegend in Hoteltreppenhäusern) oder aus Charlie Parkers «Ornithology» zu trällern, einmal war es sogar Roy Blacks «Ganz in Weiß, mit einem Blumenstrauß ...».

Als ich an ebendiesem Tag vom täglichen Trimm-Trab nach Hause komme, mache ich Ines einen Heiratsantrag. Verbal klassisch-romantisch, mit großen Augen und großer Geste, weniger romantisch jedoch insofern, als es sich um einen ausgesprochen regnerischen Tag handelt, ich schlammige Wege durchlaufen und dabei auch einmal gestolpert bin und daher aussehe wie ein verunfallter Kanalarbeiter. Ines sagt trotzdem «Ja!». Schön. Seit zehn Jahren sind wir ineinander verliebt, und diese Liebe hat nun auch erwiesenermaßen größten sportlichen Belastungen getrotzt. Verbringen Sie mal Ihre Abende mit einem Mann, dessen Ehrgeiz darauf gerichtet ist, viereinhalb Stunden auf einem Heimtrainer zu sitzen und Pedale zu bewegen, zumal wenn dieser (der Heimtrainer, nicht der Mann) einen Summton erzeugt, der das gesamte Haus durchdringt! Das muss wahre Liebe sein! Wir besorgen uns einen Termin beim Bürgermeister, und als wir unseren Kindern beim Abendessen vom Vorhaben erzählen, bricht Leander in Tränen aus. Wir seien, so fasse ich mal sinngemäß zusammen, das einzige Paar im Dorf, das nicht verheiratet sei, was uns denn einfiele, dieses Alleinstellungsmerkmal aufzugeben. Mama und Papa können ihn beruhigen: Wir hätten uns vorgenommen, dass alles genauso bleibe wie bisher, sogar die Nachnamen blieben unverändert. Das beruhigt Leander (Cyprian scheint die Sache relativ schnurz), und dann stoßen wir mit Apfelsaft auf unsere Familie an.

Zwei Tage später. Bambiverleihung in München; ich laudatiere gemeinsam mit Barbara Eligmann, übernachte in München und fahre frühmorgens zur Trauungszeremonie. Praktisch: Meinen Bambi-Smoking kann ich gleich anbehalten, obwohl fette TV-Schminkspuren am Hemdkragen dafür sorgen, dass ich so aussehe wie ein rumänischer Zirkusdirektor. Ines hat sich extra schick gemacht, und als der nette Bürgermeister in tiefsinnigen Worten Wesen, Sinn und Zweck der Ehe erläutert, fängt die Weihnachtsdekoration im Amtszimmer unvermittelt Feuer. Alarm! Geistesgegenwärtig ergreifen wir unsere Trauungsunterlagen und patschen damit die Flammen aus. Heißer Start einer staatlich anerkannten Zweisamkeit, oder?

Apropos heiß: Der Winter 2005/2006 ist außerordentlich kalt. Der Hügel, auf dem unser Haus steht, wird von den Dorfbewohnern sowieso von jeher «Klein Sibirien» genannt, insofern sind wir an arktische Temperaturen bereits gewöhnt. In diesem Winter jedoch friert uns mehrfach die Wasserleitung ein (was nach unseren Beobachtungen Nachttemperaturen von knappen –30 Grad erfordert), und der Schnee liegt vom November bis in den April ununterbrochen.

Das Telefon jedoch friert nicht ein. Klingelingeling. Hannes ist dran.

«Auf dem Breitenberg hat ein Freund von mir, der Bergführer ist, ein Iglu-Dorf errichtet. Er hat mir erlaubt, dort zu übernachten. Hast du Lust mitzukommen?» Na klar.

Freitagabend. Auf meinem Kinderbob habe ich mit einem Spannriemen eine Tasche mit meinem Schlafsack, einer uralten Isomatte und meinem silberfarbenen Takko-Markt-Skianzug befestigt. Hannes hat sich einen gewaltigen Rucksack auf den Rücken geladen, in dem er alles verstaut hat, was man in einem Iglu so zum Überleben braucht, vor allem einen portablen DVD-Player, Kartoffelchips und Bier. Wir stiefeln mit unseren Skiern auf einer schmalen Forststraße bergauf. Es ist lausig kalt, aber die Steigung, die schweren Skier und unser Gepäck lassen uns schnell schwitzen. Daher entledige ich mich meiner Jacke und stopfe sie in meine Kinderbob-Tasche. Hannes stöhnt ein bisschen ob der Voluminösität seines Rucksacks; freundlicherweise hat er sich bereit erklärt, auch für mich ein paar Bierflaschen mit hineinzupacken. Auf unserem Weg durch den nebligen Fichtenwald schwelge ich in Schwerelosigkeits-Anekdoten und diskutiere mit meinem Freund sportliche und sonstige Zukunftspläne. Nach einer Stunde gelangen wir an die Baumgrenze, und mit dem Wald öffnet sich auch der Nebelschleier. Sternenklarer Himmel. Stille. Nur unser Keuchen und das Knirschen des Schnees unter unseren Skiern ist zu vernehmen. Unvermittelt zweigen vom Forstweg linker Hand Skispuren ab. Diesen folgen wir, zwanzig Meter steil den Hang traversierend, dann per Spitzkehre in die andere Richtung. Spitzkehren auf Tourenskiern: Das ist für mich noch immer eine technisch anspruchsvolle Übung, bei der mich stets aufs Neue die Furcht befällt, das Gleichgewicht zu verlieren und den Berg hinunterzupurzeln. Konzentriert schaue ich in den Kegel meiner Stirnlampe und bereite mich innerlich auf die nächste Spitzkehre vor. Hannes geht mir zwanzig Meter voraus.

Plötzlich höre ich ein raschelndes Geräusch und spüre, wie der Kinderbob hinter mir verdächtig leicht wird. Schock. Ich ahne, was passiert ist. Während ich meinen Blick nach hinten wende, sehe ich meine Tasche wie in Zeitlupe den Hang hinunterrollen. Der Bob liegt quer, der Spannriemen daneben. Für eine halbe Sekunde erwäge ich, mich per Hechtsprung auf die Tasche zu werfen, aber ich befinde mich in instabiler Position, und als die halbe Sekunde um ist, verschwindet die Tasche auch schon in der Dunkelheit. Ich zittere. Rechts über mir höre ich Hannes' Skier im Schnee knirschen und unter mir das Geräusch der sich sonderbar langsam überschlagenden Tasche im Schnee, das sich immer weiter von mir entfernt. Noch eine weitere Sekunde vergeht. Dann schreie ich mit Leibeskräften: «Haaannes!» Stille.

«Was ist?»

«Meine Tasche ist weg!»

«Waaaas?»

Wieder Stille. Dann höre ich Hannes in der Ferne fluchen. Während ich vorsichtig rückwärts rücke, um den Kinderbob wieder auf seine Kufen zu setzen, gleitet Hannes heran. Von Panik ergriffen stammele ich: «Meine Tasche ... weiß auch nicht, wie sich der Spannriemen lösen konnte ... sie ist irgendwo da unten ...»

Hannes schaut mich an. Er weiß, dass meine Fahrkünste nicht ausreichen, um in diesem Gelände mitten in der Nacht querfeldein den Hang hinabzufahren. In seinem Blick mischen sich Mitleid und Ärger. Kopfschüttelnd entledigt er sich seines Riesenrucksacks.

«Pass auf mein Gepäck auf. Nicht runterrollen lassen, ja?!»

Ich nicke und presse ein tonloses «Danke!» hervor. Dann prescht Hannes in die Tiefe und verschwindet im Nebelmeer.

Wieder Stille. Über mir leuchten die Sterne. Ich atme tief durch und versuche, meiner Panik Herr zu werden. Kurze Analyse: Ich befinde mich in knapp 1800 Metern Höhe, zehn Uhr abends. Die Temperatur liegt bei satten –20 Grad. Ich trage ein dünnes Fahrradtrikot über einem Unterhemd und bin völlig durchgeschwitzt. Immerhin hat das Trikot lange Ärmel. Schon mal gut. Wie sagt man in der Fliegerei? «Runter kommen sie immer.» Das gilt auch für die Situation, in der ich mich jetzt befinde: Ich könnte auf den Skiern wieder zum Ausgangspunkt zurückfahren, sollte mir aber nicht einbilden, eine solche Abfahrt in meiner durchgeschwitzten Montur ohne Erfrierungen hinter mich zu bringen. «Immerhin ist dir ja im Moment noch warm», beruhige ich mich. Die Minuten vergehen. Ein erster Frostschauer kriecht meinen Rücken empor. Wie lange kann man in meiner Lage wohl durchhalten? Zehn Minuten? Ein geschlagenes Stündchen?

«Haaaannes!», rufe ich sorgenvoll in die Tiefe. Keine Reaktion. Macht nichts, mein Vertrauen in die skibergsteigerischen Fähigkeiten meines Freundes ist grenzenlos.

«Haaaannes!»

Nichts. Besorgt beobachte ich, wie mein Schweiß an der kalten Luft gefriert und die Oberfläche meiner Kleidung mit einem feinen Eisfilm überzieht. Noch ein Schauer durchfährt mich. Meine Hände zittern. Jetzt könnte er bald mal wieder auftauchen. Vielleicht sollte ich vorsichtshalber mal gucken, ob ich hier Handyempfang habe. Ach so. Ist in der Tasche. Nun ja. Noch ein paar Minuten vergehen. Ich versuche, mich von der immer grimmiger in meinen Körper eindringenden Kälte abzulenken, indem ich den prächtigen Himmel nach Sternbildern absuche. Wo ist nochmal der Große Wagen? Pustekuchen; nicht nur beschlägt meine Brille, immer wieder füllen sich auch meine Augen mit Tränen, immer wieder verschwimmt mein Blick. Ist wohl die Kälte, die die Augen reizt. Die Tränen rinnen meine Backen hinunter und gefrieren dort augenblicklich zu salzigen Skulpturen. Schwermut erfüllt mich. Scheißgeheule. Sofort aufhören. Ich schnäuze in die hartgefrorene Innenfläche meiner Handschuhe und beobachte, wie der Rotzfleck seinen Aggregatzustand wechselt. Vor Kälte schnatternd wie ein Enterich, entwerfe ich Programme für einen Notabstieg. Auf Skiern in meinem Zustand talwärts zu sausen, traue ich mir nun kaum noch zu. Der Fahrtwind würde mich binnen drei Minuten vollständig aushärten. Ich müsste also die Skier abschnallen und laufen, um wieder warm zu werden. Der Schnee auf dem Weg ist jedoch, vor allem im unteren Teil, zu blankem Eis gepresst. Das gäbe eine halsbrecherische Rutschpartie! Außerdem mag ich mich nicht bewegen; ich bin in diesem Moment ganz und gar antriebslos. Dafür durcheilen nun krude Traumgebilde mein Sensorium. Erblicke ich dort, auf der gegenüberliegenden Bergspitze, nicht soeben Frau Holle? In hohen Schaftstiefeln schüttelt sie ihr Oberbett und jodelt «Mama Leone». Links und rechts von ihr hocken zwei nackte Gestalten, mit Spannriemen gefesselt, im Schnee. Es handelt sich um niemand anders als General Winter und Väterchen Frost. Eiskalt zischt Frau Holle «Ihr! Sollt! Frieren!». Eingeschüchtert stammeln die Gefesselten «Ja, Herrin!» und werden augenblicklich zu Schneemännern, mit Karottennasen, Kartoffelaugen und Zylinder auf 'm Kopp. Frau Holle setzt sich mit grazilem Schwung auf einen goldenen Kinderbob, rauscht höhnisch lachend talwärts und verschwindet im Nebelmeer.

Verschämt blicke ich wieder gen Himmel. Das gefrorene Kondenswasser auf meinen Brillengläsern entschärft meinen Blick, die Sterne gruppieren sich zu Buchstaben, die Buchstaben werden zu Wörtern. Ich lese: «Erfroren auf dem Breitenberg. Frisch verheiratet. Zwei Kinder. Starb, weil er seine doofe Tasche nachlässig befestigt hatte. Was für ein Trottel.»

Als Hannes, mein Gepäck vor der Brust vor sich hertragend, schwer keuchend wieder auftaucht, kann ich mich kaum noch bewegen. Eiszapfen reichen von den Nasenlöchern bis hinunter zur Oberlippe. «Ddddannkkke», stottere ich ihm entgegen.

«War an einem Baum hängen geblieben. Hab eine ganze Weile suchen müssen. Und jetzt los, wir sind bald da. Beweg dich!»

Das auf einer flachen Terrasse am Hang gelegene Igludorf besteht aus einem Dutzend Behausungen, die unter der meterhohen Schneetracht nur noch als unauffällige Beulen im Gelände erkennbar sind.

Hannes kriecht bäuchlings in einen nur wenig zugeschneiten Tunnel hinein und sondiert die Lage, dann rutsche ich bibbernd hinterher. Während Hannes an der Kuppeldecke unsere Stirnlampen befestigt, schäle ich mich mühsam aus meinen nassen Klamotten, stecke mich in den mitgebrachten Skianzug und begutachte unser Nachtquartier. Eng. Knappe zwei Meter Durchmesser, eins zwanzig hoch. Eisboden. Und so eine seltsame Akustik: Durch den auf der Kuppel liegenden Schnee ist der Raum absolut schalldicht. Wie rollen unsere Isomatten aus. Hannes hat eine komfortable selbstaufblasende, neben der meine dünne Schaumbahn äußerst mickrig wirkt. Auf die Isomatten legen wir unsere Schlafsäcke und kriechen hinein. Mein Schlafsack ist ein ausgesprochenes Sommermodell, aber das macht gar nichts, denn als Grundschüler habe ich mal einen Film über Eskimos gesehen, in dem behauptet wurde, nach einer Weile im Iglu werde dieser durch die abgestrahlte Körperwärme muckelig warm. Von dieser Fernsehsendung erzähle ich, noch immer schnatternd, auch dem äußerst skeptisch meinen Schlafsack taxierenden Hannes. «Soso», antwortet er, öffnet zwei halbe Liter Bier und eine Chipstüte und klappt seinen portablen DVD-Spieler auf. «Dracula» in der Version von … wie heißt der nochmal … nicht dieser andere, sondern … verdammt, ich komm nicht drauf … der, der auch «Springtime for Hitler» gemacht hat, Sie wissen schon, dieser US-Komiker … war sogar mal Gast bei «RTL Samstag Nacht», und ich habe mit ihm einen Sketch gespielt … nicht Ennio Morricone, verflucht, der

Name liegt mir auf der Zunge ... Jean Gabin, nein, aber auch ein Vor- und ein Nachname, peinlich, ich kenne ihn doch sogar persönlich; ich habe ihm von meinen polnischen Vorfahren erzählt (er hat nämlich auch welche) ... Mist. WIE HEISST ER DOCH GLEICH? Elton John nicht, Aston Villa nicht, Anthony Yeboah nicht, Les Humphries, Humphrey Bogart, nein, nein, nein ... Mannometer, das gibt's doch nicht ... insofern nicht so wichtig, als uns der Film eh etwas langweilt und ich der Sache aufgrund meiner tiefgründigen Verfrorenheit nicht wirklich folgen kann. Nur ganz langsam entfaltet das Bier seine Wirkung.

Nochmal nach draußen, pinkeln. Was für ein Akt: Raus aus dem Schlafsack, durch den Tunnel kriechen, Skianzug ausziehen, wieder durch den Tunnel und wieder rein in den Schlafsack. Arme Eskimos. Dann Licht aus, Brille ab, schlafen.

Nach kurzer Zeit wache ich auf. Mir ist kalt. Kein Wunder. Ich bin von meiner Isomatte gerutscht und liege auf dem blanken Eisboden. Ich zuppele an der Kapuze meines Schlafsacks herum, um mich noch besser zu isolieren. Ist natürlich albern; der «Komfortbereich» meines Schlafsacks endet bei sieben Grad – plus, wohlgemerkt –, und in diesem Iglu ist es deutlich kühler. Ein seltsames Geräusch erregt meine Aufmerksamkeit. Kl-kl-kl-kl-kl ... was mag das sein? Ein nachtaktives Tier, draußen im Schnee? Eine Eule auf dem Igludach? Nein, es klingt anders. Eher wie eine Klapperschlange. Außerdem kommt das Geräusch nicht von außen. Kl-kl-kl-kl-kl. Mir geht ein Licht auf. Das sind meine Zähne. Die klappern. Sofort aufhören, das ist ja albern. Klappernde Zähne: So was kannte ich bisher nur aus Horrorfilmpersiflagen wie diesem «Dracula»-Film von diesem US-Komiker, wie heißt der doch gleich? Verflixt. Als ich meine Zähne unter Aufbringung all meiner Willenskraft erfolgreich arretiert habe, erregt ein weiteres akustisches Phänomen mein Interesse. Vogelgezwitscher! Ganz leise. Ist denn schon Morgen? Und seit wann gibt es Spatzen auf dem Breitenberg? Mit gespitzten Ohren analysiere ich das burschikose Gepiepse. Dann stelle ich verblüfft fest, dass ich es bin, der da so zwitschert. Ursprung des Konzerts ist – meine Lunge! Hier im Iglu, 900 Meter über der Zivilisation, mitten in der Nacht, abgeschottet durch über einen Meter Schnee, ist es so leise, dass ich meinen Lungenbläschen bei der Arbeit zuhören kann. Verblüffend, aber auch etwas beängstigend. Nicht nur für Klaustrophobiker ist dieses Nachtquartier ungeeignet, nein, auch starke Raucher sollten sich einen Igluaufenthalt zweimal überlegen. Könnte verdammt laut werden.

Ich versuche mich abzulenken: Wie hieß er denn nun gleich? Lionel Richie? Enzo Ferrari? Andy Borg? Ich weiß, alles falsch, aber so in dieser Art, irgendwie in diese Richtung. Komisch, dass ich mich an den Namen nicht erinnern kann. Ob das wohl eine Spätfolge des Scopolamins ist? Der anwesende Weltraummediziner hatte mir beim Parabelflug erzählt, nach der Einnahme dieses Medikaments könne man 100 Tage keinen Leistungssport betreiben, weil es als Dopingmittel gelte. Womit ich also ganz offiziell zu den Dopingsündern gehöre, aber das nur nebenbei. STOPP! MEL BROOKS! SO HEISST DER! NA KLAR! Geschafft. Natürlich. Warum nicht gleich so. Umgehend schlafe ich wieder ein.

Morgengrauen. Überraschung: Im Iglu ist es hell! Obwohl über einen Meter hoch mit Schnee bedeckt, durchdringt die Sonne das Kuppeldach und lässt die Decke bläulich schimmern. Ich konstatiere: Die Sonne ist stärker als der Schall. Sieht sehr schön aus. Weniger schön ist das elende Gefriere. Hannes ist auch wach. Erfrischt schmettert er mir ein freundliches «Guten Morgen» entgegen. Ich gebe den Gruß zurück und schicke ein kleinlautes «Mir ist kalt» hinterher.

«Ja, sag das doch gleich! Ich habe doch alles dabei!» Hannes reicht mir amüsiert einen Gore-Tex-Überzug für meinen Schlafsack. «Die vom Fernsehen erzählen auch manchmal Blödsinn, oder? Dass es hier im Iglu muckelig warm werden würde, ist doch z.B. Humbug, sag selbst?»

Ich enthalte mich eines Kommentars, schlottere «Danke» und

stülpe die olivgrüne Pelle über meinen Schlafsack. Dann endlich taue ich etwas auf und schlafe wieder ein.

Halb acht. Endgültig wach. Meine Nase läuft. Wenigstens friere ich nicht mehr. Wir packen alles zusammen und fahren auf unseren Skiern auf dem Forstweg hinunter ins Tal. Da ich koordinativ außerstande bin, bergab meinen Kinderbob hinter mir herzuziehen, übernimmt Hannes den kompletten Lastentransport. Beschämend. Aber selbst mit Riesenrucksack, Kinderbob und Tasche ist er eleganter unterwegs als ich. In einer Pfrontener Bäckerei bestellen wir Kaffee und Hörnchen.

«Du weißt, dass die Taschen-Nummer gestern ernsthaft hätte gefährlich werden können?», raunt mir plötzlich Hannes mit vollem Mund zu.

«Ja. Nochmal ganz vielen Dank. Beim nächsten Mal pass ich besser auf.» Ich huste heftig. Mein Kopf schmerzt. Wird wohl ein grippaler Infekt werden.

Draußen beginnt es zu schneien. Seufzend blicken wir ins Gestöber. Bald ist Sommer. Dann, so flüstere ich Hannes zu, fahre ich nach Paris!

Tatsächlich kriege ich in den nächsten Tagen eine zünftige Grippe. Glück gehabt, denke ich und stelle fest, dass ich mich noch nie so über eine Erkältungskrankheit gefreut habe. Es hätte ja schließlich auch schlimmer kommen können.

Als ich wieder gesund bin, kaufe ich mir sofort eine sündhaft teure Spezialisomatte für Polarexpeditionen. Wer weiß schon, ob ich im nächsten Winter nicht wieder den einen oder anderen Fernsehabend auf dem Breitenberg verbringe? Dieser, äh, Sie wissen schon, hat ja eine ganze Reihe Filme gedreht.

Bis es so weit ist, steht die Isomatte auf meinem Trophäenregal, zwischen dem Grimme-Preis und den warmen Handschuhen, die ich mir nach meiner Bergnot am Osthang des Gabelschrofens zugelegt habe.

Mit dem Rennrad auf der Autobahn

Auf dem Rad von Köln nach Paris. Bei der Hitze. Puh. Satte dreißig Grad. Als wenn man in einen Föhn hineinführe. Hilft nichts; der Terminkalender ist unerbittlich. Heute, am Dienstagabend, müssen wir – der Fotograf Stefan Menne und ich – losradeln, wenn wir pünktlich am Freitagmorgen wieder in Köln sein wollen. Dann nämlich wird eine interessante WDR-Testsendung gedreht, bei der ich mit von der Partie bin: «Richtig leben», basierend auf der «Fragen Sie Dr. Erlinger»-Kolumne, die ich Woche für Woche im Magazin der «Süddeutschen Zeitung» lese. Und Stefan muss sogar schon am Donnerstagabend wieder zu Hause sein, das hat er seiner Frau versprochen. Nun gut; bis nach Paris sind's runde 500 Kilometer. Müsste machbar sein. Und zurück kommt man immer, irgendwie. Das habe ich ja aus der Iglu-Episode gelernt.

Stefans Fotostudio ist nur wenige hundert Meter vom Büro meines Managements entfernt, in dem ich am Spätnachmittag unter den interessierten Blicken meiner Mitarbeiterinnen Sabine und Alexandra das Rennrad montiere und meine kleine Radtasche mit Klappzahnbürste, Regenzeug und zehn Riegeln befülle. Dann rolle ich zu Stefan, und als ich bei ihm eintreffe, bin ich ob der gleißenden Sonne bereits völlig durchgeschwitzt. Stefan ist auch nicht gerade frisch. Den ganzen heißen Tag lang hat er für RTL Walter Freiwald fotografiert, den ehemaligen Assistenten von Harry Wijnfoord bei «Der Preis ist heiß» und jetzigen Oberverkäufer im «RTL Shop».

Während ich noch einmal genüsslich meine Beine auf seinem

Schreibtisch ablege, präsentiert Stefan mir seinen Rucksack. Hilfe, ist der groß. Wie soll denn das gehen? «Ich will unterwegs fotografieren, da brauche ich halt ein bisschen Equipment. Und einen Wollpullover nehme ich auch mit, falls es doch kalt werden sollte.» Dann zeigt er mir stolz eine selbstentworfene Kamerahalterung, die er am vorderen Ende seines Triathlon-Lenkers befestigt hat. Irre. Mit dieser Apparatur, die dem Fahrrad so ein bisschen das Aussehen einer Gottesanbeterin verleiht, ist er in der Lage, während der Fahrt durch den Sucher zu blicken und per an der Gangschaltung befestigter Fernbedienung auszulösen. Klingt gut, hat aber einen kleinen Nachteil: Kamera und Stativ wiegen zusammen locker fünf Kilo, und die Konstruktion sieht nicht gerade kopfsteinpflastertauglich aus. Nun ja; wie sagt mein Papa immer? «Rotz-Vanille-Eierkuchen, jeder soll sein Glück versuchen!»

Um halb acht sind wir dann endlich auf der Straße. Nun wissen Sie ja bereits, dass ich mich in Saunen wohlfühle, mich aber andererseits durch eine gewisse Sonnenstichanfälligkeit auszeichne. Ein vorheriges Leben muss ich wohl als Shetlandpony verbracht haben, jedenfalls: Gewisse Zweifel befallen mich, als wir uns im Fahrtwind auf dem Weg von Köln-Ehrenfeld in die Stadt Düren dörren lassen. Kaum sind 25 km rum, habe ich auch schon die erste Buddel leergesoffen. Als wir Eschweiler erreichen, verschwindet die Sonne im Westen, und wir lassen uns an einem Plastiktisch vor «Alberts Schnellimbiss» nieder. Der pfiffige Wirt hat vor seinem Wurstpavillon einen Outdoor-Fernseher aufgestellt, an dem die Eschweiler Fastfood-Fans das heutige Brasilienspiel verfolgen. WM-Vorrunde. «Zu Gast bei Freunden. A Time to make Friends» – das schreibe ich mal als Erinnerungshilfe dazu, falls dieses Buch in die 25. Auflage geht und bis dahin in Vergessenheit gerät, dass der Sommer 2006 in Deutschland dem Fußball gewidmet war.

Nach einer kleinen Pizza lässt sich Imbiss-Albert noch mit mir fotografieren (wie schön, dass mit Stefan ein Profi zugegen ist), und dann schalten wir unsere Diodenleuchten an. Beide sind wir sehr auf nächtliche Verkehrssicherheit bedacht: Ich habe mir extra für diese Tour eine neongelbe Reflexionsweste zugelegt, und Stefan hat sage und schreibe sechs blinkende Rücklichter an Rad und Rucksack befestigt, die ihn von hinten aussehen lassen wie eine Kreuzung aus Weihnachtsbaum und rollendem Reeperbahnpuff.

In Aachen ist noch viel Betrieb. An einer Ampel stehen wir neben einem Bus, gefüllt mit fernasiatischen Fußballfans. Winke, winke, danke schön.

Hinter Aachen beginnen die Hügel der Eifel, oder der Ardennen. Oder nennt man diese Kuppen gar das «Hohe Venn»? Mit diesen Gebirgsbezeichnungen komme ich hier im 3-Länder-Eck immer durcheinander. Jedenfalls strampelt man sanft bergan, nie gibt es den Drang, in den Wiegetritt zu wechseln, und bergab kann man sich auf weit geschwungener oder gar schnurgerader Straße wunderbar erholen. An dieser Stelle gleich mal ein großes Lob an die Belgier: Zwar ist die weltweit einzigartige Totalbeleuchtung des nächtlichen Straßennetzes in deren Heimat ökologisch und ökonomisch völliger Unsinn, aber einen Vorteil hat sie doch: Das Nachtradeln ist in Belgien besonders augenfreundlich. Man könnte sogar auf die Frontleuchte verzichten und würde kaum einen Unterschied bemerken. Sehr nachtblindenkompatibel.

Von den Hügelkuppen der Eifel bzw. der Ardennen bzw. des Hohen Venns blickt man auf eine beeindruckende Landschaft hinab; jede Straße ist durch Lampenbänder erkennbar. Uns erinnert dieses Panorama an den Blick auf Los Angeles vom Hollywood-Schild aus, wobei, wie wir gerne zugeben, L.A. noch eine ganz schöne Fuhre heller ist als das Land der vielen durchgeknallten Biersorten.

Auf einem der Hügel steht ein gewaltiger Wasserturm in Stabhandgranatenform, und unter diesem legen wir unsere zweite Pause ein. Kurzes Durchdehnen, ein Riegel, und schon kann's weitergehen. Oder besser: könnte. Stefan braucht noch ein Weilchen.

«Moment, ich hab's gleich», sagt er und dehnt erst, nachdem er seinen Riegel verzehrt hat. Warum isst er nicht, während er dehnt?, denke ich mit leichtem Missbehagen. Bis nach Paris ist's noch weit, da können wir uns nicht allzu viel Zeitverlust leisten. Ich denke an meinen Ausflug mit Johann Mühlegg. Heute sind offenbar mal die Rollen vertauscht.

Lüttich. Was für eine schöne Stadt! Jedenfalls nachts. Stolze Bauten, elegante Brücken. Viel Kunst und juvenile Besuffskis mit nacktem Oberkörper. Als wir die Innenstadt verlassen haben, verfahren wir uns erstmals ernsthaft und geraten auf die Ausfallstraße nach Loncin. Bordell reiht sich an Bordell, wie man unschwer an den Damen erkennen kann, die schummerbeleuchtet in ihrer Berufskleidung hinter großen Schaufenstern sitzen und uns hineinzuwinken versuchen. Besten Dank, wir haben noch was vor. Hm. Sind wir hier richtig? Wir halten an und studieren die Karten auf den Displays unserer GPS-Geräte. Nein, falsch. Umkehren, zurück. Merkwürdig: Unsere Navis wollen uns auf die Autobahn E 40 schicken. Was ist denn mit denen los? Wir haben doch im Set-up ausdrücklich «Fernstraßen vermeiden» eingegeben. Pennen die Dinger etwa? Von der Zeit her würde es ja passen, es ist schließlich mitten in der Nacht. Eigenmächtig ignorieren wir unsere Computer und fahren über Jemerpe ans Ufer der Meuse. Hier verläuft so eine Art ausgebaute Bundesstraße. Mittlerweile ist es drei Uhr und der motorisierte Verkehr angenehm spärlich. Also los; 35 km im Vierspurverfahren. Leider ist der Asphalt recht grob, was unsere Popos vibrieren lässt. So etwas kann ja eventuell ganz anregend sein, aber auch das frivolste Vibratorenspiel wird nach einer Stunde Punktpenetration unangenehm. Entschuldigung für diese preiswerten Sex-Anspielungen, aber immerhin kommen wir gerade von der Lütticher Puffmeile, und so was prägt. Zumal, wenn man die Meuse entlangradelt. Nochmal sorry, jetzt wird's ja ganz jämmerlich, aber ich lasse diese peinliche Passage einfach mal unverändert stehen, um dem interessierten Publikum jene

Primitivität zu demonstrieren, welche die Gedankenwelt des wackeren Randonneurs auf langen Nachtfahrten befallen kann, wenn er im Pedalierwahn nicht nur sämtlicher Alltagssorgen, sondern auch aller darüber hinaus reichenden Reflexionen, all seines eventuellen Scharfsinns, seiner Kinderstube und seines Geschmacks verlustig gegangen ist. Am Ende bleiben höchstens Hunger, Durst und schlechte Witze.

Immer geradeaus; kaum ein Auto, das uns überholt. So was schläfert ein. Meine Augen werden kleiner und kleiner. Gleichmäßiges Tempo, Stefan vorneweg. Gähn. Die ersten Vöglein zwitschern. Nochmal gähn. Bssss macht die Kette, bssssss ...

HUSSA! Was war das? Habe ich etwa geschlafen? Wo bin ich? Auf dem Rad. Nach Paris. Stefan ist 50 Meter vor mir. Adrenalinschock. Alles klar, nichts passiert. Im Osten dämmert's. Die Vögel werden lauter. Tschilpzwitschertirili. Bssss macht die Kette, bssssss. MIST! Schon wieder geschlafen! Boning, fahr bloß nicht in den Fluss. Bssss macht die Kette ... AUGEN AUF! Verdammter Sandmann, geh weg! Ich reibe mir gewalttätig die Augen, bis es schmerzt, gieße mir Wasser aus der Trinkflasche über den Kopf und verpasse mir eine schallende Backpfeife. Hilft nichts. Bssss macht die Kette, bssssss ... Ich kämpfe heroisch gegen den Schlaf, aber mehrfach setzt mein Sensorium jeweils für die Dauer einer Sekunde aus. Dabei fühle ich mich ansonsten gut: keine Krämpfe, kein Unterzucker, alles paletti. Nur diese blöden Schlafattacken setzen mir zu. Hatte ich noch nie, dieses Problem. Aber wie sagte meine Oma immer? «Man wird alt wie eine Kuh und lernt immer noch dazu.»

In Namur, als die Sonne ganz aufgegangen ist, geht meine Krise plötzlich vorüber. Peng, und ich bin wieder wach. Ich schließe erleichtert zu Stefan auf, der sich mit Farbfahrfotos in allen Varianten über den toten Punkt geschossen hat. «Bonjour, as-tu dormi bien?», begrüße ich ihn, wie wir überhaupt einen Großteil unserer Kommunikation in magerem Französisch stattfinden lassen, zu Trainingszwecken. Immerhin weiß ich meinen wackeren Kettenkumpel mit einigen interessanten Redensarten zu unterhalten, wie zum Beispiel: «Le foire n'est pas sur le pont», was so viel heißt wie «Der Jahrmarkt ist nicht auf der Brücke». Diese Phrase verwendet der Franzose, wenn er ausdrücken möchte, dass es nicht pressiert und man sich mit einer Sache ruhig Zeit lassen könne. Aha. Und wieso dann Jahrmarkt und Brücke? Im Mittelalter durften die fahrenden Händler nach Abschluss einer Marktveranstaltung ihre nicht verkauften Waren einen Tag lang auf der Brücke vor der Stadt verramschen. Verstehen Sie? Da «der Markt noch nicht auf der Brücke ist», kann man sich also Zeit lassen und muss sich nicht beeilen. So, genug doziert. Zeit für ein Frühstück.

In Spy, einem Örtchen an der N 912, das durch seine völlige Attraktionslosigkeit auffällt, steuern wir eine Bäckerei an und bestellen Kaffee, Croissants und Brötchen, die in Belgien übrigens «Pistolets» heißen, also Pistolen. Warum der Belgier zum Frühstück Handfeuerwaffen verzehrt, weiß ich nicht. Man könnte mal die Bäckereifachverkäuferin fragen; aber zu etymologischen Fachgesprächen ist mein Französisch leider noch zu hühnerbrüstig und der Tag zu jung. Nach dem Frühstück schläft Stefan auf seinem Stuhl ein und droht, kopfüber in die Kaffeetasse zu kippen. Vorsichtshalber lege ich noch ein Pistolet auf das Trinkgefäß, sozusagen als Pistolendämpfer.

Von Spy aus fahren wir mit vollem Bauch streng südwestwärts Richtung Stadt der Liebe. Apropos: Zu Paris habe ich ein äußerst ambivalentes Verhältnis. Meine große Jugendliebe (jawohl, die Dame, der ich 1984 auf dem Weg in den gemeinsamen Italienurlaub sagte, ich wolle dereinst mal zu Fuß die Alpen überqueren), ebendiese Jugendliebe machte sich kurz nach unserem damaligen Urlaub auf den Weg nach Paris, um dort zu studieren, während ich achselzuckend in Norddeutschland verblieb. Nun bin ich ein fabelhafter Verdränger, begabter Schönfärber und brillanter Geschichtsklitterer, trotzdem: Höre ich «Paris», denke ich an K. und spüre ein gewisses Unbehagen. Einige Jahre nach ihrem Fortgang habe ich K. in Paris besucht. Nachmittags begleitete ich sie in einen Hörsaal der Sorbonne. Kunstgeschichte. Ein strubbeliger Professor erklärte per Diashow den Einfluss der 60er-Pop-Art auf das Schaffen von Jeff Koons. Zwar auf Französisch, aber als erklärter Jeff-Koons-Fan konnte ich dem Vortrag einigermaßen folgen. Magnifique!

Abends besuchten wir eine flotte Studentenparty in Montmartre, auf der Caipirinha in Höchstdosis konsumiert wurde. Für die Feststoffzufuhr hatten sich die freundlichen Gastgeber etwas ganz Besonderes ausgedacht: Guacamole in «All you can eat»-Quantität, und zwar in der Badewanne zubereitet und dargereicht. Wer Hunger hatte, ging einfach ins Bad und schöpfte mit einer Suppenkelle einen Klacks Guacamole aus der Wanne auf den Teller. Exceptionnelle!

Mein nächster Aufenthalt in Paris fand wenig später statt. Gemeinsam mit ein paar Freunden begleitete ich die Hamburger Pop-Band «Jeremy Days» in die französische Kapitale (erinnert sich jemand? Die «Jeremy Days» hatten einen satten Hit in den Achtzigern, der hieß «She's my brand new toy»). In einem düsteren Kleinstclub fand ein sogenanntes Showcase statt; die Band präsentierte den A&R-Managern (A&R heißt «Artist and Repertoire») der französischen RCA (RCA heißt «Radio Corporation of America») ihr Programm, in der Hoffnung, ihre CD (CD heißt «Compact Disc») auch in Frankreich veröffentlichen zu können. Ganze fünf gähnende Gestalten lungerten während des Konzertes an der Bar herum. Den erhofften Plattenvertrag gab es nicht; dieser ging vielmehr an die Vorgruppe «The La's» aus England. Nachdem man die Anreise bereits in der Nacht zuvor schlaflos im Auto erledigt hatte, legte sich hierdurch ein gewisser Schatten über die Laune unserer kleinen Hamburger Reisegruppe. Noch am Abend fuhren wir frustriert zurück in die Hansestadt.

Kurzum: Mit Paris habe ich eine Rechnung offen. Der bloße

Gedanke an eine Fahrt dorthin erhöht meinen Puls. Wer gerne mal eine lange Radtour unternehmen möchte, aber unter Motivationsproblemen leidet, sollte überlegen, ob es nicht irgendeine Traumstadt gibt, die er (oder sie) gerne einmal besuchen möchte. Ist dieses Ziel definiert, gilt es nur noch, einen halbwegs realistischen Ausgangspunkt für die Anfahrt festzulegen. Sportpsychologisch funktioniert ein solches Unterfangen dann wie die Besteigung eines hohen Berges; der Gipfel ist das Ziel (und nicht nur der Adorno'sche «Weg»). Und so wie man auf einer Bergtour oftmals die Bergspitze erblicken kann – was starke Motivationsschübe auszulösen in der Lage ist, so stößt der Radwanderer während einer Städteannäherung immer häufiger auf Straßenschilder, die in Zielrichtung weisen. Dem ersten Schriftmotivator begegnen wir am späten Vormittag südwestlich von Charleroi. «Paris 236 km» ist weiß auf blau zu lesen. Fantastique! Stefan knipst ein Erinnerungsbild, dann noch eins und noch eins. «Kannst du mal 200 Meter zurückfahren und dann nochmal aufs Schild zu? Das Bild war unscharf!» Wie? Zurückfahren? Richtung Köln? Ich? Nix da, geht nicht. Jedenfalls nicht, ohne meine gute Laune einzubüßen. Ich sage jedoch nichts. In solchen Fotosituationen sage ich sowieso grundsätzlich nichts, das ist in zwanzig Berufsjahren so antrainiert. Also bleibe ich einfach künstlich grinsend vor dem Wegweiser stehen und tue so, als sei ich schwerhörig. Stefan versteht; er ist schließlich genauso lange im Showgeschäft tätig wie ich und kennt seine Pappenheimer. Bitte lächeln, und weiter.

Am Straßenrand findet Stefan ein Portemonnaie mit viel drin. Wir diskutieren darüber, unter welchen Umständen man befugt ist, solch eine Geldbörse nicht umgehend zur nächsten Polizeidienststelle zu bringen. Gelten Radtouren wie diese als Gründe für eine Rückgabeverspätung? Vermutlich werden wir frühestens in Paris an einem Polizeirevier halten können. Wie verhält es sich mit erklärten Nonstop-Touren, sagen-wir-mal von Berlin nach Moskau? Gibt man das Berliner Fundstück dann in Moskau ab?

Oder lässt man das Geld einfach am Wegesrand liegen? Die Argumente wechseln hin und her, und so kann ich schon mal eifrig für die am Freitag aufzuzeichnende «Fragen Sie Dr. Erlinger»-Sendung üben, in der es um ebensolche Moralfragen gehen wird.

Die «Rue de Beaumont» bringt uns buchstäblich schnurgerade Richtung Ziel. Das Wetter ist hübsch, aber der Verkehr anstrengend. Ein dicker Laster jagt den nächsten, und jedes Mal werden wir von einer böigen Heckturbulenz erfasst, die zum beherzten Lenkergriff zwingt und höchste Aufmerksamkeit erfordert. Ab und zu wird uns zwar auch ein begleitender Radweg angeboten, aber dieser ist meist in erbarmungswürdigem Zustand; viele sind aus Betonplatten gefertigt, die sich im Laufe der Zeit unregelmäßig gesenkt haben, sodass man ständig Gefahr läuft, mit dem Vorderrad auf die Plattenkante zu fahren. Mal ganz platt: Diese Platten machen Platten. Zwar bleiben unsere Reifen heil, aber mehrfach werde ich schwer durchgeschüttelt, und einmal fliegt sogar mein Rücklicht erschütterungsbedingt in hohem Bogen aus seiner Halterung auf die Straße und wird von einem nachfolgenden Fiat zu Rückleuchtengranulat verarbeitet. Dann doch lieber gleich auf die Straße, trotz der Gefahr, zu Radwanderergranulat ... ach, lassen wir das. Nicht dran denken, lieber lenken. Immerhin steht mit diesem Rückleuchtenverlust fest, dass wir vor Beginn der zweiten Nacht Paris erreicht haben müssen.

Bei Beaumont wird die Landschaft zur klassischen Schönheit. Sanft rauf und runter, durch satte Wälder und mit allerlei Ausflugslokalen am Straßenrand. In einem dieser Lokale, in der Nähe der Ortschaft Chimay, schieben wir die Räder auf die Terrasse und befüllen unsere Bäuche mit Spaghetti. Dann rufen wir unsere Lieben daheim an und wischen uns auf der Herrentoilette den Straßenstaub von den Schnuten. Stefan schwört auf Minutenschlaf und beginnt vor seinem fast geleerten Spaghettiteller genüsslich zu schnurcheln. Heimlich klaue ich ihm ein paar besoßte Restnudeln, da mein Appetit doch mittlerweile beachtlich ist. Wieder so ein Fall: Darf man Restnudeln stibitzen, wenn man doch genau weiß, dass diese vom (schlafenden) Besitzer sowieso nicht mehr verzehrt werden?

Hinter Macquenoise überqueren wir die französische Grenze. Ein erster satter Befriedigungsschub macht sich's unterm Radhelm bequem. Mein Wohlgefühl ist so ausgeprägt, dass ich diesmal sogar Stefans Aufforderung, nochmal für ein zweites Fotobild zurück- und wieder ans Grenzschild heranzufahren, ungekünstelt grinsend nachkomme.

Frisch in Frankreich: Ein Mahnmal für das hiesige Nordende der Maginotlinie, jener Befestigungsanlage aus den 1930er Jahren, die einst die Franzosen vor den Deutschen schützen sollte. Polierter Kalkstein-Surrealismus. Ein ruhiger Ort; kein Auto saust vorbei, nur Waldgeräusche vertonen unsere Andacht. Gerne würde ich alles aus der Nähe betrachten, aber ein Schild weist darauf hin, dass das Denkmal nur in «Würde» begangen werden darf, und ich komme mir in meiner salzverkrusteten Radlermontur unwürdig vor. Immerhin bin ich Deutscher; da liest man solche Schilder doppelt sorgfältig.

In Vervins, es ist mittlerweile Nachmittag und die wuchtige Junisonne hat meine Unterarme mit einer satten Tomatenfarbe versehen, rollen wir auf die napoleonisch-schnurgerade Nationalstraße «N2». Freunde der schönen Alpenflora: Ist hier viel Verkehr! Man könnte natürlich das GPS-Gerät nach ruhigen Seitenstraßen suchen lassen, aber dies würde den Weg um viele Stunden verlängern – eine Option, mit der man sich nach bereits über 300 km absolvierter Fahrstrecke eher ungern befasst.

Langsam wird es etwas mühsam, den Kopf in der rennradtypischen Position zu halten, bei welcher es sich sowieso zweifellos um eine der unnatürlichsten Haltungen handelt, die der Mensch seiner Wirbelsäule freiwillig zumutet. Seit brutto 21 Stunden biege ich meinen Döz nach hinten, um die Straße vor mir beobachten zu können. Jetzt verzichte ich immer häufiger auf den Straßenfernblick, starre stattdessen einen Meter vor mein Vorderrad und orientiere mich am Fahrbahn-Begrenzungsstreifen. Solange ich stur auf diesem entlangrolle wie ein Schienenfahrzeug, kann mir kaum etwas passieren, so mein Kalkül.

Der Autoverkehr zerrt an den Nerven. Immer wieder passieren uns Vierzigtonnerdiesel mit knappen drei Zentimeter Seitenabstand und unter gleichzeitigem Spontangehupe. Ich entwickle wilde Gewaltphantasien, fessle die Überholhuper mit Bremszügen sowie verrosteten Fahrradketten und stecke ihre Köpfe in Trötentrichter, um sie dort mit Dauer-Tüüts zu traktieren. Ich weiß, solche Phantasien sind eines Leistungsträgers unserer Gesellschaft unwürdig, aber: Auch das Hupschneiden unschuldiger Radwanderer ist ein Dauerskandal, der mit allen Grundwerten unserer Zivilisation, zumal mit denen der Französischen Revolution, gänzlich unvereinbar ist. Schluss damit.

Wieder eine Pause. Kaffee, Mars und Orangina. Langsam lässt die Lust am Leistungsradeln nach und weicht einem müden Dumpfbrüten. Bis zum Eiffelturm sind es noch 150 km, sagt das GPS-Gerät, allerdings nur, wenn konsequent auf der N2 gefahren wird. Also weiterhin Lkw-Alarm; prost Mahlzeit. Zahlen, bitte! Dann hocke ich auch schon wieder auf dem Rad. «Na, wartest du schon wieder auf mich? Tut mir leid, ich muss nochmal pinkeln.» Betont ausdruckslos blicke ich Stefan an. Wir sind doch schon eine fette halbe Stunde hier, wieso hat er denn noch nicht gepinkelt?! So ausdruckslos scheint mein Gesicht doch nicht zu sein, jedenfalls fragt Stefan lächelnd: «Ärgerst du dich über mich? Das hier ist doch ein Ausflug und kein Job, oder irre ich?» In mir wühlt es. Natürlich hat er recht, aber ... grrr ... knatrrrknrsch, ich will weiter, nach Paris, zack, zack ... grrr. Mit schlechter Laune werde ich die Reisegeschwindigkeit jedoch kaum erhöhen können. Heute bin ich vielmehr als Motivator gefragt.

«Bald sind wir da, du schaffst das», leiere ich hohlstimmig mit aufwärts gezwungenen Mundwinkeln. Man könnte natürlich, so zischt es mir im nächsten Moment durch die müde Birne, einfach ohne ihn weiterfahren, während er auf der Toilette trödelt ... halt! Igitt! Bin ich eine miese Arschgeige, dass ich so was überhaupt zu denken wage! Was wäre denn im Winter gewesen, auf der Iglu-Tour, wenn Hannes nicht meine abgerutschte Tasche geborgen hätte? Jämmerlich erfroren wäre ich! Also bitte Disziplin! Oder bin ich etwa gar nicht moralisch verrottet, sondern einfach nur fix und alle? Und wenn ja, taugt physischer Verfall als Entschuldigung? Wieder ein interessanter Fall für die «Richtig leben»-Sendung. Ah, da kommt Stefan ja schon. Lächeln! Auf geht's.

Mit 500 Metern Vorsprung heize ich am Fahrbahnrand entlang. Eigentlich, so empfehlen kundige Rennradler, ist es besser, selbstbewusst in der Mitte der Spur zu radeln, auf dass die nachfolgenden Benzinfreunde gar nicht erst auf die Idee kommen, gedankenverloren zu überholen. Nach 21 Stunden jedoch fehlt mir ebendieses Selbstbewusstsein. Also Kantenkurs und stilles Fluchen: «Zut, zut, idiot, blöde connards, quelle saloperie!» Sprühregen. Noch mehr Grund zum Fluchen.

Hinter Laon wird die N2 zur vierspurigen Kraftfahrstraße. Fahrräder verboten. Egal. Weiter, ich will essen und ins Bett. Tüt, Lkw, platsch. Wasser von der Seite. Stefan will eine Pause. Hmpf. Ich stiere stumpf gegen die Leitplanke. Weiter, noch scheint die Sonne. Noch eine Pause, noch stumpfer stieren, noch mehr Durchhalteparolen, mit unglaubwürdiger Fistelstimme vorgetragen.

Pünktlich zur Abendbrotzeit verheddern wir uns bei der Einfahrt in die Stadt Soisson. Das GPS-Gerät zickt. Zudem ist die Innenstadt kopfsteingepflastert. Mit jeder Minute schwindet die Lust am Radsport, und konzentrationsmangelbedingt verfahren wir uns ein ums andere Mal. Nach fast 24 Stunden Fahrzeit haben wir die Schnauze voll und entschließen uns, so schnell wie möglich nach Paris zu heizen; und «so schnell wie möglich» heißt: auf der N2, die ab hier autobahnähnlich ausgebaut ist, mit Lärmschutzwänden und allem Pipapo. Wir rollen also rauf und fahren ein paar hundert Meter; die Luftwirbel der hier an uns vorbeirauschenden Lkws sind jedoch so stark, dass uns der Mut verlässt und wir umkehren. Als Geisterfahrer kehren wir zurück zur Auffahrt. Wütendes Gehupe, das wir jedoch in unserem Zustand kaum mehr wahrnehmen. Schluss. Ich gebe auf. Nichts mit «Direkt nach Paris». Quel domage!

In einem Gewerbegebiet am Fuß der Auffahrt entdecken wir ein Schild, auf dem «Premier Classe Hotel» zu lesen ist. Unsere Kilometerzähler zeigen «411». «Premier Classe»: Das klingt nach Aryuveda, livriertem Personal und Kaviar satt. Juhu! Bei näherer Betrachtung können wir uns jedoch ein Grinsen kaum verkneifen: Bei der Herberge unserer Wahl handelt es sich um ein zweistöckiges Waschbetonhaus, das man wohlwollend einen «Zweckbau» nennen kann. Immerhin fügt sich die Anlage bruchlos zwischen Möbelhaus und Baumarkt und verfügt über einen Zierwall aus dehydrierten Blumenrabatten, die mit Abertausenden Zigarettenkippen aus ganz Europa dekoriert sind.

Die Resopal-Zimmertüren dieses minimalistischen Gastro-Gipfels führen motellig nach draußen. Eine Rezeption gibt es nicht, dafür jedoch einen verschrammten Automaten, in den man die Kreditkarte einführt und im Gegenzug eine Schlüsselkarte erhält. 68 Euro für Tutto kompletti, mit Abendessen und Frühstück. Dann ersteigen wir die Zinktreppe zum Zimmer 32. Tür auf und großes Hallo: Eine turnhallige Schweißwolke entströmt der geöffneten Zimmertür, wobei «Zimmer» übertrieben ist, der passende Begriff lautet «Besenkammer». Flotte vier Quadratmeter mit einem schmalen Doppelbettchen und einer zweiten Liege aus Glas (!), quer über dem Kopfteil des unteren Bettes an den Wänden verschraubt. Eine noch nie gesehene Konstruktion, die unsere Akkommodation fast vollständig ausfüllt. Den Restplatz verstopft eine dreieckige Nasszelle aus senffarbigem Vollplastik; theoretisch lässt es sich auf dem Lokus sitzend duschen. Auf Dekoration, Bilder und sonstigen Schnickschnack wurde bei der Kabinengestaltung verzichtet, oder es ist inzwischen alles, was nicht an tragenden Wänden befestigt war, geklaut. Wir lachen uns scheckig. Ich bugsiere mein Rad hochkant neben das untere Bett und schalte den in der gegenüberliegenden oberen Zimmerecke angedübelten Dreigang-Fernseher ein. Dann spielen wir «Sching-Schang-Schong»; wer darf unten, wer muss oben schlafen? Stein schleift Schere; ich muss nach oben. Da sich aber beim besten Willen keine Matratze für die Glasliege finden lässt (und auch der Automat nicht weiterhelfen kann), hauen wir uns beide auf die untere Liege. Die Tür lassen wir ob der akuten Erstickungsgefahr offen. Unsere Zimmernachbarn, drei spanische Wanderarbeiter, scheinen Erfahrung mit diesem Etablissement zu haben und machen's genauso. Gut, dass nicht Winter ist.

Stefan durchwühlt seinen Rucksack und stellt schmunzelnd fest, dass er zwar seinen warmen Wollpullover, nicht jedoch Ersatzhose und Schuhe mitgenommen hat. So begleitet er mich also in Radhose und barfuß ins Restaurant, in dem wir uns geschwind volltanken.

Heiakistenzeit. WM-Vorrunde, Deutschland gegen Polen. Erfreulich: Weder Muskelkater noch Rücken-, Popo-, Hand- oder Tibialis-anterior-Probleme überschatten den Feierabend. Herrlich, wie die Müdigkeit die Horizontalhaltung meines Korpus nutzt, um die Oberhand über meine Lebensäußerungen zu gewinnen.

Dies, liebe Freunde, genau dies ist der schönste Zustand, den ich kenne: liegend nach 411 km Radtour und anschließendem Kartoffelsalatverzehr. Nur die Entspannung, welche auf jenen Sex folgt, der einer 411-km-Radtour entspricht, kann noch schöner sein, wobei ich mir hierbei erlaube, das je nach philosophischer Grundhaltung religiös oder doch eher chemisch-hormonell zu deutende Phänomen der Liebe außer Acht zu lassen, denn: Die Liebe kann natürlich auch schon einen, äh, 500-Meter-Sex, um im Bilde zu bleiben, zu einem gewaltigen Erlebnis werden lassen. Will ich nur vorsorglich drauf hinweisen, um bei meiner bisherigen knappen

Handvoll Sexualpartnerinnen, wenn sie denn dieses Buch lesen sollte, keine Lach- bzw. Weinkrämpfe hervorzurufen.

Wie dem auch sei: Mir geht's gut, und Stefan ist auch o.k. Wir hören noch «Les Allemands ont un problème avec leur défense», dann dämmern wir wohlig von dannen. Als ich wieder aufwache, läuft die 89. Minute. Null zu null. Das wird doch eh nichts mehr, behaupte ich schlaftrunken und schalte das Gerät ab. Licht aus; zzzzz.

Nach traumloser Nacht erwache ich um fünf Uhr früh, gut gelaunt und voller Tatendrang. Aktivierendes Gezwitscher. Mit einem herzhaften «Auf nach Paris!» wecke ich meinen Kettenkollegen. Eins-zwei-drei haben wir unsere Siebensachen gepackt und die Räder bestiegen. Beim gestrigen Abendessen hatten wir noch mit der durchaus reizvollen Idee geliebäugelt, Paris Paris sein zu lassen und stattdessen per Autostopp im Lkw zurück nach Deutschland zu gelangen. Nun aber, da wir so angenehm früh auf den Felgen sind, verwerfen wir diese Idee. Zu radikal-formalistisch.

Erst mal müssen wir auf der N31 Richtung Compiègne, jenen Ort, in dessen Nähe die deutsche Heeresleitung 1918 den Waffenstillstand unterschrieb, und zwar in einem Eisenbahnwaggon. Bekanntlich ließ Hitler 1940, nachdem er wiederum Frankreich besiegt hatte, ebendiesen Waggon auftreiben, stellte ihn an exakt dieselbe Stelle und ließ die französischen Generäle ihrerseits das Waffenstillstandsdokument signieren. So. Mehr weiß ich zu Compiègne nicht zu berichten. Muss ich auch nicht, denn noch bevor wir diesen ehemaligen Kristallisationspunkt der Erbfeindschaft erreicht haben, verlassen wir die N31 und biegen südwärts ab nach Pierrefonds. Backsteine im Morgennebel, die Trikolore flattert vorm Rathäuschen. In der Bäckerei fragen wir nach den Fußballergebnissen. Die dicke Bäckerin blättert in der Tagespresse: eins zu null gegen Polen! Ich kommentiere in nicht unterbietbarem Französisch: «Nanü!» Versteht sie nicht.

Fünf Croissants und ein Kaffee. Weiter. Unerwartet reizvoll präsentiert sich der Nordrand des Pariser Ballungsraumes: Auf sattgrünen Koppen thronen stolze Châteaux, und so manche Steigung muss auf possierlichen Bergpässchen erklommen werden. Hier könnte man glatt seinen Jahresurlaub verbringen; wer hätte das gedacht! Nur das Wetter will nicht so recht mitspielen: Über den Feldern steht zäher Hochnebel, und leichter Regen lässt uns unsere Regenmontur auspacken. In Nanteuil-le-Haudoin stehen wir plötzlich wieder auf der Auffahrt zur N2. Unsere GPS und alle Wegweiser in der Umgegend sind sich einig: An der N2 führt kein Weg vorbei. Zähneknirschend nehme ich wieder die Fahrbahnbegrenzung ins Visier und gebe mich der Lkw-Erduldung hin. Stefan behauptet, die Laster würden sicher nur deshalb so knapp an uns vorbeifahren, weil die Fahrer ihr Handwerk aufs vortrefflichste verstünden. Man könne sich auf deren Maßarbeit getrost verlassen. Sein Wort in Brummifahrers Ohr. Reinhold Messner kommt mir in den Sinn, der mich am Rande unseres «WIB-Schaukel»-Drehs ausdrücklich vor derartigen Touren gewarnt hatte. Gerade wegen der Unkalkulierbarkeit des brummischen Fahrverhaltens. «Gehen Sie lieber auf den K2!», hatte er gesagt ...

In J'ai-oublié-le-nom-de-cette-ville verlassen wir die N2.

«Können wir mal ein Päuschen machen?», fragt mich Stefan.

Hilfe, denke ich panisch, jetzt geht dieser Pausenquatsch schon wieder los; ich krieg die Motten.

«Klar doch, schnell einen Riegel, und dann geht's weiter», antworte ich, mit einer ganz leichten Überbetonung des Wortes «schnell».

Also: Happs ist mein Riegel weg, knusper-knusper genießt Stefan den seinen, während ich bereits wieder am Straßenrand warte. Dann dehnt Stefan ausführlich seine Beine. Nur die Ruhe. Warum, zum Teufel, bin ich so ungeduldig? Dann ist er fertig.

Ich fahre los wie von der Sehne geschnellt. «Haaalt! Ich habe einen Platten!», höre ich hinter mir. Jetzt nicht durchdrehen, Wigald. Einen Platten: Da kann er nichts dafür. Ich schiebe mein Rad zurück zum Kreisverkehr und pinkele mit Leidensmiene in die Botanik, während Stefan seinen Schlauch wechselt. Fünf Minuten später ist der Schaden behoben, und weitere fünf Minuten später radeln wir, die riesigen Kühlschrank-Lagerhallen von «Miele France» rechts liegenlassend, in die Stadt Meaux. Pffffft! Stefans Reifen ist schon wieder platt. Tränen drohen mir in die Augen zu schießen, mein Magen rebelliert, meine Hand ballt sich zur Faust, und ich stöhne «Ich-will-jetzt-verdammt-nochmal-endlich-nach-Paris!».

Stefan ist ob des erneuten Defekts ziemlich konsterniert. Außerdem schmerzen seine Knie. Kein Wunder bei seinem Übergepäck. Dass er jedoch diesen grotesk kartoffelsackigen Monsterrucksack mitschleppt und so nicht nur das Tempo, sondern auch seinen Rücken ruiniert, ist nicht zuletzt meine Schuld; ich hätte ihn ja rechtzeitig auf sein Fehlgepäck hinweisen können, wenn ich mich doch für eine solch erfahrene Sportskanone halte, und überhaupt, wieso bin ich nicht in der Lage, den Tempo-Quatsch zu vergessen und den Tag zu genießen? Klarer Fall von asozialem Verhalten, diagnostiziere ich, reiß dich jetzt gefälligst zusammen, du fieser Ehrgeizling, und helfe dem sympathischen Pannenopfer.

Nicht mehr nötig. Während in meinem Inneren Gut und Böse miteinander ringen, hat Stefan sein Rad wieder startklar gemacht. Er lächelt. «Übrigens: «Ich habe einen Platten» heißt «Mon pneu est dégonflé!» Was daran so komisch sein soll, weiß ich nicht, aber wir lachen, bis uns die Bäuche schmerzen. Und jetzt ab zum Eiffelturm.

Passagierflugzeuge dröhnen dicht über unseren Köpfen; wir umradeln das grasige Gelände des Flughafens Charles de Gaulle. Die Straßen sind breit, vielspurig und so neu, dass sie meinem GPS offenbar unbekannt sind. Die Richtung stimmt jedoch. Der Radweg ist plötzlich 1a; ein großzügiger Streifen neben der

Fahrstraße, auf dem man bequem nebeneinander radeln kann. Babypopoglatter Asphalt, ungewohnt schnelle Autos. Hm. Fühlt sich an wie eine Autobahn. Fahren wir etwa, äh, auf einem Standstreifen? Pling!, der Groschen fällt. Tatsächlich! Die Schilderfarbe hat von Blau zu Grün gewechselt; wir müssen irgendeinen wichtigen Abzweig verpasst haben. I werd narrisch! Kommen wir jetzt in die Verkehrsnachrichten? Wandern wir ins Kittchen? Auf die Teufelsinsel? Wir stoppen an der Leitplanke und schreien gegen Verkehrs- und Fluglärm an.

«Was meinst du? Bis zur nächsten Ausfahrt? Über die Leitplanke klettern, die Böschung runterschieben und dann querfeldein bis zum nächsten Feldweg? Oder auf demselben Weg zurück?»

«Lass uns umkehren», rät Stefan, «wenn wir erst mal von Lärmschutzwänden eingeschlossen sind, haben wir ein Problem!»

Also geistern wir ein paar hundert Meter zurück, nicht ohne den uns entgegenkommenden sichtlich verblüfften Kraftfahrern freundlich zu salutieren. Was ist bloß aus mir geworden? Früher habe ich mich nicht einmal getraut, Rasenflächen zu nutzen, die mit einem «Betreten verboten»-Schild gekennzeichnet waren. Und heute? Au vélo sur l' autoroute. Haarsträubend.

Westlich des Flughafens befinden wir uns endlich im erweiterten Stadtgebiet; wieder befahren wir die unvermeidliche N2, jetzt aber gesäumt von Blockbebauung. Hurra, bald sind wir da! Wir halten die Augen auf, denn auf den Gehwegen tummeln sich truppweise jene Gestalten, die bei den Unruhen des Frühjahrs 2006 die Abendnachrichten bevölkerten. Langsam knurren unsere Mägen, aber wir trauen uns nicht, unsere Räder ungesichert vor einem Restaurant stehenzulassen. Unschlüssig studieren wir die Karte eines indischen Imbisses. Der tamilische Inhaber bittet uns herein, und als wir ihm erklären, dass wir die lokale Bevölkerung für nicht ausnahmslos vertrauenswürdig halten, nickt er verständnisvoll und lotst uns mitsamt unseren Velos durch einen Hausflur. Plötzlich stehen wir in seinem Wohnzimmer und parken unsere

Räder an einer Küchenbank. Ein Hausmütterchen im Sari flüchtet geschwind ins Badezimmer.

Dann stiefeln wir in den Schankraum, wo er uns aufs fürstlichste bewirtet, während sein zehnjähriger Sohn uns über unsere Reise ausfragt.

«Wo seid ihr gestartet?»

«In Köln.»

«Warum fahrt ihr denn diese lange Strecke mit dem Fahrrad?»

Stefan denkt lange nach. Dann antwortet er: «Zu Trainingszwecken.»

Mir fällt fast die Gabel aus der Hand. Um Himmels willen; wofür trainieren wir denn hier? Bevor ich Stefan fragen kann, kommt auch schon der nächste Gang, Hühnercurry. Wir zahlen wenig, da wir so eine Art anerkennenden Radler-Rabatt erhalten. Vermute ich jedenfalls. Ausführliche Verabschiedung, Regenhose runter, letzter Akt.

Wir rollen durch Drancy, bei dichtem Stadtverkehr. Vor uns fährt ein Müllwagen, dessen Abgase mir die Schienbeine wärmen. Ich überhole ihn, wodurch sich der Müllkutscher zum Duell gefordert fühlt. Er drückt auf die Tube, aber ich flitze bei Hellrot über die nächste Kreuzung. Hup-hup. Ist ja gut, war nur Spaß. Am Straßenrand warte ich auf Stefan, der sich noch immer hinter dem heißsporngesteuerten Müllwagen befindet. Mein Blick wandert die Häuserfronten empor. Hui, ist das hoch. Und so herrlich kranke 70er-Bauten gibt es hier, in umgekehrter Pyramidenform, mit überhängenden Balkonwänden, viele in jenem Retro-Orange, das zurzeit auch die meisten SAT. 1-Dekos ziert.

An einem riesigen Kopfsteinpflasterrondell entdecken wir endlich ein bescheidenes Ortsschild, auf dem «Paris» zu lesen ist. Um mich vor diesem Schild von Stefan ablichten zu lassen, muss ich mich erst mal zu einer kleinen Verkehrsinsel durchschlagen, was den durchströmenden Kraftfahrern nur schwer vermittelbar ist. Seltsames Fotomotiv, mögen die sich denken, kommt ihnen wohl spanisch vor, mein Verhalten. Apropos: Den Ausdruck «Das kommt mir spanisch vor!» gibt es auch im Französischen. Das Äquivalent lautet jenseits des Rheins «Ce n'est pas très catholique», also «Das ist nicht sehr katholisch».

Dann unterqueren wir jenen Schnellstraßenring, der die Innenstadt umschließt, und befinden uns mitten in jenem Verkehrskuddelmuddel, das unter den schlimmsten Albträumen deutscher Automobilisten seit Urzeiten den ersten Rang einnimmt. Für den Rennradfahrer gilt es nun eine wichtige Grundentscheidung zu treffen: Entweder man legt sich heulend auf den nächstbesten Gehweg, oder man nimmt die Hände vom Lenker, fuchtelt wild in der Luft herum (um erst mal eine grundsätzliche Aufmerksamkeit zu erregen) und stürzt sich dann selbstbewusst von Spur zu Spur. Wir entscheiden uns für Letzteres und nehmen Kurs auf die Place Pigalle. «Pigalle, Pigalle, das ist die große Mausefalle mitten in Paris» – so sang weiland Bill Ramsey, und Nachbarjunge Hajo hatte eine Single von diesem schnittigen Schlager, die wir als Sechsjährige mindestens 1000-mal hörten, immer im Wechsel mit «Baggerführer Willibald» (soweit ich mich erinnere, gesungen von Dieter Süverkrup, herausgegeben von der DKP). Aus Bill Ramseys Mund hörte ich zum ersten Mal das Wort «Paris», und nun rolle ich erstmals über diesen mit profanerotischer Bedeutung überladenen Platz, mir breit grinsend zwischen Dutzenden Reisebussen, gefüllt mit Touristen aus Tokio und Tostedt, einen Fahrpfad bahnend.

Wenige Minuten später stehen wir an den Champs-Élysées. Stefan schraubt seine Kamera vom Lenker, stellt sich mit dieser an einen beampelten Fußgängerübergang und erklärt mir seine Fotoidee: «Du fährst einfach 100 Meter rauf, machst einen U-Turn und fährst auf der anderen Seite der Kamera entgegen. Alles klar?» Ich kriege einen Lachkrampf, dann steige ich aufs Rad und rolle auf der ganz linken Spur Richtung Triumphbogen. Komme mir vor wie ein Wildwasserkanute, nur dass mir hier keine Stromschnellen das Leben schwermachen, sondern die Spontanspurwechsler vor und hinter mir. Ein Fahrradkurier kommt mir in Höllentempo entgegen. Respekt, man kann den Wahnsinn also auch zum Beruf machen. Kurzer Kopfnickgruß, dann weiter bis die Autos Rot haben, drehen, auf die Gegenfahrbahn und langsam gen Kamera. Hinter mir flucht die Fahrerschlange. Wie sagt man auf Französisch? «J'ai le trouillomètre à zero», also: Mein Arsch geht auf Grundeis.

Schnell weiter zum Eiffelturm. Rüber über die Seine, am Ufer entlang, und da, tatatata, steht er auch schon. Fast so schön wie die Müngstener Brücke. Auf der Rasenfläche vor der Eisennadel strahlen wir uns an, und in meinem Inneren macht sich ein beruhigendes Fernweh-Sättigungsgefühl breit. Schnell ein paar Fotos für den Bildschirmschoner daheim, und dann ab zum Nordbahnhof. Inzwischen ist es halb vier, und der Feierabendverkehr setzt ein. Wer hier um diese Zeit mit dem Auto unterwegs ist, muss den Aufenthalt im Wageninneren lieben, es auf Selbstgeißelung angelegt haben oder einfach nur bekloppt sein; vorwärts jedenfalls kommt man so nicht. Als Radler hat man im Stau gewisse Vorteile, die wir nun gnadenlos ausspielen. Die Vorteile sind: links überholen, den Gehweg benutzen und sich auf überfüllten Kreuzungen zwischen den stehenden Autos durchzwängen. Geht das hier immer so zu? Schilder weisen darauf hin, dass es aufgrund von Bauarbeiten im 18. Arrondissement zu Verkehrsstörungen kommen könne. Wie wahr! Mit ohrenbetäubendem Dauergehupe kommentieren Tausende frustrierter Pariser den die gesamte Innenstadt umfassenden Totalstau, und ich sehe auf meinem Weg mindestens 250 Wagenlenker, die durch das gewalttätige Reißen an Krawatte und Kragenknopf sowie durch den Dauerausstoß gutturaler Urlaute versuchen, dem überdruckbedingten Zerplatzen ihrer Schädeldächer zu entgehen. Die Sommersonne beleuchtet eine schlichtweg irre Szenerie; Hieronymus Bosch à la brumm-brumm-tüt. Die letzten 100 Meter vor der Gare du Nord schieben wir, auch der Fußgängerverkehr nimmt spätestens hier infernalisches Format an.

15.56 Uhr. In der Bahnhofshalle. Ein Blick auf die Anzeigetafel: Der nächste Thalys fährt um 16.18 Uhr ab. Kurzes Gespräch mit dem Schaffner. Fahrräder sind an Bord dieses Schnellzuges verboten, Klappräder hingegen erlaubt. Stefan hat spontan eine verwegene Idee: Wir besorgen uns auf der Stelle Klebeband und Mülltüten, demontieren unsere Räder, verpacken diese und behaupten, es handele sich bei unseren Gepäckstücken um Klappräder. Ich bin skeptisch, aber einen Versuch scheint's wert.

16.04 Uhr. Wir verlassen die Bahnhofshalle und schmeißen uns in den Verkehr. Rechts hoch, Richtung «Tati». «Tati» ist ein superbilliges Bekleidungsfachgeschäft, da habe ich mir mal eine Hose für einen Appel und ein Ei (auf Französisch «une bouchée de pain», für «einen Bissen Brot») gekauft. Ob die Mülltüten haben? Nein. Weiter. Schnell. Kaum Hellhäutige unterwegs; man wähnt sich mitten in Schwarzafrika.

16.08 Uhr. Da, ein Straßenhändler!

«Avez-vous un sac pour des pourboires?»

«Quoi?»

Stefan verbessert mich: «pourboire» bedeute «Trinkgeld». Hierfür brauchen wir mitnichten einen Sack. Müll heiße «poubelles». Er übernimmt die Gesprächsführung, ich beschließe, weiterhin eifrig Französisch zu üben.

«Avez-vouz un sac poubelles?»

«Quoi?»

«SAC POUBELLES?»

Der Mann zieht bedächtig an seiner Pfeife und sagt gar nichts. Doofkopp.

16.09 Uhr. Schnell, weiter. Höchstgeschwindigkeit. Mist, Ampel rot. Egal, drüber. LOS! FAHR! Stefan vorneweg. In Sachen Etwas-Unmögliches-aus-dem-Stand-Organisieren ist Stefan die Wucht in Tüten! Apropos; der Typ da drüben, hat der vielleicht

Tüten? Nein. Aber er verkauft Koffer, kleine, große … ob was für uns dabei ist? Nein, weiter. Auf der anderen Straßenseite erspähe ich ein Fachgeschäft für Farben und Tapeten. Wäre einen Versuch wert, aber die Straße zu überqueren sprengte unser Zeitbudget. Ich wende meinen Blick wieder nach vorne. Verdammt, wo ist Stefan? Verschwunden!

16.10 Uhr. Stefan stürmt aus einem Geschäft und reckt triumphierend dreimal Tesakrepp sowie eine Rolle blauer Mülltüten in den Feinstaub. Hurra! Jetzt ist radikales Spurten angesagt. Scheiß auf rote Ampeln, und wenn die Gegenfahrbahn frei ist, fahren wir eben dort, nur: Tempo ist Trumpf! Fünfunddreißiger Schnitt! Links biegt eine Einbahnstraße ab, verkehrt herum rein, am Taxistand vorbei, jetzt bloß nicht stürzen, in voller Fahrt abspringen …

16.14 Uhr. Wir rüpeln uns durch den Fußgängerstau vor dem Hintereingang der Gare du Nord. Schweres Atmen, Laktatschwemme. So. Bremsen lösen, Räder abnehmen, wo ist das Werkzeug? Ach so. Sattel weg, Lenker umdrehen; Stefan, hast du das Klebeband? Wo? Werkzeug? Habe ich, hier! Tüte? Du stehst drauf! Räder an den Rahmen kleben, Mülltüte drüber, die reißt auf, egal, nochmal Klebeband drüber, Sattel reinstopfen, fertig ist die Laube. KOMM! Den Rest machen wir im Zug! SCHNEEELLL! Wo ist mein Leatherman? EGAAAL! Hurtig sprinten wir mit unseren klobigen, klappernden Gepäcktüten zum Gleis Nr. 18.

16.17 Uhr. Am Bahnsteig, völlig außer Atem. Der Schaffner hält uns auf. Wo wir denn hin wollen? Nach Köln. Nur die Ruhe. Dieser Zug fahre nur bis Brüssel, aber in 25 Minuten starte noch ein Thalys, der würde uns nach Köln bringen. Wir strahlen uns an. Vive la France! Jetzt haben wir nicht nur unsere Räder, sondern auch unsere Rückreise endgültig im Sack. Erst mal durchatmen, und dann kaufen wir ganz in Ruhe eine Fahrkarte.

16.20 Uhr. Ich stelle mich an der langen Schlange hinter den Fahrkartenautomaten an, Stefan übernimmt das Schlangestehen am Schalter; falls unsere Kreditkarten nicht akzeptiert werden sollten. Jetzt haben wir Zeit, um alles richtig zu machen.

16.29 Uhr. Gleich bin ich an der Reihe. Vor mir nestelt ein grauer Lehrertyp mit Backenbart am Automaten herum, offenbar IT-technisch überfordert. Eindeutig ein Vertreter der Offline-Generation. Flehender Blick nach rechts; Stefan ist mittlerweile Vierter in seiner Schlange.

16.34 Uhr. Was zum Teufel macht dieser Pup-Pauker vor mir da bloß? Im Tempo einer sedierten Seegurke tippt er ein, löscht, rubbelt an seiner Kreditkarte, tippt erneut, rubbelt nochmal. Am liebsten würde ich ihm einen Arschtritt verpassen. Stefan zuckt mit den Schultern.

16.37 Uhr. Der Backenbart gibt auf und drückt «Abbruch». Von der Seite quetscht sich eine elegante Duttträgerin im Chanel-Kostüm an den Automaten. Ich schnappe nach Luft und würde sie am liebsten mit meinem Mülltüten-Klapprad verprügeln. Dazu bin ich jedoch zu gut erzogen. Kalter Schweiß benetzt meine Stirn. Uhrenkontrolle: Der Zug fährt um 16.43 Uhr. Noch sechs Minuten. Müsste hinhauen, keine Panik.

16.39 Uhr. Ich bin dran. Eintippen. Sprache? Deutsch. Ziel? Köln. Personen? Zwei. Klasse? Zwei. Ermäßigungen? Keine. «Der von Ihnen gewählte Zug ist leider ausgebucht.» Scheiße. Alles nochmal, aber mit der ersten Klasse. Wieder die niederschmetternde Auskunft. Ich rufe ein herzhaftes «Am Arsch hängt der Hammer» Richtung Stefan. Jetzt endlich darf er am Schalter persönlich vorsprechen, mit demselben Resultat.

16.42 Uhr. Der Schaffner steht in der Zugtür, wir davor. «Bitte, bitte, s'il vous plaît!», winseln wir, «nous devons aller à Cologne!» Die Tür schließt sich, der Zug fährt ab. Was soll's. Nach Köln geht heute nichts mehr, aber nach Brüssel. Wir beschließen, uns so schnell wie möglich in diesen Zug zu setzen und dann in Brüssel ein Taxi zu nehmen. Gesagt, getan (wer hat sich eigentlich dieses seltsame Kürzel ausgedacht? Ist das Militärsprache? Comicdiktion? Ein Fall für den etymologischen Notdienst; so was müsste man mal als Service-Hotline anbieten. Da wäre ich Stammkunde.). Wie dem auch sei. Ich kürz mal ab, wir wollen ja schließlich alle nach Hause. Also. Im Zug nach Brüssel kaufen wir uns bei einem netten Schaffner Tickets. 85 Euro. Lustig: Nach Köln hätte es 89 gekostet (sind immerhin 230 km mehr). Crazy. Die Räder kosten gar nichts. Sind ja Klappräder, also ganz normale Gepäckstücke. Ebenfalls crazy. Nun denn; in Brüssel-Süd steigen wir aus, und was lesen wir auf der Anzeigetafel über dem gegenüberliegenden Bahnsteig? «Der Zug von Paris nach Köln hat 45 Minuten Verspätung und fährt in Kürze ein.» Soso, wir haben unseren Traumzug also überholt. Monumentalgrinsen bemächtigt sich unserer Visagen; so viel Vom-himmelhoch-jauchzend-zu-Tode-betrübt-und-wieder-rauf-und-wieder-runter haben wir beide noch nie erlebt. Letztes Problem: Bekanntlich ist das Ding restlos ausgebucht. Was also tun? Der Zug fährt ein. Leicht panisch beobachten wir das Ein- und Aussteigen. Schnell, wir brauchen eine Idee ... Stefan lächelt plötzlich und bedeutet mir, ihm zu folgen. Wir schleppen unsere klappernden Mülltüten Richtung Lok. Die schmale Lokomotivtür steht auf. Stefan drückt mir sein Rad in die Hand und springt hinein. Ich schaue mich um und sehe, dass in knappen fünf Metern Entfernung zwei Lokführer miteinander plaudern. Offenbar handelt es sich um einen Personalwechsel. Sie bemerken uns nicht. Stefan erscheint wieder in der Tür und fordert mich per Handzeichen dazu auf, ihm die Räder in die Lok zu reichen. Zack, zack, zwei Huhn, ein Gänse (merkwürdiger Allgäuer Handwerkerspruch aus den 70er Jahren). Dann hopse ich hinterher. Noch ein Blick durch die Tür, die Lokführer verabschieden sich voneinander. Im Innern der Lok führt ein schmaler Laufweg nach vorn zum Führerstand, nach hinten geht's zu einem schmalen Quergang, der zwischen den Maschinen hindurchführt. Dort hocken wir uns auf den Boden und nehmen unsere Müllpakete auf die Knie. Stefan hält den Pssst!-Finger vor seinen Mund. Wir hören, wie die

Loktür verschlossen wird und der Zugführer an seinen Arbeitsplatz geht. Eine weitere Tür wird verschlossen. Noch dreißig spannende Sekunden vergehen, dann setzt sich der Zug in Bewegung. Triumph und Halbschlaf. Ab und zu schrecke ich hoch und korrigiere meine Hockposition. Unsere Angst vorm Erwischtwerden hält sich in Grenzen, immerhin sind wir im Besitz zweier Tickets nach Brüssel und gerne bereit, vier Euro nachzuzahlen. Von einer Schwarzfahrt kann also kaum die Rede sein. Oder doch? Wieder ein interessantes Thema für die «Richtig leben»-Sendung.

Als es dunkel ist, fahren wir in den Kölner Hauptbahnhof ein. Endstation. Watt nu? Wir hören, wie die Tür der Lokomotive geöffnet wird. Erst mal abwarten. Dann nach Indianerart in den Längsgang schleichen. Durch die Glastür zum Cockpit sehen wir, wie der Lokführer mit dem Bordtelefon telefoniert und seinen Blick auf einen Notizblock vor sich geheftet hat. Er erläutert gerade die Gründe für die Verspätung – das kann dauern. Mucksmäuschenstill entriegeln wir die Loktür, stürmen auf den Bahnsteig, rennen zwanzig Meter Richtung Zugende, schleppen unsere Müllräder die Treppe hinab ins Bahnhofsgebäude und geben uns strahlend die Hand. «A bientôt!» Paris, oh, là, là!

Just an diesem Tag, als Stefan und ich Paris besichtigen, stirbt Drafi Deutscher. Erinnern Sie sich? An einem nasskalten Novemberabend vor fünf Jahren hatte ich mich zum ersten Mal als Nachtsportler versucht, nachdem ich mich den ganzen Tag lang mit dem Schnitt der Drafi-Deutscher-«WIB-Schaukel» beschäftigt hatte. Drafi war auch ein Nachtsportler, aber ganz anders. Im Durchmachen, so vermute ich mal, durchaus geübt. Das ist die naheliegende Analogie. Aber auch auf einer anderen Ebene können Ausdauerenthusiasten viel von ihm lernen. Mehrfach hatte er die höchsten Gipfel des Showgeschäfts erklommen, und mindestens ebenso oft war er in tiefen Tälern verschwunden. Stellvertretend für diese Täler sei nur an seinen Skandal 1967 erinnert, als er von einem Balkon hinab urinierte und dabei von Schulkindern beobachtet wurde. Die folgende Verurteilung wegen Erregung öffentlichen Ärgernisses kostete ihn damals fast seine gesamte Popularität. Habe ich nicht auf meiner Zugspitztour gemeinsam mit Johann Mühlegg sogar von der Brücke über die Höllentalklamm hinab uriniert? Gut, dass keine Schulkinder zugegen waren. Trotz dieser Rückschläge hatte sich Drafi immer wieder aufgerappelt und mit eisernem Willen, Geduld und Spucke seinen Weg fortgesetzt, wenn es gar nicht anders ging, unter Pseudonym. Hier eine schöne Auswahl seiner Phantasienamen: Baby Champ, Blue Brothers, Blue Lagune, Big Wigwam, Dave Bolan, Piña Colada, Continental Brothers, Daddies Driver Group, Pit Eisenbrecht, Fingernails, Lars Funkel, Kurt Gebegern, Jack Goldbird, Ironic Remark, Erus Tsebehtmi (lesen Sie das mal rückwärts!), Hektor von Usedom, Renate Vaplus, Wir, Persona non grata.

In seinem zähen Durchhaltewillen, seiner Abenteuerlust und seinem angenehmen Humor war und ist mir Drafi Deutscher ein großes Vorbild. Danke, Drafi. Im Himmel sehen wir uns wieder. So. Und jetzt anschnallen; Themenwechsel.

7 Tretboot des Grauens

Unter den Wasserfahrzeugen sind sie die pummeligen Außenseiter, benachteiligt durch einen lächerlich niedrigen Wirkungsgrad und einen ungünstig hoch gelegenen Schwerpunkt: die Tretboote. Von ernsthaften Sportlern in der Regel verhöhnt und gemieden, sind mir die farbenfrohen Freizeitfregatten allzeit sympathisch gewesen. Meine ersten Tretbooterfahrungen machte ich als Kleinkind auf der Oldenburger Mühlenhunte, und in meinen bewegungsarmen Zeiten antwortete ich auf die Frage nach meiner Lieblingssportart stets: «Minigolf und Tretboot fahren.» Kein Wunder, dass, nachdem ich mich mit Verve dem Ausdauertraining hingegeben hatte, das Tretbootfahren recht bald in den Kanon meiner Leibesertüchtigungen aufgenommen wurde. Im Herbst 2003, am Ende meiner ersten Berglaufsaison, beschäftigte ich mich ausführlich mit dem Feuchtpedalieren. Stephan Isringhausen-Bley, Initiatior der fabelhaften «Steppenhahn»-Ultramarathonseiten, unterstützte mich mit vollem Einsatz, als er erfuhr, dass ich mit dem Ziel liebäugelte, das Tretboot als Ausdauersportgerät einzusetzen. So erfuhr ich, dass an den Schiffbaufakultäten der TUs in Flensburg und Duisburg ehrgeizig an Hightech-Tretbooten geforscht wird und dass es auf dem Bodensee und am Mittelmeer sogar Tretbootregatten gibt. Die Boote, die dort übrigens erstaunliche Geschwindigkeiten erzielen – der Weltrekord über 100 Meter mit fliegendem Start liegt bei sagenhaften 18,28 Sekunden –, haben jedoch mit der gemütlichen Bootsform, wie wir alle sie vom Ausflugsee um die Ecke kennen, nicht viel gemeinsam und sind äußerst kostspielig. Zudem lassen sie sich nicht gut demontieren, was für mich, der sich nicht eines Grundstückes mit direktem Seezugang erfreut, problematisch ist. Nun gut; der Haslacher See ist zwar nur einen Kilometer weit entfernt, aber ausgerechnet auf diesem sympathischen, von malerischen Anhöhen umgebenen Moorgewässer, sind während der Badesaison Boote verboten.

Eines herbstlichen PC-Abends erspähte ich bei eBay die für mich passende Lösung: ein leuchtend oranges «Seabike» mit aufblasbaren Katamaran-Schwimmern aus Gummi. Absolut autokompatibel. Euphorisch ersteigerte ich sowohl einen Ein- wie auch einen Zweisitzer für einen jeweils dreistelligen Geldbetrag, und in jenen Tagen, in denen ich sehnlich auf die Lieferung wartete, las ich «Mit dem Tretboot über den Atlantik» von Rüdiger Nehberg, den einzigen Klassiker der deutschsprachigen Tretbootliteratur. Merkwürdig, oder? An jedem Baggersee werden Tretboote vermietet, aber Bücher drüber gibt's keine, außer ebenjenes des Hamburger Extrem-Konditors. Nehberg nutzte auf seiner Atlantik-Überquerung als Antrieb übrigens vor allem jene Meeresströmung, die von Westafrika nach Brasilien führt. Dieser Hinweis soll seine Leistung jedoch keineswegs herabwürdigen – schon das stoische Ertragen der Einsamkeit auf einer wochenlangen Seereise ist eine beachtliche Leistung.

Nach einigen Tagen lieferte mir ein Laster ein Dutzend sperriger Pappkartons, und ich montierte freudig die «Seabikes». Solide Technik, einfach, geradeaus, ohne viel Schnickschnack. Da die Badesaison 2003 vorüber war, kutschierte ich umgehend den Einsitzer zum Haslacher See und drehte ein paar erste Runden. Primärer Eindruck: bescheidenes Tempo, bescheidener Sitzkomfort, aber dafür umso höherer Zeitverlust, der durch An- und Abtransport, Montage und das Aufpumpen der Schwimmer entsteht. Nach der Jungfernfahrt ersetzte ich die mitgelieferten Billigpedale durch Klickpedale, sodass der radsportspezifische «runde Tritt» möglich wurde. In den folgenden Tagen «betrat» ich auch die größeren Gewässer in der Nähe, etwa den Forggen- oder den Ammersee. Als problematisch erschien mir bei meinen Ausflügen vor allem die Diskrepanz zwischen Pulsfrequenz – diese ist ob der kleinen Anzahl an der Bewegung beteiligter Muskeln eher gering – und jener enorm starken Belastung, der die Knie ausgesetzt sind. Somit ist Tretbootfahren höchstens als Bein-Kraftausdauertraining brauchbar, und auch dies aufgrund des hohen Überlastungsrisikos nur in Maßen. Den Zweisitzer stellte ich als Sitzmöbel in mein Arbeitszimmer, und den Einsitzer verlieh ich an Hannes, der das Ding nach ein, zwei Seereisen jedoch ebenfalls etwas ratlos in den Keller stellte. Eine Rheinfahrt vom Bodensee nach Rotterdam wurde von uns eine Zeit lang erwogen, dann aber ob allgemeiner Terminfülle wieder verworfen.

Die Jahre vergehen, viel Wasser fließt den Rhein hinab. Erst im Frühjahr 2006, als ich von den «clever!»-Aufzeichnungen zurück bin und Hannes und ich mal wieder beim Kaffee über künftig zu absolvierende Abenteuer beratschlagen, jonglieren wir in unseren Gedankenspielen wieder mit Tretbooten. Für die Rheinfahrt fehlt uns auch weiterhin die notwendige Zeit; für solch eine Reise müsste man mindestens eine, wahrscheinlich eher zwei Wochen einplanen. Glauben wir jedenfalls; echte Ahnung haben wir keine. Als Vertreter der arbeitenden Bevölkerung konzentrieren wir uns auf Vorhaben, die an einem Wochenende erledigt werden können. Vielleicht «Mallorca–Ibiza?» Zu teuer und organisatorisch zu anspruchsvoll. «Cuxhaven–Helgoland?» Die DGzRS (Deutsche Gesellschaft zur Rettung Schiffbrüchiger) rät uns entschieden ab; die Schnellfähren auf dieser Route seien nächtens mit Autopilot unterwegs und würden uns in Grund und Boden fahren.

«Warum fährst du nicht einfach auf dem Haslacher See?», fragt meine Mutter lachend, als sie mich im Frühsommer besucht und von meiner maritimen Ziellosigkeit erfährt. «Der liegt doch direkt vor der Haustür.»

Nanu? Anlässlich des 24-Stunden-Mountainbike-Rennens hat

mir meine Mutter noch einen Schüsselsprung unterstellt, wegen des hamsterhaften Immer-im-Kreis-Fahrens. Und jetzt stiftet sie mich geradezu an! Ich halte vorsichtshalber mal gegen.

«Weil Boote auf dem Haslacher See in der Badesaison verboten sind. Und außerdem ist man in zehn Minuten einmal durchgefahren. Das wird doch schnell langweilig.»

Mama lässt nicht locker. «Meinst du denn, zwischen Ibiza und Mallorca würde es nicht langweilig werden? Und das Bootsverbot soll doch wahrscheinlich Badende vor Unfällen schützen. Am Wochenende ist jedoch Regen angekündigt; da wird wahrscheinlich niemand im See baden, und das Verbot macht demnach gar keinen Sinn.»

Das hat nun auch nicht jeder: eine Mutter, die ihren Sohn zu gesetzeswidrigen Handlungen ermutigt. Eventuell ist sie jedoch lediglich besorgt; sollte ich auf dem bescheidenen Badegewässer vor meiner Haustür in Seenot geraten, dürfte mein Leben kaum in Gefahr geraten. Im Mittelmeer oder auf der Nordsee sähe die Sache anders aus.

Ein Freitagmorgen im Juli. Dauerregen. Ich suche Hannes in seinem Laden auf, kaufe zwölf Riegel, einen Haufen Batterien und kündige an, mich umgehend an den Haslacher See zu begeben, um den Einer zu Wasser zu lassen.

«Wie lange willst du denn fahren?», fragt Hannes.

«24 Stunden wäre schon schön. Solang es eben Spaß macht!» Ich bin wild entschlossen, aus dem bevorstehenden Wochenende etwas Brachial-Imposantes zu machen.

«Vielleicht stoße ich heute Abend dazu, mal gucken, was meine Familie so vorhat!», ruft mir Hannes noch hinterher, als ich vorfreudig zum Auto sprinte.

Elf Uhr vormittags. Alles ist montiert, verstaut, das GPS eingeschaltet (um präzise Angaben über Streckenlänge und Geschwindigkeit zu erhalten), und die Trinkflaschen liegen auf den

Trittbrettern neben dem Sitz. Ich stoße mich von einem kleinen Kiesstrand ab und steche in See. Schicksal ahoi! Das Einzige, was mir nun fehlt, ist gute Regenbekleidung, denn: Es schifft, um's im Seefahrerjargon auszudrücken. Wenigstens ist es warm. Ich trete nordwestwärts, auf das gegenüberliegende Ufer zu, beschreibe eine Linkskurve und manövriere vorsichtig zwischen Teichrosenfeldern und Ufer hindurch; diese Vorsicht ist geboten, weil ich schnell feststelle, dass es sich nicht empfiehlt, die Schiffsschraube mit Nuphar luteum, der Gemeinen Teichrose, in Berührung kommen zu lassen. Der meterlange, gummiartig-glitschige Stängel dieser Prachtpflanze wickelt sich nämlich blitzschnell um die Schraube und entfaltet dort eine beachtliche Bremswirkung, zum einen aufgrund der, äh, ich nenne dieses Phänomen einfach mal «Sprossreibung», zum anderen, weil die aufgewickelte Pflanze mit den anderen Individuen des Teichrosenfeldes in inniger Verflochtenheit lebt und man somit nicht nur eine Teichrose, sondern einen fünfzig Meter langen Seegewächsteppich hinter sich herschleppt. Der Tretbootkapitän hat in einem solchen Falle die Wahl zwischen zwei Möglichkeiten: Entweder er tritt für einige Minuten mit doppelter Intensität, bis der um die Achse gelegte Schraubstängel unter der Zugbelastung zerquetscht und zerrissen ist. Oder er hält an, klettert über den Plastiksitz hinüber zum Heck, beugt sich bis knapp über die Wasseroberfläche und tunkt den Arm bis zur Schulter unter Wasser, um die Schreckschraube freizufingern. Der Tag ist noch jung, und so entscheide ich mich bei meinen wenigen Teichrosen-Kontakten für die erste Möglichkeit. Die gelb blühenden Hingucker bedecken etwa ein Zehntel des Sees, sodass genügend Platz für störungsfreies Kreuzen bleibt. So reihe ich Runde an Runde und freue mich über einen jungen Hecht, der meinem Treiben, knapp unter der Wasseroberfläche dösend, zuschaut. Idylle pur. Ich bewege mich mit schlappen vier Komma fünf Durchschnittskilometern vorwärts, und am Badestrand steht der Kioskbesitzer kundenlos im Regen. Thor sei Dank ist der Regen betont ungewittrig; bei eventuellem Blitzschlag wäre es sicher ratsam, sofort das Ufer aufzusuchen, denn wer im Gewitter Tretboot fährt, kann auch gleich im Umspannkasten Ritterspiele veranstalten. Mein Handy bimmelt. Mit einem netten Journalisten der Koblenzer «Rhein-Zeitung» unterhalte ich mich über ein Konzert von Musikern der Rheinischen Philharmonie im Rahmen des Festivals «Mittelrhein Musik Momente», das ich in der kommenden Woche moderieren und um einige Querflötensoli bereichern werde.

«Was haben Sie denn da für seltsame Hintergrundgeräusche?», fragt der Interviewer.

«Das sind Wildgänse. Ich verbringe das Wochenende auf einem Tretboot», antworte ich wahrheitsgemäß.

Aha. Stille. Offenbar denkt er, ich wolle ihn verulken. Vom Himmel blinzelt mir die Sonne zu.

Gegen ein Uhr mittags binde ich mein Boot an einem Angelsteg fest. Dies ist natürlich ein betont praktischer Aspekt an der Haslacher-See-Idee: Zur Nahrungsaufnahme begebe ich mich einfach binnen fünf Minuten an den heimischen Esstisch. Ines hat extra viel Reis gekocht, den ich ratzeputz verzehre. Dann gebe ich meinen Lieben einen Kuss, den meine Lieben erwidern, indem sie mir einen Vogel zeigen. Recht haben sie ja, diese Aktion hat tatsächlich einen etwas, äh, sonderbaren Charakter. Dann düse ich wieder los. Neben vollen Trinkflaschen nehme ich noch ein paar Bücher mit, denn, so habe ich mittlerweile herausgefunden, unter allen Sportarten ist die Tretbootfahrerei die lektürenaffinste. Da ich auf dem Haslacher See ganz alleine unterwegs bin und somit die Crash-Gefahr wegfällt, kann ich bequem mit der rechten Hand lenken und mit der linken ein Buch halten, sofern ich die Teichrosenfelder nicht aus den Augenwinkeln verliere. Nach einem Stündchen stelle ich jedoch fest, dass meine Bücher zu schwer sind, weniger vom Inhalt her als vom Gewicht; es handelt sich um Alfred Grossers «Wie anders ist Frankreich?» sowie Bryan

Burroughs' «Dragonfly», einen voluminösen Roman über die Zusammenarbeit der Russen und der Amerikaner an der «International Space Station» – hat mir eine Parabelflugveteranin empfohlen. Beide Bücher sind lesenswert, aber nicht tretboottauglich, da Druckwerke an Bord einhändig gehalten werden müssen; nimmt man die rechte Hand vom Steuerruder, begibt sich der klobige Kahn umgehend auf Pirouettenfahrt.

Sechzehn Uhr, Zeit für einen Kaffee. Als ich den Steg erreiche, stehen dort ein paar Angler, denen ich mein Tun erläutere. Vorsichtshalber weise ich ganz offensiv auf den Umstand hin, dass das Tretbootfahren hier verboten sei, aber dies sei auch definitiv das erste, einzige und letzte Mal, dass ich mit meinem Tretboot die hiesigen Fischgründe durchkreuze, Ehrenwort. Scheint den Anglern aber sowieso schnurz zu sein.

Nach diesem Teich-Talk gehe ich an Land. Leider hat der Kiosk am Strand inzwischen geschlossen, und so besuche ich wieder kurz meine Familie und kontrolliere kaffeetrinkend die Hausaufgaben meiner Söhne. Dann wechsele ich meine Shorts und ersetze meine (Lese-)Schwarten gegen ein leichtes Reclamheftchen. Außerdem nehme ich ein aufblasbares Campingkissen mit, um den Sitzkomfort zu erhöhen. Weiter geht's. Treten, treten, treten. Fünfzig Seiten lang. Ein Triathlet im Neoprenanzug hat inzwischen sein Training begonnen. Um ihn nicht zu überfahren, beschränke ich mich in der kommenden Stunde auf enge Zickzackfahrten an der ihm gegenüberliegenden Seeseite. Als ich auf die Kartengrafik meines GPS-Gerätes blicke, auf der mit einer feinen schwarz gestrichelten Linie meine Route nachvollzogen ist, freue ich mich über das sonderbare Muster; wie ein aufgelassenes Wollknäuel sind bereits große Teile des Sees von Spuren durchzogen, und die Teichrosenfelder sind scharf umgrenzt. Das reizvolle Bildchen erinnert mich an die beiden Briten Jeremy Woods und Hugh Pryor, die zur Jahrtausendwende das GPS-System in die bildende Kunst eingeführt haben. So erwanderten sie in den Straßen des Seebades

Brighton die Umrisse eines Elefanten und in Nottingham einen Schmetterling. Mein heutiges Kunstwerk erinnert eher an den abstrakten Expressionismus eines Cy Twombly, und ich spiele mit dem Gedanken, die Wasseroberfläche erst wieder zu verlassen, wenn der Speicherplatz meines Navis gefüllt, der See auf der Kartendarstellung von der Wegzeichnung komplett eingeschwärzt und mein GPS-Gerät abgestürzt ist. Das kann jedoch dauern, so viel ist klar.

Tüdelüdelüt. Am Handy meldet sich Otto Steiner, der «clever!»-Produzent. Er verrät mir die Ergebnisse der jüngsten «clever!»-Marktforschungsstudie. Alles sei prima, nur habe sich herausgestellt, dass das Publikum promimüde sei und man daher in der kommenden «clever!»-Staffel sogenannte normale Menschen als Kandidaten einladen werde. Gerne, finde ich gut. Bis bald!

Inzwischen bin ich netto sechs Stunden unterwegs, und die ersten Ermüdungserscheinungen machen sich bemerkbar. Der Rücken knirscht, der Popo juckt, ich rutsche unwillig auf meinem Kissen herum und variiere immer häufiger die Haltung der steuernden rechten Hand.

Das Abendessen nehme ich wieder im Kreise meiner Lieben ein, liefere meinen Lesestoff ab und nehme stattdessen mein Nachtsichtgerät mit auf große Fahrt. Nachtsichtgerät? Jawohl! Nette Kollegen aus der Fernsehbranche, die über meine nächtlichen Ausflüge Bescheid wissen, haben mir das Secondhand-Stück geschenkt. Leider ist die Qualität der Kopfhalterung nicht ganz so dolle, sodass es bei der geringsten Erschütterung verrutscht. Somit ist es für alle denkbaren sportlichen Einsätze ungeeignet, mit einer Ausnahme, nämlich der Tretbootfahrerei. Jedenfalls theoretisch, ausprobiert habe ich das Ding noch nicht. Ein klobiges, schwarzes Nachtsichtgerät, zumal eines aus den Beständen der Sowjetarmee, verleiht seinem Träger eine eher sonderbare Ausstrahlung, und als ich am Seeufer das Instrument probetrage, um sicherzustellen, dass ich kein Zubehörteil vergessen habe, kommt zufällig ein kleiner Junge vorbei, der sogleich zu weinen beginnt und im Rückwärtsgang vor mir flüchtet. Sowjetarmee. 1979. Einmarsch in Afghanistan. Am Sonntagmorgen nach dem Beginn der Invasion war ich, wie ich Ihnen bereits erzählt habe, mit meinem Papa beim Wandern. An diese Wanderung muss ich nun denken, denn nach einigen Jahren des Kampfes gegen die Mudschaheddin war den Sowjets immer weniger klar, warum sie sich überhaupt in dieses Abenteuer gestürzt hatten und wie sie die Sache wieder anständig beenden konnten. So ähnlich (aber gottlob ohne Tote) wird es mir heute Nacht auch ergehen, fürchte ich. Trotzdem lege ich gegen neunzehn Uhr dreißig erneut ab und drehe weiter meine Runden. Langsam beginnt die Dämmerung. Am Ufer sehe ich nun häufiger Gruppen von Dorfbewohnern, die mir zuschauen. Worüber sie reden, kann ich wegen der Entfernung nicht verstehen. Vielleicht, ob man doch mal ein diskretes Gespräch mit meiner Frau suchen sollte? Ich gebe gerne zu, dass ein junger Herr, der, eventuell sogar nachtsichtgerätbewehrt, einen ganzen Tag auf einem eingeregneten Badesee ziellos Kreise und Schleifen tritt, zu einer gewissen Besorgnis Anlass gibt. Ist er, bin ich: balla-balla? Gegen halb zehn wird es dunkel. Und zwar richtig. Vom Mond ist nichts zu sehen; nur schwach zeichnen sich noch die Umrisse der Baumgruppen vom tiefgrauen Himmel ab. Nur der Fernsehturm auf der Kapellhöhe mit seiner roten Punktbeleuchtung sowie ein paar am Ufer entlangfahrende Autos sorgen noch für Lichtimpulse. Ich setze das Nachtsichtgerät auf, aber recht bald wieder ab, denn es lässt sich leider nur auf dem rechten Auge scharf stellen. So ’n Mist. Eine ganze Nacht einäugig jenes monochrome Grünbild betrachten, das aus dem Kino-Schocker «Das Schweigen der Lämmer» hinlänglich bekannt ist – das traue ich mir denn doch nicht zu. Also wieder absetzen, einpacken und zwischen Fernsehturm und Straße hin- und herpendeln, solange es irgend geht. Um halb elf erscheint Hannes am Ufer. Ich lege an, erzähle ihm, was bisher geschah (ist schnell erledigt), blicke auf mein GPS (ich habe bisher 36 km hinter mich gebracht) und flitze schnell nach Hause, um meine Stirnlampe zu holen. Außerdem nehme ich noch ein bisschen Knabberzeug mit, denn Hannes hat seinen portablen DVD-Player dabei. Die Stimmung steigt; jetzt machen wir's uns gemütlich!

Im Schein der «Hirabiras» («Hirnbirnen» – so heißen Stirnlampen in Allgäuer Mundart) lassen wir nun den Zweisitzer zu Wasser. Während ich noch mit dem Öffnen einer Dose gerösteter Erdnüsse für das Captain's Dinner beschäftigt bin, lenkt Hannes unser Gefährt volle Lotte ins Teichrosenbeet. Mein Freund runzelt die Stirn. «Was ist denn das für ein fieser Tümpel?» Fast ist mir meine Gewässerwahl peinlich; ich übernehme das Ruder wieder und behaupte, ich würde mich auf diesem See inzwischen so gut auskennen, dass mir derlei Ungemach nicht mehr unterliefe; die unverkrauteten Schifffahrtsrouten seien mir mittlerweile in Fleisch und Blut übergegangen. Hannes überlässt mir daraufhin die Brücke und erklärt sich stattdessen für das Unterhaltungsprogramm an Bord zuständig. Er entpackt sein schmuckes DVD-Lesegerät und führt «Das große Rennen von Belleville» in den Schlitz ein, jenen tragikabren Trickfilmklassiker, der die Entführung eines Tour-de-France-Fahrers erzählt. Wurde mir von Anke Engelke empfohlen. Nun lenke ich unser «Seabike» zwischen Straße und Fernsehturm hin und her und beobachte voller Freude mein teures Besatzungsmitglied dabei, wie es sich über den schönen Film freut. Leider lässt dadurch meine Konzentration auf die Steuerkunst nach. Dieses Nachlassen trifft in sehr ungünstiger Weise auf den Umstand, dass um diese Zeit, es nähert sich bereits die Geisterstunde, immer seltener Autos die Uferstraße befahren und so für Orientierung schaffende Lichtkegel sorgen. Folge: Immer häufiger gurken wir ins Grünzeug, und glibberige Strünke umwickeln unseren Antrieb. Die Stirnlampen helfen leider gar nicht; unser Bremsweg ist einfach zu lang. Sehe ich im Schein der Hirnbirne die lappigen Schwimmblätter, ist es auch schon zu spät.

Hannes schmunzelt. Schwer zu sagen, was ihn mehr amüsiert, der Film oder meine Behauptung, mich auszukennen. Immer wieder klettern wir zur Rückseite, pulen an den Schrauben herum (der Zweier besitzt deren zwei), ächzen, jaulen und stöhnen. Manchmal verzichten wir auch der Abwechslung halber auf die Sprosspulerei und legen einen häckselnden Zwischenspurt ein, was meine bereits stark angegriffenen Kniegelenke dazu veranlasst, mit heißem Pochschmerz zu reagieren. Hannes klappt den DVD-Player zu; das Halten des Abspielgeräts ist ihm auf die Dauer zu unbequem. Aua! Beim Blindgriff in die Erdnussdose zerschneide ich mir am scharfen Dosenrand eine Fingerkuppe. Das Blut suppt an meinen Beinen hinab und tropft ins Wasser. Hoffentlich werden jetzt keine Haie angelockt! Ich blicke missmutig aufs GPS. Zehneinhalb Stunden netto auf dem Wasser und erst 46 km Gesamtstrecke. Durchschnittsgeschwindigkeit: vier Komma vier km/h. Niederschmetternd. Man tritt und tritt und kommt doch kaum vorwärts.

Hannes gibt sich einen Ruck: «So. Ich mache mich bald vom Acker; ich habe meiner Frau versprochen, dass ich morgen früh neben ihr erwache.» Neid erfüllt mich. Ins Bett. Was für eine verlockende Vorstellung. Gähn. Herrlich. Hannes schmunzelt mir zu. «Wir können ja noch zusammen die fünfzig vollmachen, und dann trittst du alleine weiter.» Kurze Pause, während deren meine Entschlossenheit teilimplodiert. Dann höre ich mich sagen: «Jawohl. Wir fahren bis fünfzig, aber dann lege ich mich auch ins Bett.» Von wegen «Mallorca–Ibiza». Von wegen «Cuxhaven–Helgoland». Von wegen «24 Stunden auf dem Haslacher See». Nach einer weiteren kurzen Pause, während deren meine Restentschlossenheit endimplodiert, sage ich kleinlaut: «Ach, vergiss die fünfzig. Ich habe keine Lust mehr. Komm, wir fahren zum Steg und packen zusammen. Ich kann ja morgen früh alleine weitermachen.»

Am Anlegeplatz schießen wir noch ein paar Selbstauslöser-Erinnerungsfotos, dann löschen wir unsere Ausrüstung. Gar nicht so einfach, auf schwankendem Steg und in völliger Dunkelheit. Unter anderem geht das Nachtsichtgerät über Bord und verschwindet in den schwarzen Fluten. Egal, taugte eh nichts. Aus Versehen trete ich schließlich noch auf die Erdnussdose, die daraufhin beherzt den rechten Plastikschwimmer aufschlitzt, sodass unser einstmals stolzes Tretboot halbseitig im See versinkt. «Ist mir jetzt egal; da werde ich mich morgen drum kümmern», resigniere ich und wünsche Hannes eine gute Nacht. Zwei Uhr. Ein interessanter Tag hat ein eher melancholisches Ende gefunden. Ich hänge herzhaft gähnend meine blutverschmierte Seefahrermontur über einen Gartenstuhl, klebe ein Pflaster auf meine Fingerkuppe und kuschle mich ins Bett.

Am nächsten Morgen erfreue ich mich eines sonderbaren Spezial-Muskelkaters rund um beide Kniegelenke. Jeder Versuch, eine Treppe zu benutzen, wird von mir mit einem markerschütternden «Hilfe! Ich sterbe!» unterlegt. Beim Frühstück spiele ich nicht einen Moment lang mit dem Gedanken, meine gestrige Tretboottour auch nur um ein winziges Ründchen zu erweitern. Stattdessen nehme ich mir vor, meine «Seabikes» bei nächster Gelegenheit zu verkaufen. Oder zu verschenken. Egal. Nur weg mit den Dingern. Schnell. Ja, ich ... gelobe hiermit feierlich: Tretboot fahre ich nie, nie wieder.

Während ich missmutig mein zerschlitztes Gummigurken-Wrack aus den Fluten berge, bilanziere ich:

2000 – Eine Stunde Laufen nonstop.

2001 – Erster Marathon in Winterthur, 3:30 h. Im Sommer Marathon in Füssen, eingegangen wie eine Primel, 3:38 h.

2002 – Hamburg Marathon, 3:23 h, Eifel-Marathon locker in 4:06 h, Auerbergtriathlon in 2:39 h, Ems-Jade-Lauf in 7:40 h.

2003 – Nochmal neue Marathonbestzeit in Bonn (3:21 h, mein

Rekord bis heute), dann ganz gemütlich Ostfriesland-Marathon in 3:45 h, «Extreme Mountain Running», Oberstaufen-Alpinmarathon in 4:28 h, Zugspitz-Berglauf in 2:59 h, Tegelberglauf und als Krönung der Saison Swiss-Alpin K78 in Davos in 9:52 h.

2004 – Tannheimer Trail, Kandel-Marathon knapp oberhalb der Bestzeit, Neuschwanstein-Marathon, Helgoland-Marathon, Graubünden-Marathon mit massig Höhenmeter in starken 4:53 h, eine Woche später Oberstaufen-Marathon eine Viertelstunde zügiger als im Vorjahr (22. in meiner Altersklasse), danach im Eiltempo von Deutschland nach Italien. Mit Mühlegg in knappen drei Stunden auf die Zugspitze. Zum Saisonabschluss den hügeligen Kemptener Voralpenmarathon in 3:48 h.

2005 – Tannheimer Trail, König-Ludwig-Skimarathon, dann viel Geradele, Auerberg-MTB-Marathon, Pfrontener Bike-Marathon, 24 Stunden Mountainbike in München, hiernach per Klapprad von Köln nach Brüssel und zum Abschluss der Radsaison von Pfronten nach Como.

2006 – Tannheimer Trail, wieder König-Ludwig, diesmal übrigens 50 Minuten schneller als im übel-einstöckigen Jahr zuvor, dann per Rennrad von Köln nach Paris, schließlich die Haslacher Boots-Tretmühle.

Und nun? Was soll ich mit diesem angebrochenen Hochsommer anstellen?

Einige Tage später. Es ist heiß. Enorme 32 Grad kriechen durch die Münchener Innenstadt – dabei haben wir gerade mal neun Uhr vormittags. Ich befinde mich in meiner Münchener Wohnung, hatte gestern und habe morgen hier mit «clever!»-Zuspielfilmdrehs zu tun. Für heute Abend bin ich mit Markus Linhof verabredet, dem Regisseur der «WIB-Schaukel», mit dem ich mich auch nach dem Ableben dieser schönen Sendung ab und zu treffe. Ich bin heute – für meine Verhältnisse – spät aufgestanden und habe mir einen Kaffee gekocht, an dem ich etwas lustlos nippe. Im Radio überlappen sich die Diskussionsrunden, in denen Meteorologen der Frage nachgehen, ob Deutschland sich auf einen zweiten «Jahrhundertsommer» binnen drei Jahren einrichten muss. Ich folge der Sendung mit gespitzten Ohren und erinnere mich plötzlich an die Alpenüberquerung zu Fuß. Am dritten Tag war mir doch das Trinkwasser ausgegangen, woraufhin ich eintrocknend durchs Gelände gestolpert war, übel gelaunt und meine genervten Kumpane um Liquidität anbettelnd. Hatte ich mir damals nicht fest vorgenommen, den Verzicht auf Flüssigkeit zukünftig zu trainieren, auf dass mir derlei Unbill nicht wieder unvorbereitet widerführe? Spontan versenke ich meine halb geleerte Kaffeetasse in der Spüle meiner Münchener Wohnung und blicke ihr bedeutungsschwanger hinterher. Dann räuspere ich mich, gehe ins Badezimmer, stelle mich vor den Spiegel und verkünde feierlich: «Es ist so weit. Heute wird bis zum Sonnenuntergang nichts getrunken. Ich wiederhole: nichts. Keinen Tropfen.»

Während ich dies in so pathetischer Form verkünde, wird mir auch schon ganz schwammig. Ob ich denn noch ganz dicht bin, so höre ich eine innere hydrophile Stimme schimpfen, ausgerechnet an einem der heißesten Tage des Jahres mit einer Übung zu beginnen, deren gesundheitlicher Unnutzen absolut unbestritten ist? Was mir denn einfiele? Gerade mal ein halbes Jahr sei es her, dass ich nach dem Verlust meiner Tasche durchnässt am Breitenberg auf den Kältetod gewartet habe, um mich danach volle zwei Wochen mit einer ekligen Entzündung der Atemwege herumschlagen zu müssen. Eine halbe «clever!»-Staffel wurde wegen meiner Iglu-Eskapade durch eine hässlich verschnodderte Präsentatoren-Stimme in ihrem kunsthandwerklichen Wert gemindert, ich habe meine Kinder und meine Frau angesteckt, und jetzt kommst du Irrer, du Idiot, du Möchtegernyogi auf die irre Idee, in den Trinkstreik zu treten? Sind wir denn hier in Guantanamo? Wann wirst du endlich erwachsen, du Spinner?!

Ich blicke weiter in den Spiegel und warte auf das Plädoyer der Verteidigung. Hm. Nichts zu hören. Kommt da noch irgendetwas? Hallo? Nein. Na gut, dann muss ich diese Sache eben ohne Beistand durchziehen. Ich verlasse das Badezimmer und ziehe mich an. Polohemd und kurze Hosen, meine Lieblingskombination seit einigen Jahren. Warum kurze Hosen? Weil ich da ausgezeichnet meine enorm imposanten Beine präsentieren kann. Seit dem Beginn meines Ausdauer-Trips sind meine Haxen zu feinziselierten Schmuckextremitäten geworden. Schwer zu sagen, was die Muskulatur positiver beeinflusst hat, das Laufen oder die Radfahrerei. Jedenfalls könnte ich mit meinen Beinen glatt in anatomischen Vorlesungen als Anschauungsobjekt dienen. Um die, wie man in Athletenkreisen sagt, «Definition» meiner Beine optisch zu untermauern, habe ich bereits im Sommer 2003 damit begonnen, meine Beine im Sommerhalbjahr regelmäßig zu rasieren. Ist ja in Rennradlerkreisen eine ganz wichtige Sache, angeblich, weil die Massage dann besser flutscht, auch weil die Behandlung von Schürfwunden an rasierten Beinen einfacher ist. Natürlich, alles richtig, aber, glauben Sie mir, viel wichtiger noch ist das optische Signal. «Huhu, guck mal, ich hab schicke Beine, ich bin ein ganz geiler Hengst!» In der Rennradszene spielt natürlich auch das Gefühl eine Rolle, mit rasierten Beinen zur «In-Group» zu gehören und nicht nur einfach mitzurollen. Ich wiederum liebe es, mir im Frühjahr am ersten warmen Tag mit scharfer Klinge den Winterflaum vom Bein zu schaben, kurze Hosen aus dem Schrank zu fischen und durch den Sonnenschein zu gondeln. Hat so einen erfrischenden «Cabrio-Effekt». Ist im Übrigen auch ein Akt der Gleichberechtigung: Zeitlebens freue ich mich über schöne, unbehaarte Frauenbeine, und da ist es doch nur recht und billig, wenn ich mich mit Inbrunst um die Rasur meiner eigenen Laufwerkzeuge bemühe. Übrigens rasiere ich am liebsten in der Badewanne liegend. Ob ich's auch mal mit Heißwachs oder Enthaarungscreme versuchen sollte? Und schwuppdiwupp tun sich hiermit auch schon wieder neue Ziele für die Zukunft auf. Sehr schön.

Frisch bekleidet rufe ich Ines an. «Weißt du, was ich heute mache? Ich werde den ganzen Tag nichts trinken!»

Meine Gattin ist inzwischen ausgesprochen erfahren im Umgang mit derlei Einfällen. Nach kurzer Pause kommentiert sie trocken: «Super Idee. Viel Spaß. Übrigens: Heute soll's richtig heiß werden!»

Den Vormittag verbringe ich lesend und auf den Durst wartend. Aber er kommt nicht. Gegen eins meldet sich stattdessen ein kleines Hungergefühl. Essen, so stelle ich jedoch mit zusammengepressten Lippen fest, enthält mehr oder weniger Feuchtigkeit, sodass jegliche Nahrungsaufnahme das Ergebnis meines Selbstversuches unweigerlich verfälschen würde. Ergo: Ich bleibe hungrig.

Um mich abzulenken, ziehe ich meine Laufschuhe an und laufe an der Isar entlang zum Unterföhringer See. Die Sonne prügelt auf meinen Scheitel ein. Man könnte Spiegeleier auf der Straße braten. Merkwürdig, dass ich ausgerechnet heute meine Mütze in der Wohnung vergessen habe. Scheint so, als ob ich's wirklich wissen will. Und, wenn dem so sein sollte: Was will ich eigentlich wissen? Etwa wie lange ich durchhalte, ohne in einen wildfremden Garten zu fallen, um mich am dortigen Rasensprenger zu laben? Noch geht es mir ausgezeichnet. Ich jogge inzwischen mit moderaten 10 km/h wieder stadteinwärts und betrachte das Flirren der Luft. Kleinwüchsige Fliegen tummeln sich am Isarufer. Ich kenne die Biester; wer stehenbleibt, wird gestochen. Sehr unangenehm, weil die betroffene Körperpartie gehörig anschwillt. Weiter. Ein erstes leichtes Durstgefühl macht sich bemerkbar, und zwar ganz konkret im hinteren Drittel der Mundhöhle. Die Schleimhäute pappen aufeinander, auch meine Augen wirken angestaubt. 17 km bin ich jetzt getrabt und nähere mich dem Maximilianeum. Mein Schritt wird etwas schleppend. Am Isarufer sitzen halbnackte Halbstarke im Gras und saufen Coca-Cola. Mit einer gewissen Sehnsucht im Blick laufe ich an ihnen vorbei und passiere wenig später das Müller'sche Volksbad, ein herrliches Jugendstilbad, in dem ich schon oft sauniert habe. Mit betont klöterigem Schritt begebe ich mich über die Ludwigsbrücke und schleppe mich durch den heißen Dunst, der die Häuserschlucht der Zweibrückenstraße füllt. Meine Mundschleimhäute fühlen sich an wie jene Brötchenreste, die man gemeinhin an Enten verfüttert, bröselig und verhärtet. Nach zwei Stunden erreiche ich wieder meine Wohnung, gehe langsam die Treppe in den vierten Stock hinauf und gebe dabei seltsam laute Schmatzgeräusche von mir. Gut, dass sich keine Nachbarn im Treppenhaus aufhalten. In meiner Wohnung ziehe ich mich nackt aus, reiße die Fenster auf und erwäge, meinen freiwilligen Durststreik abzubrechen. Ob ich mir nicht wenigstens einen Kaffee gönnen sollte? Kaffee, das weiß ja jeder, regt die Nierentätigkeit an, füllt daher die Blase und ist insofern kein Durststiller im Sinne meines Experiments. Soll ich? Soll ich nicht? Beim Gedanken an Kaffee läuft mir das Wasser im Munde zusammen ... Andererseits geht es mir ja bei meinem Selbstversuch gerade um das Durchhaltevermögen, und wenn ich ehrlich bin, möchte ich mir den Kaffee ja gerade gegen den Durst einverleiben. Schon wieder schmatze ich laut. Leise fluchend sehe ich mir dabei zu, wie ich zwei braune Pulverhäufchen in einen Filter gebe ... Nein, Wigald, hör auf!

Ich wende mich von mir selber angewidert ab und lege mich aufs Sofa. Fühle mich schwächlich. Blicke an die Decke. Schlafe ein. Wache auf. Ein Blick auf die Uhr: Es ist sechs. Durst. Ich rufe Markus an. Ob's beim Essen heute Abend bleibt? Acht Uhr? Ob ihm sieben nicht auch gut passen würde? Ich müsse morgen ganz früh zur Arbeit (ist nicht gelogen, aber vor allem spekuliere ich auf eine frühere Flüssigkeitsaufnahme). Ja? Prima, bis dann. Das Durstgefühl stagniert. Ist erträglich. Ich durchblättere meine Texte für den morgigen Drehtag und warte endlich auf den abendlichen Fastenbruch.

Neunzehn Uhr. Noch immer knattert die Sonne unbarmherzig. Ding-Dong. Markus möchte mich in ein schönes Gartenlokal einladen. Wie weit weg ist denn das? «Nun ja, man müsste hinfahren …» Danke nein. Ob er was dagegen hat, wenn wir in die Traditionsgaststätte bei mir um die Ecke gehen? Mein Durst ist so groß wie Drafis Pseudonymenliste. Ich warte gar nicht erst auf seine Antwort und bewege mich entschlossenen Schrittes Richtung Lokal. «Wollen die Herren schon mal was zu trinken bestellen?» Ja! Ja! Ja! Markus ordert ein Bier, ich lalle mir eine Radlermaß herbei. Bier gemixt mit Limo: Das trinke ich sonst nie, aber ich sehne mich nach Totalhydration, und in meinem Zustand stärksten Durstes verbinde ich hiermit ulkigerweise den Geschmackstyp Hopfen in Süß. Ich klopfe auf den Tisch. Wo zum Teufel bleibt das Gesöff? Merkwürdig aufgekratzt, dabei gleichzeitig arg unkonzentriert erzähle ich Markus von der kürzlichen Paris-Tour. Markus hat seine Kindheit in der französischen Hauptstadt verbracht und kann daher kompetent nachfragen.

AHHH! Das Bier ist da! Auf ex. Und gleich noch eins! Und bitte zweimal Pilze mit Semmelknödel, danke schön. Ich rede. Und rede. Und rede. Das zweite Bier ist fast leer, als sich plötzlich, völlig aus dem Nichts, mein Magen aufbläht wie die Halskrempe einer Brillenschlange. Gleichzeitig höre ich mich selber nur noch stark gedämpft. Stattdessen überflutet ein rasch lauter werdender dumpfer Brummton meine Gehörgänge. Meine Augen wiederum sind in ihrer Funktion durch explodierende Lichtblitze beeinträchtigt, Blitze, die von den Rändern her das Pilzgericht, das Bierglas und den erschrocken dreinblickenden Markus wie ein elektrisch beleuchteter Bilderrahmen umgeben.

«Wigald, was ist?», höre ich Markus fragen. Ich will ihm antworten, aber es geht nicht. Stattdessen schlucke ich trocken, fahre mit meinen Händen durch die Luft, lasse meine Gabel fallen, stehe auf, verliere völlig die Orientierung, drohe ohnmächtig zu werden und setze mich wieder hin.

«Wigald, was ist los? Soll ich einen Krankenwagen rufen?»

«Nein!», stammele ich. «Es ist nur ... vielleicht ein Herzinfarkt?» Seltsame Antwort.

«Wigald, wenn es sich tatsächlich um einen Herzinfarkt handelt, sollten wir in der Tat einen Krankenwagen rufen!», analysiert Markus korrekt.

«Bitte keinen Krankenwagen!» Blöder Brummton. «Ich muss mich nur kurz mal ausruhen. Könnte sein, dass ich heute ein bisschen wenig getrunk...»

Mit dieser Satzruine kippe ich vorwärts Richtung Pilzgericht. Mein Kopf nähert sich zuerst mit rasender Geschwindigkeit, dann immer langsamer der hellbeigen Sahnesoße; im Landeanflug sehe ich Krater, Berge, Hochplateaus, den Hohen Riffler, die Zugspitze und den schneebedeckten Breitenberg. Ich nähere mich dessen Gipfel, darauf erspähe ich einen Iglu, davor einen nackten Mann mit beschlagener Brille. Der nackte Mann bin ich. Aus dem Off erklingt ein Countdown: «Thirty, fourty, injection!» Die Schwerkraft lässt nach, und ich schwebe himmelwärts. Gleißendes Licht. Ein Tretboot mit aufgeschlitzten Schwimmern umkurvt spiralig den Eiffelturm, an dessen Eisenkonstruktion gerade Johann Mühlegg mit Höchstgeschwindigkeit emporklettert. Mit den Worten: «Lassen Sie sich nicht stören, so geht's schneller, als wenn Sie mir Platz machen», übersteigt er Jürgen W. Möllemann. Erschrocken blickt dieser ihm hinterher. Im Zeitraffertempo verschwindet die Sonne hinterm Horizont. Ich schwebe ihr nach und wähle die Nummer meiner Oma. «Wie geht's dir?» ... «Mir? Och, nichts Besonderes ... ich mache gerade einen Spaziergang.» Unter mir entdecke ich Jürgen Drews auf Inlineskates, mit schriller Stimme «6 × 6» krähend. Um seinen Hals baumelt ein Banjo. Er rollt auf einer düsteren, mit toten Katzen übersäten Straße. An einem der Kadaver bleibt er hängen, überschlägt sich und landet krachend auf dem Asphalt. Sein Banjo zerbricht, und im Inneren des Instrumentenkorpus erblicke ich Hamburg. Millionen stehen in der City Nord am Straßenrand und hauen mit Kochlöffeln auf Suppentöpfe. Der nackte Mann mit beschlagener Brille befindet sich plötzlich in einem Läuferfeld, schwitzend, schwächelnd, schwafelnd. Der Spitzenreiter, ein türkischer Treppenläufer, dem mit drei Metern Abstand ein warnblinkbeleuchteter Ford Granada folgt, beginnt zu skandieren: «Wir haben Hunger, Hunger, Hunger ...» Alle stimmen ein. Von hinten pflügt laut hupend ein 40-Tonner-Diesel mit französischem Kennzeichen durch die Menge. Am Steuer sitzt Hugo Egon Balder. Ich biege pfeifend rechts ab und umrunde eine mit unzähligen Ameisenhügeln garnierte Mülldeponie. Einmal, zweimal, dreimal. Auf einem Wegweiser lese ich «Wanderweg des Jahres: Zur Hölle!» Hilfe! Weiter! Nur nicht stehenbleiben! 48. Runde, 49., 50. ... Warum laufe ich immer im Kreis? Warum bleibe ich nicht einfach stehen? Panischer Schulterblick. Aha! Ich werde verfolgt. Im Schein meiner Stirnlampe erkenne ich einen Schüler-Diskus. Das Wurfgerät kommt näher, immer näher und berührt mich zärtlich wie mit einem flüchtigen Kuss. Obacht, ein Hindernis! Zu spät. Ich durchbreche eine Glasscheibe, falle aus einem großformatigen Fernsehapparat und bin – im Himmel. Meine Familie ist auch da, trägt Engelskostüme vom Aldi-Karnevalstisch. Auf einem kleinen Eckwölkchen im Hintergrund erkenne ich Hannes, ebenfalls im Engelskostüm. Er zupft Akkorde auf einer Leier. Dazu rezitiert er andächtig Informationen über das Fahrschulwesen der Bundeswehr. Hurra, Essen ist fertig! Ines hat Nudeln gekocht. Hundert Kilo, alles für mich. Ein uralter, hier oben offenbar die Geschäfte führender Herr mit schlohweißem Bart, der im Gesicht Drafi Deutscher verdächtig ähnlich sieht, möchte auch mir ein Engelskostüm anziehen. Ich winke ab. «Danke, ich bleibe lieber nackt ...»

Um mich herum wird es Nacht.

Nachwort

Heute ist Montag, der 25. September 2006. Gestern und vorgestern habe ich wieder am 24-Stunden-Mountainbike-Rennen in München teilgenommen, diesmal ohne Massage und Betreuerteam. Mein Ergebnis: 345 km, 28. Platz. War wieder eine scheußliche Plackerei. Popo und kleiner Finger haben die Tortur diesmal gut verkraftet, allerdings ist mir irgendwann in der langen Nacht der große Zeh eingeschlafen, und nun warte ich darauf, dass er wieder aufwacht. Sicher fragen Sie sich, warum ich mir diesen Quatsch noch einmal antun musste. Schon nach wenigen Runden habe ich mir diese Frage auch gestellt, jedoch ohne eine brauchbare Antwort finden zu können. Und wenn man mich in diesem Moment fragte, ob ich im nächsten Jahr wieder dabei sein möchte, würde ich mit einem äußerst klaren «Sind Sie wahnsinnig?» antworten. Eine erneute Teilnahme schließe ich hiermit ausdrücklich aus. Versprochen! Übrigens habe ich Ines darum gebeten, mich im nächsten Jahr an dieses Versprechen zu erinnern. Und auch Sie, liebe Leser, können mir diese Passage gerne unter die Nase halten und/oder mich auslachen, wenn Sie mich dereinst irgendwo auf einem 24-Stunden-Mountainbike-Rundkurs fluchen hören sollten.

Meine Tretboote habe ich übrigens doch nicht verkauft. Natürlich nicht. Ob ich nicht vielleicht nächstes Jahr mal versuchen sollte, auf meiner Gummigurke von Mallorca nach Ibiza zu fahren? Hannes hat mir bereits signalisiert, dass er Zeit und Lust hätte, mich zu begleiten.

Hm. Vielleicht sind ja nächstes Jahr auch endlich mal die «100 km von Biel» fällig. Oder ich nehme an einem Ironman-Triathlon teil. Oder ich verbringe den ganzen Winter im Iglu. Mal gucken.

Ach ja, sicher wollen Sie noch wissen, wie mein Dursttrainingstag endete. Dass ich über meinem Abendessen nicht den Löffel abgegeben habe, können Sie ja bereits daran erkennen, dass es mir gelungen ist, dieses Nachwort zu Papier zu bringen. Schon mal gut. Also. Die Ohnmacht währte nur kurz. Als ich wieder bei Sinnen war, begleitete mich Markus in meine Wohnung. Nach einigen Minuten auf dem Sofa ging es mir wieder ausgezeichnet, und ich habe Markus noch stundenlang vom Wohnzimmer des tamilischen Wirts, vom Pariser Stadtverkehr und von unserer spektakulären Rückfahrt nach Köln berichtet. Ines habe ich von meinem kleinen Schwächeanfall übrigens nichts erzählt. Warum soll sie sich grundlos Sorgen machen müssen …

So weit, so gut. Hiermit beende ich mein kleines Buch. Ich möchte jetzt laufen gehen, nur einmal ganz locker auf den Auerberg und wieder runter, denn in einer Stunde geht die Sonne auf, und dann bringe ich meine Kinder in die Schule.

Dank

Ganz zum Schluss noch ein paar Worte des Dankes: zunächst natürlich an meine Frau Ines und an meine Kinder, die nun bereits seit sechs Jahren mein Nachtwerk humorvoll tolerieren; ferner an Hannes Zacherl, dem ich nicht nur viele interessante und schöne Erlebnisse verdanke, sondern der mich auch mit seinem reichhaltigen Fotoarchiv unterstützte. Dank auch an Julia Vorrath, meine Lektorin, die mich überhaupt erst davon überzeugen konnte, meine sportliche Persönlichkeitsseite der Öffentlichkeit zu präsentieren. Ferner gilt mein Dank allen Mitarbeitern meines Managements, die mich bei der Arbeit an diesem Buch mit vielen Hinweisen, Anregungen, Lob und Kritik unterstützt haben, allen voran Alexandra Meyer, Sabine Friedrichs, Steffi Riehl, Michael Laschet, Gaby Allendorf und Alfred Bremm.

Und schließlich danke ich Ihnen, liebe Leser, für Ihre geschätzte Aufmerksamkeit.

Bildnachweis

www.laufcampus.com: Seite 51
Günter Karl: Seiten 67, 77
Tom Janas, www.sportograf.de: S. 199
Alle übrigen Fotos aus privatem Archiv.